URSULA RICHTER

Ab Sechzig leb ich anders, als ihr denkt

Wie wir Frauen
ein neues Jahrzehnt entdecken

Pendo München und Zürich

Ich danke allen Freundinnen und Freunden, die sich mit mir in offene Gespräche eingelassen haben. Mein herzlicher Dank gilt besonders Coco Enzweiler, Angela Kaiser, Maria Kochendörfer und Cornelia Philipp für ihre anregende, stärkende und unerschütterliche Begleitung.
Abensberg, im März 2008

Für Katja, Christian und Thilo,
Leonie, Liz, Sophie, Tom und Zeynep
sowie Angela und Fabian

INHALT

Ein ganz kurzes Vorwort 11

I.

Eine Frauengeneration bleibt sich treu 15
Sechzig 18
Es gibt eine (überlieferte, doch immer noch erwartete)
   Vorstellung davon, wie eine ältere Frau (ab Sechzig)
   sein soll 19
Noch Fünfzig? 22
Neuland Sechzig 23
Das Wir-Gefühl 25
Bedeutet Freiheit, dass du nichts mehr zu verlieren hast? ... 26
Im Jahr 1968 lebte ich in Frankfurt am Main 29
Abbitte leisten 30

II.

Kennen Sie Maude? 39
Lauras Kommentar 43
Ich bin nicht (mehr) die, die ihr sehen wollt, sondern die,
   die ihr sehen sollt. 43
Ich stehe nackt vor dem Spiegel 45
Kleidervorschriften – was ist das? 47

III.

Verschrumpelungen 55
Die rätselhafte Leichtigkeit des Seins 56
Eine Pensionistin sein 59
Wer möchte ich sein? 62

6

Begegnung mit einer älteren Frau im Zug nach
    Budapest, hilflos 63
In der U-Bahn in Berlin, verletzt 64
Achtsam mit dem Körper umgehen 65
Die Treulosigkeit des Körpers 67
Die Haut wird durchlässig, die Psyche empfindsam 72

IV.

Wo werde ich in zehn Jahren leben? 79
Zuversicht 82
Zum 60. Geburtstag 86
Die Standort-Frage 86
Noch auf der Suche 90
Rose 92

V.

Fotos, Briefe und anderes Angesammeltes –
    Spurenauslese 97
Auf Spurensuche 102
Ich denke manchmal ans Sterben 104
Die alte Mutter 108
Eine 60-jährige Witwe 110

VI.

Luxus: Zeit 115
Keine Zeit (mehr) haben 121
Heimkehr 123
So schnell vergeht die Zeit 123
Die Zeit läuft immer gleich 125
Ein einziges Leben 126
Die Angst vor dem ungewissen Altern 127
Die Angst vor dem Altern ist die Angst vor dem Tod 128

VII.

Abkühlung 137
Eine Freifrau 138
Gesellschaftstanz der 60-jährigen 141
Sex oder kein Sex: unsere Wahl 141
Ich suche die Liebe nicht 152
»Späte Liebe« – ein Synonym für Nicht-Alleinsein? 160
Das Alter vergessen 162
Der Wunsch, das Alter zu verschleiern 163
Auch ein Abschied 163

VIII.

Der Mutterrolle entwachsen 167
Nur mit meinen Kindern 170
Großmutter sein? Nicht wie meine Mutter! 174
Zugreise mit Leonie 178
An Zeynep, meine erwachsene Enkeltochter 180
In schlaflosen Nächten plane ich keine Ausflüge
   mit meinen Enkelkindern, sondern reise in die eigene
   Kindheit und Jugend zurück 182

IX.

Vierzig Jahre danach 191
Der Ruhestand. Von Irritationen und deren
   Überwindung 197
Der unvorhergesehene Vorruhestand 198
Nutzlosigkeit und Wertschätzung 202
Unsere Zeit ist immer 208
Nora und Emmy 210

X.

Vertrauen ist ein Angebot an die Zukunft 215
Das Ende einer gemeinsamen Zukunft 218
Ältere Frau ohne Fahrkarte, arm 218
Ein Rentnerpaar 219
Das Wiederfinden der Ehe 220
Ein Lob der Wiederholung 226

XI.

Nur noch »echte« Freunde 229
Drei Freundinnen auf der Rückfahrt von einem
    Ausflug 237
Auf der Suche nach dem Bild der schönen
    alten Frau 237
Die Unbemerkten.
    (Vom Mythos unsichtbar zu sein) 243

XII.

Späte Folgen? 249
Wenn es Gott gibt, klagt Eva 251
Abschied nehmen 254
Die andere Art der Gelassenheit 254
Eine Fahrt ins immer noch Grüne an einem Herbsttag 255
Eine Liste von bekannten älteren Frauen,
    die mehr sind als nur prominente Namen
    und der Generation angehören,
    die heute in ihrem sechsten Lebensjahrzehnt ist 258

Literatur 271

Ein ganz kurzes Vorwort

Tatsächlich ist das Leben ab Sechzig eine Komposition. Eine Verdichtung der Motive, die uns schon in der Vergangenheit bewegten, die wir durchlitten und durchlebten und erfahren haben, verwoben mit denjenigen, die wir als unsere Zukunft ahnen, die wir mit Mut erhoffen und mit Ängsten berühren. Sie alle sind es, zusammengefügt, die unser Leben heute zum Klingen bringen, auf eine Weise, wie sie typisch ist für die Generation der Frauen, die gegenwärtig in ihrem sechsten Lebensjahrzehnt sind. Natürlich ließe sich eine Besonderheit für die vergangene und die zukünftige Kohorte der Sechzigjährigen ebenfalls bestätigen. Sechzig Jahre stehen immer für Menschen, die ins Alter eintreten. Und das trifft Frauen anders als Männer. Das würde an sich schon Beachtung verdienen, wenn nicht mit der heutigen Generation der Sechzigjährigen die historische Situation verknüpft wäre, in der sich eine Wende im besonderen Maße für die Frauen vollzogen hat, als das Private politisch wurde und umgekehrt. Von dieser Wende hat die vorangegangene Frauengeneration nicht mehr und die nachfolgende (sowie die zukünftigen) selbstverständlich profitieren können.

Das Eingebettetsein in die unwiderstehliche Aufbruchstimmung dieses historischen Moments wirkt sich heute auf die Konstruktion des sechsten Lebensjahrzehnts aus.

Das Buch ist kein Bericht exklusiv aus meinem Leben. Auch wenn es manchmal so scheinen mag, weil alles in Ichform dargestellt wird. Ich habe mich nach vielen Gesprächen mit Frauen über Sechzig für diese Form entschieden. Jede Frau hat ihre eigene Biografie und dennoch sind ihre Erfahrungen, die inneren Befindlichkeiten, die dahinterstehen, ähnlich und in gewissem Maß austauschbar, sodass die eine verstehen kann, was die andere meint, und darin sind wir uns einig.

I.

Es kam vor, dass wir uns fragten, wie wir einmal an diese Jahre denken, was wir uns und anderen über sie erzählen würden. Aber wirklich geglaubt haben wir nicht, dass unsere Zeit begrenzt war. Jetzt, da alles zu Ende ist, lässt sich auch diese Frage beantworten.

Christa Wolf, Sommerstück

Eine Frauengeneration bleibt sich treu

Gemeinsam ist uns die Erfahrung, in jener Epoche nach dem Zweiten Weltkrieg, der Zeit des Aufbruchs, der Ablehnung und Umformung von traditionellen Werten, der Bewegtheit bei der Suche nach neuen Orientierungen, jung gewesen zu sein und diese Zeit mitgestaltet oder zumindest mitgelebt und »mitgetestet« zu haben. Herausgetreten aus den alten Gleisen, haben wir unsere Rolle als Frau neu definiert und oft genug unseren Weg nach dem Trial-and-Error-Prinzip gebahnt, ohne Vorbilder, und in Ablehnung der alten Rollen, nur Zeitgenossinnen an unserer Seite, die uns unterstützen, ermuntern oder warnen konnten. Da sie sich nicht (mehr) über den Mann definieren wollten, waren Frauen eine kurze historische Zeit lang keine Konkurrentinnen, sondern Schwestern.

Wir haben unsere Schulbildung gewählt, in Absprache mit den Eltern oder gegen ihren Wunsch. Sie taten ihr Bestes aus dem Bestreben heraus, unser Leben möge leichter und besser sein als es das ihre hatte sein können. Ihre Opfer haben wir angenommen. Dann hörte unsere Dankbarkeit auf. Wir pochten auf unsere Rechte.

Die alten Vorbilder galten nicht mehr. Wir wollten uns selbst bestimmen. Und mussten uns, die Frau, die wir sein wollten, selbst erfinden: Die unabhängige Berufstätige, die gleichberechtigte Ehefrau, die partnerschaftliche Mutter, die lustvolle Geliebte, die selbstbewusste Single-Frau.

Mit Zwanzig trauten wir keinem über Dreißig, mit Dreißig suchten wir eine neue Bedeutung für uns. Mit Vierzig haben viele ein neues Leben begonnen. Mit Fünfzig kämpften wir gegen das Etikett, zum alten Eisen abgestempelt zu werden.

Konsequenterweise leben wir auch heute als sechzigjährige Frauen in einem Spannungsfeld von Trial-and-Error, denn das Bild der alten Sechzigjährigen, die jenseits von Leidenschaft und Risikobereitschaft und mit Versagen und Unvermögen behaftet ist, existiert noch immer sowohl als »Jedermanns-wissen« als auch in uns selbst. Ein solches Bild lässt sich nicht innerhalb einer Generation vertreiben. Als wir Vierzig waren, begannen die öffentlichen Diskussionen um alternde und alte Menschen, wobei den Alten Ausgrenzung drohte. Es wurde der Vorwurf laut, sie stören die gesellschaftliche Normalität, weil sie deren (leistungsbezogenen) Ansprüchen nicht mehr gerecht werden können. Die Wissenschaft behauptete, die Intelligenz würde mit zunehmendem Alter abnehmen. Gleich-zeitig gab es Gegenpositionen, die auf Studien verwiesen, die den Älteren sogar eine (partielle) geistige Überlegenheit gegenüber Jünge-ren bescheinigten. Der ältere Mensch könne kein »Mangelwe-sen« sein, behauptete beispielsweise die Altersforscherin Ur-sula Lehr. Der negative Altersstereotyp müsse folglich als soziale Konstruktion verstanden werden, die dem Zweck diene, ältere Menschen als Problemgruppe zu bezeichnen, und als solche ins gesellschaftliche Abseits zu drängen. Schon vor fast dreißig Jahren plädierten Sozialforscher für das Recht der älteren Menschen auf einen eigenen Sinn (vgl. Christel Schachtner, 1988).

Mit der Sinnfindung ohne Norm oder Richtmaß, jedoch noch immer mit dem Leitbild des autonomen, selbstbestimmten Menschen, beschäftigen sich die Frauen im sechsten Lebens-jahrzehnt, mit denen ich gesprochen habe. Dabei bedeutet Sinn-findung keinesfalls, dass sie ausziehen, um einen neuen Lebens-sinn zu finden. Den Sinn, den sie für sich in ihrem bisherigen Leben geschaffen haben, beabsichtigen sie ja nicht zu verwer-fen. Es geht lediglich darum, das sechste Jahrzehnt mit Leben zu füllen – mit einem anderen als dem Bild der Alten, die am Rande einer aktiven Gesellschaft ihr Dasein erduldet, das Bild, das wir unangetastet klischeehaft aufrechterhalten haben, bis wir selbst dieses Alter erreichen.

Das alte Bild lässt uns weiterhin nicht unbehelligt. Wir haben unser Problem damit, zum Beispiel auch deshalb, weil in den Generationen zuvor eine sechzigjährige Frau zu sein nicht zuletzt auch bedeutet hat, Ruhe zu haben. Frei von Anforderungen zu sein. Sich einigeln zu dürfen.

Diese immer wieder einmal auftauchende Sehnsucht nach der Ruhe kenne ich gut. Wie ich auch, haben viele Frauen meiner Generation zu jedem Zeitpunkt mehr als ihren Mann gestanden. Haben zu jeder Zeit Verantwortung übernommen, für sich, für ihre Karriere, für die Familie, die Kinder. Sind oft ungewöhnliche Wege gegangen, weil es eine Normalbiografie für sie nicht gab. Haben ihre Karriere, ihre Familie, ihre Kinder gegen Übergriffe repressiver Werte verteidigt, was oft genug eine Gratwanderung bedeutet hat. Sie haben die Nerven behalten, festgefahrene Prinzipien gelockert, Aussichten geschaffen, gegen viele Fronten gekämpft. Eine Beziehung zum Mann war selten eine Hilfe: er hat sich schwergetan mit dem Abschied vom Helden.

Wäre da einmal das Nichtstun, nicht wachsam sein zu müssen gegenüber Ungerechtigkeit, Ausgenützt werden, eine Alternative? Einfach nur im Ohrensessel sitzen und stricken? Oder nichts als Märchenbücher vorlesen? Und auch noch dafür gelobt zu werden!

Welch ein Schicksal!

Das eben nicht unseres ist.

Und auch nie sein kann. Die Hände in den Schoß zu legen oder die Zeit mit Stricken oder Taubenfüttern zu verbringen ist unser Schicksal nicht. Nichts mehr vom Leben zu erwarten: Diese Haltung zieht unweigerlich Fremdbestimmung nach sich. Andere werden bestimmen, was uns zusteht oder nicht. Das haben wir schon als junge Frauen abzuwenden versucht. Auch jetzt geht es wieder um Konventionen, mit denen wir nicht einverstanden sind. Ich brauche mich nicht an den zäh sich haltenden Vorstellungen zu orientieren, die sich ein falsches Urteil bilden über mich als alternde Frau.

Sechzig

Ich wollte diesem Tag, an dem ich Sechzig wurde, keine besondere Aufmerksamkeit einräumen. Es war mir unklar, wie ich mich als Sechzigjährige hätte präsentieren sollen. Ich zählte mich nicht zu den alten Frauen, auch wenn ich schon lange wusste, dass meine Jugend unwiderruflich vorbei war. Die äußere Jugend jedenfalls. Im Innern war ich mir nicht abhandengekommen. Ich fühlte mich genauso hellwach wie immer. Ich kann sagen, mein gefühltes Alter hatte nichts mit dem Bild zu tun, das ich von einer sechzigjährigen Frau hatte. Meiner Mutter etwa. In ihrer Kleiderschürze hausbackene Gemütlichkeit verbreitend. Sie nahm sich selbst zurück und freute sich an ihren Enkelkindern, die drei- viermal im Jahr ihr Haus mit Leben füllten. Noch arbeitete sie als Schneiderin. Kochte täglich für ihren Mann, meinen Vater, und trennte ihre Arbeit und den Haushalt und die Zeit, die sie in ihrem Verein verbrachte, eingereiht in die Seniorengruppe, mit Humor und der Rollensicherheit der schon alten Frau.

Als ich jung war, zwischen Zwanzig und Vierzig, war sie in meinen Augen schon lange alt. Weil sie der neuen Zeit, der Ordnung meiner neuen Welt als Frau, verständnislos gegenüberstand. In ihren Augen, wie in der Beurteilung all jener, die im Alter meiner Eltern waren, galt eine Frau wie ich, und derer gab es viele, als egoistisch, und in der Folge rücksichtslos dem Partner und den Kindern gegenüber. Ich wollte mehr als Hausfrau und Mutter sein. Ich wollte mehr wissen, mehr tun, mehr erreichen und mich nicht bevormunden oder fremdbestimmen lassen. Meiner Mutter gegenüber befand ich mich deshalb stets in atemloser Rechtfertigung.

Werde du erst mal Mutter, hörte man oft die »alten« Mütter seufzend zu den Töchtern sagen. Viele Töchter sind in jungen Jahren Mutter geworden (nicht selten überraschend und ungeplant). Aber nicht, um »endlich vernünftig« und in die Fußstapfen ihrer Mütter zu treten, (und sich selbst vergessen), sondern um ihre ganz anderen Vorstellungen von Erziehung umzusetzen, kindliche Intelligenz spielend zu fördern, Unabhängigkeit zu lehren, die Kinder zu mündigen Bürgern zu machen, antiautoritär zu führen. Andere Töchter haben sich lieber ganz gegen eine Mutterschaft entschieden. Auch das hatte seinen guten Grund. Es war ihre Art, sich gegen die Unterdrückung durch partriarchalische Prinzipien zu wehren, ihre Art, Autonomie und Freiheit zu dokumentieren. Beide Lebensstile, die der kämpferischen jungen Mütter und jene der entschiedenen Kinderlosen, sind im Laufe der Zeit nicht selten recht beschwerlich geworden, doch ans Aufgeben wollte frau nicht denken, sie wollte auch die Überforderung schaffen.

Eine solche Lebensschule kann nicht ohne Folgen bleiben. Nachgeben oder Weitermachen, das sollte ich mich in Zukunft immer wieder einmal fragen, wenn mir die Anstrengungen des anderen Altwerdens zu viel zu werden drohten, wenn ich mich gegen tatsächliche oder vermeintliche Erwartungen der anderen nicht mehr wehren oder durchsetzen wollte. Doch so leicht gebe ich nicht auf. Darin habe ich Übung.

Es gibt eine (überlieferte, doch immer noch erwartete) Vorstellung davon, wie eine ältere Frau (ab Sechzig) sein soll

Teresa von Avila, geboren am 28. März 1515, war eine Frau ihrer Zeit. Und eingedenk der im sechzehnten Jahrhundert durchschnittlichen Lebenserwartung von weniger als vierzig Jahren ist sie sehr alt geworden: 67 Jahre. Sie war offensichtlich keine angepasste Frau, denn sonst hätte sie sich keine Hilfe von Gott erbeten, um anders zu altern als es üblich gewesen sein muss. Alte Frauen waren zänkisch und böse, aufdringlich, hässlich und dazu manchmal lächerlich. Die gottgefällige, vornehm zurückhaltende und bescheidene alte Frau, das liebe Großmütterlein, ist eine bürgerliche Erfindung des 19. Jahrhunderts. So wie diese zu sein strebte Teresa von Avila offenbar an, und war somit ihrer Zeit voraus. Beide Vorstellungen von einer alten Frau, die der bösen sowohl als auch der lieben, sind in Teresas Gebet erkennbar. Interessant ist, dass es die Eigenschaften illustriert, die auch heute noch, über die Jahrhunderte hinweg, bei einer alten Frau vermutet oder als Vorurteil erwartet werden. Mit ihrem überlieferten Gebet hat die Ordensfrau, Heilige, Ehrendoktorin, Patronin der spanischen Schriftsteller und Kirchenlehrerin, der Generation unserer Mütter eine Anleitung zum sanften Altern geliefert. Für die Frauen meiner Generation könnten eher die darunter zitierten Bemerkungen zutreffen.

Bewahre mich, betete Teresa von Avila, vor der Einbildung, bei jeder Gelegenheit und zu jedem Thema etwas sagen zu müssen.
(Die anderen würden etwas Aufregendes verpassen, wenn ich mich nicht äußern würde.)

Erlöse mich von der großen Leidenschaft, die Angelegenheiten anderer ordnen zu wollen.
(Ich bin nun mal schrecklich neugierig.)

Lehre mich, nachdenklich, aber nicht grüblerisch – hilfreich, aber nicht aufdringlich zu sein.
(Dies scheinen mir wahrhaft zu »heilige« Eigenschaften zu sein, manche Menschen müssen einfach zu ihrem Glück gezwungen werden.)

Bei meiner – ungeheuren – Ansammlung von Weisheit erscheint es mir ja schade, sie nicht weitergeben zu können. Aber du verstehst, dass ich mir ein paar Freunde erhalten möchte.
(Weisheiten sollen auf jeden Fall weitergegeben werden, wer sie nicht hören will, kann es mir sagen, dann diskutieren wir es aus.)

Bewahre mich vor der Aufzählung endloser Einzelheiten und verleihe mir Schwingen, zum Wesentlichen zu kommen.
(Das ist eine meiner Charaktereigenschaften, mit denen ich zwar meine Kinder zum Wahnsinn treiben kann, aber auf die ich nicht verzichten möchte.)

Lehre mich schweigen über meine Krankheiten und Beschwerden. Sie nehmen zu, und die Lust, sie zu beschreiben, wächst von Jahr zu Jahr.
(Manchmal muss man sich eben auf diese Weise Zuwendung und Trost holen, und eine gewisse Wichtigkeit erlangen: Das tut gut.)

Ich wage nicht, die Gabe zu erflehen, Krankheitsschilderungen anderer mit Freude anzuhören, aber lehre mich, sie mit Geduld zu ertragen.
(Ist doch interessant zu hören worunter die anderen leiden, und man selbst glücklicherweise nicht.)

Lehre mich die wunderbare Weisheit, dass ich mich irren kann.
(Dafür brauche ich Beweise.)

Erhalte mich so liebenswert wie möglich.
(Es sich mit niemand zu verderben, ist nicht meine Art.)

Ich möchte kein Heiliger sein, mit ihnen lebt es sich so schwer, aber ein Griesgram ist das Krönungswerk des Teufels.
(Es bleibt nicht aus, gelegentlich als Miesmacherin zu gelten, wenn man gegen den Strom schwimmt.)

Lehre mich, an anderen Menschen unerwartete Talente zu entdecken – und verleihe mir die Gabe, sie auch zu erwähnen.
(Talente-Förderin zu sein ist ein Traum! Ich würde allerdings darum beten müssen, keine Neidgefühle zu entwickeln.)

Hätte ich alle diese Eigenschaften, um die Teresa von Avila in ihrem Gebet bittet (mit Ausnahme der zuletzt erwähnten), dann wäre ich so, wie sich auch heute noch viele Menschen eine Frau in meinem Alter wünschen: unauffällig und unsichtbar. Eine alte Frau eben.

Noch Fünfzig?

Es ist im Übrigen ganz leicht, eine ältere Frau zu werden. Um zu altern, braucht man ja nichts zu tun. Auch wenn ich ein ganzes Jahr verschlafen würde oder mit Nichts befasst im Zimmer säße, wäre ich zur gleichen Zeit im darauffolgenden Jahr um ein ganzes Jahr gealtert.

So sang- und klanglos bin ich jedoch nicht durch meine vergangenen Lebensjahre gegangen. Und der Gedanke ums Älterwerden erreichte mich mit Fünfzig. Damals, vor zehn Jahren, bekam ich Zähneklappern vor meinem fünfzigsten Geburtstag. Ich kam mir unendlich alt vor, wollte vermeiden, auf mein Alter angesprochen zu werden. Das Geburtstagsfest, mit humorvollen Rückblenden, die alte Schulfreunde zum besten gaben, Lobreden der Familie, Ehrungen von Kollegen, alles gut gemeint, doch in der Mitte der zuckersüßen Torte prangte eine goldene 50, unübersehbar. Nun war ich dokumentiert in der Kategorie »alte, uninteressante, unattraktive Frau« gelandet. Es war für mich der Eintritt in eine neue Altersstufe, ins Alter schlechthin, dem man entgegenwirken sollte mit aller Macht. »Fünfzig? Das bin ich nicht!« Als ich diesen Ausspruch von Alice Schwarzer hörte, zu ihren Gefühlen anlässlich ihres bevorstehenden fünfzigsten Geburtstags (1992) befragt, konnte ich ihr aus vollem Herzen beipflichten. Auch ich hatte mich weder vom öffentlichen Leben zurückgezogen, noch meine Sexualität ad acta gelegt. Das Bild, das ich von einer Frau von Fünfzig bis dahin hatte, war: Unsichtbar im Privaten verschwindend, zum öffentlichen Abdanken verdammt, ein unabwendbarer Prozess. Ich hatte schon seit geraumer Zeit meine körperlichen Veränderungen genauer und ängstlicher betrachtet, bemerkte natürlich, dass die Zeichen der Zeit ins Auge fielen. Die Wechseljahre hatten sich eingestellt mit ihren Bedrohungen. Es wurden konträre »Behandlungsmethoden« diskutiert unter uns Freundinnen und in der öffentlichen Debatte, von Frauen angeregt, von Ärzten und pharmazeutischen Unternehmen gelenkt, Hormone oder nicht, das war die Frage. Ich hatte das junge Mädchen, die junge Frau für immer verschwinden sehen, wenn ich mich im Spiegel betrachtete, und gelegentlich packte mich über diese Erkenntnis ein ungeheurer Schmerz. Ich habe damals mehr über den Verlust meiner Jugendlichkeit, meiner Schönheit, meines Frauseins nachgedacht, als ich dies heute tue, da ich die Schwelle des sechsten Lebensjahrzehnts überschritten habe.

Neuland Sechzig

Inzwischen habe ich die Menopause überstanden, das Gefühl für meine ganz persönliche Harmonie wieder entdeckt, das junge Mädchen als Teil meiner Identität als ältere Frau gewonnen. Jetzt gehe ich einfach weiter in meinen Sechzigern. Nicht hysterisch-euphorisch, das Leben beginnt für mich jetzt nicht. Aber es ist auch längst noch nicht zu Ende. Ich werde mein Unternehmen genannt »Leben« weiterführen, solange ich kann und solange es mir Freude macht. Das ist der Plan. Was zu tun ist, wenn ich nicht mehr kann, weil mein Körper dem Willen nicht mehr folgen wird, und wenn die Freude sich nicht mehr einstellen will, aus welchen Gründen auch immer, ob es Angst sein wird vor dem Ende oder ein Zurückziehen ausschließlich in mich selbst – das weiß ich noch nicht, denke aber darüber nach.

Gerade Sechzig geworden, fühlte ich mich kein bisschen anders als mit neunundfünfzig, jedoch mit der Aussicht, Neuland zu betreten und der Erkenntnis, keine vorgefertigten Schablonen vorzufinden, die nicht zerstörbar wären. Was mich gefreut hat, denn ich bin gewöhnt, mein Leben selbst zu gestalten. Das Bild der sechzigjährigen Frau kann ich mir also selbst erschaffen. Doch auch wenn ich mich nicht alt fühle, ist der Schmerz über den Verlust der Jugend, wie ich ihn verspürte, als ich die Fünfzig erreichte, noch nicht ganz überwunden. Er macht sich vor allem dann bemerkbar, wenn ich von Frauen meiner Generation höre, wie sie mit Müdigkeit und schneller Erschöpfung hadern, von Lustlosigkeit geplagt sind, und sie mit einer unbestimmten Unzufriedenheit kämpfen, die sich zäh hält und zu Depressionen führen kann. Das sind beunruhigende Zeichen, Beweise, dass sich etwas verändert hat und die Sorglosigkeit jugendlicher Energie sich doch allmählich verliert. Ist jetzt Disziplin gefragt? Natürlich will ich mich nicht gehen lassen, jetzt, da ich mich als junge Sechzigjährige fühle, kein bisschen alt, verbraucht oder hässlich. Wieso sollte ich nicht die Ausnahme sein, einfach die besseren Gene haben, die gesündere Lebensführung, die positivere Lebenseinstellung, gesund und fit und glücklich bleiben können bis zum sanften Tod? Sollte ich mir mit Hormonen meine Gesundheit, mein Glücksgefühl stützen? Mit Hormonen, die ich zur Erleichterung der Wechseljahrsbeschwerden abgelehnt hatte? Doch es gibt tiefgreifende Ereignisse, die in meinem Lebensjahrzehnt wahrscheinlicher als zu einem anderen Lebensabschnitt über uns hereinbrechen können. Der Tod des Lebenspartners oder eines Kindes, zum Beispiel, eine unheilbare Krankheit, der Rückzug aus dem Berufsleben. Dann helfen Hormone nur bedingt. Gesunde Ernährung, viel Bewegung, geistige Herausforderungen sind die langfristig effektivere Basis für ein glückliches Älterwerden. Der äußeren Schönheit etwas nachzuhelfen, darüber habe ich Anfang Fünfzig nachgedacht. Und den richtigen Zeitpunkt versäumt. Heute weiß ich, es geht mir nicht darum, jung und knackig zu bleiben. Jetzt geht es um mein Lebensgefühl.

Das Wir-Gefühl

Frauen, die im sechsten Lebensjahrzehnt stehen, sprechen gern von »wir«, von »uns«, mit offenem Blick, suchend nach der Bestätigung einer allgemeinen Erfahrung, dem Älterwerden. Sie suchen nach dem Wir-Gefühl, das sich aus der Alterszugehörigkeit und dem Lebensgefühl aus früheren Zeiten speist, als »wir« Frauen uns auf dem Weg der Befreiung, des Einforderns von Rechten, der Suche nach Selbstbewusstsein und Selbstverwirklichung befanden. Zwischenzeitlich eine mitunter einsame, harte Strecke individuellen Kampfes hinter uns, erinnern wir uns wieder, dass wir gemeinsam vieles erreichen konnten. Und: Es ist doch noch nicht so lange her, dass wir uns für ewig jung erklärten, oder? Inzwischen sind wir sechzig Jahre alt geworden und stellen fest, dass Altern weder ein Scheitern bedeutet noch grenzenloser Spaß ist. Aber so genau wissen wir es noch nicht.

Heute sind die aktiven, jugendlich wirkenden vierzigjährigen Frauen nichts Ungewöhnliches, vielmehr typisch. Sie haben einen Beruf, verfolgen eine Karriere, haben gelegentlich noch schnell ein Kind, und sind tonangebend in ihrem modischen Erscheinen.

Wir, die heute sechzigjährigen Frauen, waren mit Vierzig im allgemeinen weniger sichtbar. Um jugendliches Aussehen ging es nicht zuvorderst, es gab andere Prioritäten: eine Berufsausbildung nachzuholen, berufstätig zu sein, in den Leistungsvergleich mit »den Männern« einzutreten, etwas für sich selber aufzubauen, sich zu verwirklichen, Teenager-Kinder zu managen, auch den Haushalt überwiegend ohne männliche »geteilte« Hilfe hinzukriegen, Ehekonflikte zu meistern (weil dies immer noch vorwiegend als Aufgabe der Frauen betrachtet worden ist), nebenbei für Gleichberechtigung zu kämpfen, Karrierewünsche zu verteidigen, Solidarität mit unseren »Schwestern« zu leben.

Als junge Frauen waren wir weniger als Individuum sichtbar, eher in Frauengruppen. Auf irgendeine Weise war jede in irgendeiner Gruppe eingebunden, orientierte sich an jemandem oder etwas. Oder kämpfte, selten, allein und auf ihre Weise gegen kleinmütiges Bürgertum, gegen überkommene Moralvorstellungen und gegen selbstherrliche Männer. Wir glaubten daran, vieles – alles – verändern zu können, in der Liebe, in der Gesellschaft. Frauen, die sich um die Mitte Zwanzig neu erfunden hatten. Die es überdrüssig waren, das »schwache Geschlecht« zu sein. Die sich aufmachten, um für Verständnis für sich selbst zu werben, indem sie Verständnis für das Gegenüber boten: »Ich bin o.k., du bist o.k.« wurde zu einem populären Slogan für Frauen in den 1970er-Jahren. Das stärkte das Selbstwertgefühl der Frauen, nahm vielen die Angst, minderwertig, ungenügend, unbedeutend zu sein. Miteinander trägt sich vieles, auch unbeholfene Entwicklungsanstrengungen, leichter. Simone de Beauvoir hatte auch schon als junge Frau ihr Leben ganz einfach selbst bestimmt und sich entschlossen, glücklich zu sein, was ihr, glaubt man den Interpretationen ihres Verhaltens, im Alter jedoch nicht mehr so gut gelang. Auch emanzipierte Frauen altern. Und Altern ist mit Angst besetzt, weil es das Gegenteil von Selbstbestimmtheit darstellen kann. Die amerikanische Schauspielerin Jane Fonda, zweimalige Oscargewinnerin, die sich vom blonden Frauchen »Barbarella« Ende der 1960er-Jahre schließlich zur Feministin entwickelt hat, sagte in einem Interview, sie habe sich entschlossen, keine Angst zu haben. Es ist die Angst vor dem Ungewissen, dem unvorbereiteten Ausgesetzt-sein.

Bedeutet Freiheit, dass du nichts mehr zu verlieren hast?

»Freedom is Just Another Word for Nothing Left to Lose«, sang Janis Joplin, als Königin der Rockmusik idealisiert und Leitbild der Hippiegeneration, es war einer ihrer letzten Songs vor ihrem Tod. Die Botschaft fanden wir dramatisch. Oder war es nur ihr Schicksal, das uns so betroffen machte: Eine wie wir, die für die

Freiheit der Frauen zu kämpfen, die frei zu sein schien, und doch an dieser Freiheit zugrunde gehen musste. Sie starb im Alter von 27 Jahren (am 4. Oktober 1970), keinen Monat nach dem tragischen Tod des wildesten Rock-Gitarristen damals, Jimi Hendrix. Wir glaubten nicht an die tödliche Botschaft, denn Freiheit erschien uns mit grenzenlosen Aussichten einherzugehen, mit Chancen und erfüllbaren Träumen verknüpft. Freiheit bedeutete Glück: das Glück, das Leben ganz nach unseren eigenen Vorstellungen einrichten zu können. Das war ein Ziel, das wir im Blick hatten, eine Aufgabe, die sich lohnte, wir glaubten, jede sei ihres Glückes Schmied(in), da gab es kein Zögern, keinerlei Zweifel. (Laut einer Studie des Allensbach-Instituts glaubte in den 1960er-Jahren jeder Dritte daran, sein eigener Glücks-Schmied sein zu können.) Es war ein Aufbruch ins Unbekannte, aber nicht ins Blaue. Das Ziel war Gleichberechtigung, Überwindung von politischer Ohnmacht, geteilte Verantwortung für ein gemeinsames Leben von Frau und Mann.

Viele (Ehe-)Männer und Lebenspartner standen diesem energischen und energiegeladenen Aufbruch der Frauen hilflos, ja ratlos, gegenüber, viele lenkten ein, versuchten, sich den Forderungen der Frauen anzupassen, auf ihr Machotum zu verzichten, es entweder irgendwie in eine Art Inaktivität umzupolen (und wurden schließlich Softies) oder aber gingen ihren Männerweg weiter, Demokratie schaffend, politische Breschen für Recht und Freiheit schlagend, den Pfad der Männerbünde niemals verlassend: Die Frauen mussten ihre Rechte selbst einklagen.

Das Glück basierte auf einem selbst bestimmbaren und schließlich selbst bestimmten Leben. Wir wollten »alles« selbst schaffen, und die Erfahrung, dies auch zu können, wenn auch nicht immer beim ersten Anlauf und allumfassend, verschaffte uns Hochgefühle und erstarkendes Selbstbewusstsein. Es ging um die Gegenwart mit der Aussicht auf unsere Zukunft. Die Bedingungen für eine glückliche Gegenwart und erstrebenswerte Zukunft zu schaffen, war selbstverständlich mit »Arbeit« verbunden. Wir haben unsere Hände nicht im Schoß gefaltet und abgewartet, was unsere männlichen Mitkämpfer für ein gerechteres Leben bewirken konnten. Denn im Kampf der Männer kamen Frauen nicht als gleichwertige Mitstreiterinnen vor, vielmehr wurde versucht, sie als Handlangerinnen zu benutzen. Die Frauen haben sich von Zwängen befreit, um sich Selbstbestimmung und Freiheit zu schaffen. Leicht war es nicht. Zäh eher und nicht immer fanden wir den kürzesten Weg zum Erfolg, oft sogar den falschen. Aber wir haben uns immer wieder neu orientiert, Versuche gestartet, Experimente gemacht. Macht Selbstbefreiung glücklich? Glücklicher als die Freiheit, die uns andere gewähren (anbieten)? Und was hat uns diese Freiheit gebracht?

Als Staatsbürgerin liegen die Errungenschaften auf der Hand. Die Stellung der Frau in der Gesellschaft hat sich durch viele Gesetzesänderungen verbessert. Zum Beispiel können seit 1976 verheiratete Frauen ohne Zustimmung ihres Ehemannes eine Arbeit annehmen. Der Frauenanteil unter den Abgeordneten liegt heute bei fast vierzig Prozent. Die Heirat ist kein (fast) unabdingbarer Teil des Lebensplanes für Frauen mehr. Bildungs- und Ausbildungschancen für Mädchen und Jungen sind gleich, Berufstätigkeit von Frauen selbstverständlich (wenn auch in vielen Berufen noch immer nicht gleicher Lohn für gleiche Arbeit bei Frauen und Männern gilt), Familienplanung ist in letzter Konsequenz eine Entscheidung der Frauen (»Mein Bauch gehört mir«).

Heute, in unseren Sechzigern, glauben wir, dass wir nichts mehr zu verlieren haben (vielleicht mit Ausnahme unserer Rente?), dass wir frei sind auf der Basis, die wir in unserem bisherigen Leben erreicht und uns geschaffen haben. Das, so definieren wir »nothing left to lose« heute, kann uns niemand mehr nehmen. Wir sind also frei, auf dieser Basis weiterhin Neues zu erkunden, Ungeplantes zu erleben, Zukünftiges zu denken. So richtig überwältigend neu ist das nicht für uns, denn auch in der Vergangenheit sind wir keinen ausgetretenen Pfaden gefolgt.

Im Jahr 1968 lebte ich in Frankfurt am Main

Meine beste Freundin in Frankfurt am Main hatte 1964 einen Studenten aus dem engeren Kreis um Theodor W. Adorno geheiratet. Ich beneidete sie, wenn sie von den Vorlesungen erzählte. Wunderte mich, wenn sie beschrieb, wie die Studentinnen den Professor anhimmelten und er, stets charmant, sie mit Handkuss begrüßte. Oder wenn sie von den nächtelangen Diskussionen – um marxistische Theorie, um Hochschulreform, um Hausbesetzung – von Studenten in ihrer Wohnung berichtete. Sie selbst war nicht zum Mitdiskutieren aufgefordert, und noch nicht selbstsicher genug, um sich über Nichtbeachtung hinwegzusetzen. Man erwartete von ihr, dass sie sich vielmehr um das leibliche Wohl der hitzig Diskutierenden zu kümmern habe. Die politische Botschaft ging an ihr vorbei, wie dies auch bei mir war, was ich bedauerte, jedoch niemand interessierte sich für die junge, zweifache Mutter und Erwerbstätige, der die Zeit fehlte, um sich einzubringen. Theoretisch honoriert wurde nur die Tatsache, dass ich durch meine Doppelbelastung das Studium meines Mannes – Vater meiner Kinder – ermöglichte, in gewisser Weise »im Dienste der Revolution«, und gleichzeitig diente sie als Beweis bürgerlicher Zwänge und Unterdrückung, von denen ich mich emanzipieren sollte, um zu Freiheit und Glück zu kommen, eine praktische Anleitung dafür gab es jedoch nicht.

Die wahre Revolution schien sich in Berlin abzuspielen. Doch seit den tödlichen Schüssen auf Benno Ohnesorg am 2. Juni 1967 und noch mehr nach dem Attentat im April 1968 auf den Studentenführer Rudi Dutschke schlugen auch die Wogen der revolutionären Studenten in Frankfurt hoch. Adorno, der stets jede Art von gewalttätigem Terror abgelehnt hat, verlor sich in der Theorie.

Meine Freundin verzog nach Bonn mit einem anderen Mann, und ich siedelte mit meiner Familie nach München um.

Wir haben von jenen profitiert, die so politisch waren, sagt Heidi, eine Freundin, die noch viele Jahre länger in Frankfurt am Main blieb als ich, wir konnten uns deshalb von dem »Muff aus tausend Jahren« befreien. Heidis Gradmesser war immer die Zufriedenheit, unter den gegebenen Umständen ihre Wünsche durchzusetzen. Was ihr nicht leichtfiel, denn sie kam aus einer Familie, in der das weibliche Geschlecht grundsätzlich verzichten musste. Wer durfte das Abitur machen, wurde von jeglicher Mithilfe im Haushalt befreit, bekam in Diskussionen (fast) immer recht? Ihr Bruder.

Aber die Weichenstellungen kamen auch für Heidi, sie hat Chancen gesucht und wahrgenommen. Mit ihrer Einstellung, alles zu versuchen, nahm sie Arbeit für die Erwachsenenbildung auf, wurde Sekretärin, Redakteurin, Lektorin. Organisatorin für die Referenten, den Historiker Martin Broszat zum Beispiel oder Max Horkheimer, den Sozialphilosophen. Ich habe immens viel gelernt, sagt sie. Das hat ihr Leben geprägt. Ein Zurück hat es nie mehr gegeben.

Abbitte leisten

Als ich vor ihrem Krankenbett stand, an einem heißen Sommertag im Jahr 2003, sagte meine Mutter: das Kleid steht dir gut. Ich trug ein weißes Kleid mit Rosenmuster, das ich jahrelang im Schrank aufbewahrt hatte, von Sommer zu Sommer hoffend, dass ich es eines Tages wieder würde anziehen können. Die Bemerkung meiner Mutter überraschte mich. Sie lächelte verlegen.

Sie hatte sich bisher nie positiv über mein Rosenkleid geäußert. Es gehörte zu meiner Garderobe seit jenen Jahren, als ich mich gern »alternativ« kleidete auf meine Art, die Mutter stets mit »wie ein Hippie« verurteilt hat. Meine Aufmachung erschien ihr zu provokativ, zu lässig, zu grell, zu kurz, zu unordentlich. Es störte sie, dass ich die Kleiderordnung missachtete, die sie (noch) immer einhielt, und dass ich nicht (mehr) darauf

Rücksicht nehmen wollte, was »die anderen« denken, die Menschen in ihrem Umfeld. Sie kleidete sich altersgemäß unauffällig, und für jede Gelegenheit angemessen. Im Haus trug sie stets eine Schürze, und zum Ausgehen unterschied sie zwischen Alltags- und Sonntagskleidung. Das erwartete sie auch von mir, ungeachtet der Tatsache, dass ich längst aus dem Haus und erwachsen war, und auch dann, oder vielleicht gerade deshalb, als ich schon meine eigene Familie hatte. Mit dieser Ordnung war ich aufgewachsen, es war schwierig als Kind, sich nicht einzufügen, denn in meiner familiären Umgebung verhielten sich alle so.

Für uns Mädchen gab es zweimal im Jahr neue Sonntagskleider, die meine Mutter nähte. Auf das Kleid, das ich an Ostern bekam, freute ich mich stets mehr als auf das warme Kleid im Winter. Es hatte fröhlichere Farben, und man konnte es ohne Mantel tragen, sodass man auf dem sonntäglichen Kirchgang bewundert werden konnte. Mutter schneiderte es meist nach einem Burda-Schnittmodell und verwendete oft jene neuartigen bügelfreien Materialien, zum Beispiel Dolan oder Nylon, die mein Vater aus der Fabrik mitgebracht hatte. Natürlich trug ich einen wippenden Pettycoat darunter, und ein kurzes Jäckchen darüber, das ich an Fronleichnam, wenn ich an der Prozession durch die Straßen der Gemeinde teilnehmen durfte, nicht mehr brauchte, weil es im Juni gewöhnlich schon recht warm draußen war. Das bedeutete, dass ich in meinem neuen Kleid von unseren Nachbarn und Bekannten gesehen werden konnte. Auf deren Meinung legte meine Mutter großen Wert. Sie hätte mich niemals aus dem Haus gehen lassen, ohne zu überprüfen, dass ich »ordentlich« gekleidet war.

Während meiner »Backfischzeit« verließ ich mein Elternhaus und kam in die Großstadt ins Internat. Plötzlich war ich in einer anderen Welt, ganz anderen Eindrücken und Einflüssen ausgesetzt, als im engen Umfeld meines Heimatortes. Ich fuhr nur noch selten, während der Schulferien, nach Hause. Die elterliche Kontrolle funktionierte nicht mehr. Die Versuche später Strenge liefen ins Leere. Ich bahnte mir meinen eigenen Weg, hatte von der Freiheit gekostet, mir Fragen nach dem Sinn meines zukünftigen Frauenlebens gestellt und befunden, mich von traditionellen Fesseln lösen zu wollen.

Als erwachsene Frau kam ich noch seltener zurück ins Elternhaus. Meistens nahm ich nur noch an Familienfesten teil. Wenn ich ankam, gab es Kritik. Meine Mutter war um meinen (und ihren) guten Ruf in der Gemeinde besorgt: Die Tochter, die aus der Stadt zu Besuch kam, war wohl, so wie sie sich kleidete, auf die schiefe Bahn geraten.

Ich habe ihr damals Spießigkeit vorgeworfen, und hinterwäldlerisches Denken, und damit traf ich sie. Sie fühlte sich verkannt, und reagierte empört, aber hilflos.

Was wusste sie wirklich über mich, von meinem Leben? (Heute weiß ich: ich habe sie nicht daran teilnehmen lassen.) Sie lehnte die jungen Wilden ab, die neuen Werte, die ihrer Meinung nach ungezügelte Moral, die Überschätzung der Jugend und ihre maßlose Verherrlichung. Sie selbst war um ihre Jugend betrogen worden, wie alle Menschen ihrer Generation. Die Männer hatten sich dem Krieg gestellt, die Frauen hielten die Stellung zu Hause. Sie wurden um ihre Ausbildung gebracht, und arbeiteten schließlich in Fabriken oder in der Landwirtschaft, auch für den Krieg.

Als Mutter schon über achtzig Jahre alt war, erzählte sie ihren Enkeln manchmal von der Vertreibung aus unserer Heimat. Sie sagte, ich sei »auf der Flucht« ein außerordentlich geduldiges Mädchen gewesen, niemals jammernd, ruhig im Kinderwagen sitzend, manchmal tapfer vorwärts gehend, mit kleinen Schritten, die auch ihr entgegenkamen, denn die Erschöpfung drohte sie zu lähmen. In den Dörfern bettelte sie, wie die vielen anderen jungen Mütter, um Brot und Milch für ihr Kind, sie bot ihre Arbeitskraft an, um für uns Unterkunft zu bekommen, wenigstens für eine Nacht. Oft sei sie verzagt gewesen, bekannte sie, aber ich hätte ihr Mut und Kraft gegeben.

Ich habe mich lange gesträubt, anzuerkennen, dass sie eine stille Heldin war. Sie ist – gezwungenerweise auf die Straße gesetzt – den langen, beschwerlichen Weg als junge Frau mit mir, dem kleinen Kind, gegangen, um ihren Mann, meinen Vater, in einem Kriegslazarett zu finden. Er war verwundet, daher sorgte sie für ihn und für mich, indem sie für die Bauern im Dorf arbeitete, auf den Feldern oder im Haus. Mein Vater erholte sich und übernahm die Rolle des Familienoberhaupts, wie er es als seine Pflicht betrachtete. Und Mutter stellte sich hintan, das wurde von ihr erwartet.

In ihrem Leben spielte neben der Pflichterfüllung noch eine andere Eigenschaft eine wichtige Rolle: Eine Frau, sagte sie oft zu mir, habe Opfer zu bringen, sie habe in erster Linie an die anderen, an ihre Familie zu denken. Sie hatte dies auch bewiesen: Um ihrer selbst willen hat sie, seit ich denken kann, nie gearbeitet, nicht zur Entwicklung ihrer eigenen Talente oder gar zur Erfüllung ihrer Wünsche – sie arbeitete, um Geld für die Familie zu verdienen. Dabei gab sie für sich am wenigsten aus. Schon gar nicht für Kleidung. Sie nähte ja alles selbst. Kleider, die sie als tüchtige, ordentliche, bescheidene Frau und Mutter auswiesen. Und nach dem Klischee »Kleider machen Leute« sah sie dann in mir mit meinen »schlampigen« und durchsichtigen Kleidern einen Frauentyp, der nicht in ihr Weltbild und nicht (mehr) in ihren Lebensraum passte. Ich selbst jedoch genoss die Befreiung aus dieser engen Welt kleinbürgerlichen Miefs, wie ich sie damals empfand. Ich fühlte mich in bestimmter Weise überlegen und demonstrierte diese Überlegenheit mit meiner äußeren Erscheinung, weil es unmöglich geworden war, mit ihnen, meinen Eltern, zu diskutieren. Ich bedauerte zwar, dass sie sich als zu starr erwiesen, meine Art von Selbstverwirklichung mitzuvollziehen, ich hatte mir jedoch nie die nötige Zeit genommen, sie von meinem Lebensstil und meinen Wertvorstellungen zu überzeugen.

Seit meine Mutter über Achtzig war, und ich über Sechzig, öffneten sich immer wieder vorsichtig Türen, die Einblicke erlaubten in die gegenseitigen Verletzungen. Ich ahne heute, welche Ängste sie geplagt haben müssen, als sie in ihren Sechzigern war. Ängste um die Bewahrung ihrer Welt, die ich, die entkoppelte Tochter, dabei war, in Bausch und Bogen zu entwerten. Diese Selbstbestimmung, diese Freiheit, diese Respektlosigkeit den Älteren gegenüber: Wohin, musste sie sich fragen, sollen sie führen? Bestand das Leben nicht aus Pflicht, aus Einordnen, meist aus Unterordnen in herkömmliche und vermeintlich gute, immerhin erprobte, Rollen von Frau und Mann, zu Hause sowohl als auch im öffentlichen Leben?

Diese Ängste teilte sie mit den meisten Frauen ihrer Generation. Seltsamerweise widersprach ihre verstörte Lebenseinstellung nicht ihrer Tüchtigkeit, der Fähigkeit, Zerstörtes wiederaufzubauen, und stark zu sein. Immerhin hatten diese Frauen klaglos und zupackend die Republik wieder in Gang gebracht, das Erforderliche von sich selbst gefordert nach dem zweiten Weltkrieg, als sie noch junge Frauen gewesen sind und sie sich lange ohne männliche Hilfe haben zurechtfinden und behaupten müssen. Fast allen ist ihr Lebensplan mindestens einmal vernichtet worden, alle litten an der Katastrophe, die über sie hereingebrochen war – Zerstörung der Heimat durch Bomben, Flucht, Tod von Ehemännern, Vätern, Brüdern, Kindern, Verlust des Vermögens. Fast alle mussten sie von Grund auf neu anfangen. Damit es wieder ein Heim geben sollte, Geborgenheit, Zuversicht, lachende, gesättigte Kinder, um die sie sich dann ständig Sorgen machen konnten. Denn als diese Kinder, zur Jugend herangewachsen, schließlich andere Weichen stellten, verstanden ihre Mütter (und Väter) die Welt nicht mehr.

Jetzt, da ich meine Mutter im Krankenzimmer besuchte, fiel mir auf, wie schmächtig sie doch geworden war, wie mädchenhaft sie in ihrem cremefarbenen Batistnachthemd mit dem kindlichen Bubikragen wirkte. Ich nahm ihre Hände: sie waren kühl, schmal und federleicht. Dass sie mir in meinem Rosenkleid dieses Kompliment gemacht hat, berührte mich. Kannst du dich noch an dieses Kleid erinnern?, fragte ich sie lächelnd. Ja, du hast es sehr lange nicht mehr getragen, sagte sie, warum denn? In ihren Augen lag Unsicherheit. Ich fühlte die Unruhe. Wollte sie prüfen, ob ich mich an ihre Ablehnung erinnern werde? Glaubte sie, ich hätte mich deshalb in all den Jahren nicht mehr vor ihr in diesem Kleid gezeigt? Nein, diese Überlegung hatte mich nicht davon zurückgehalten. Es waren ganz praktische Gründe, die mich gezwungen hatten, auf viele meiner Lieblingskleider für lange Jahre zu verzichten. Das erklärte ich ihr.

Meine Figur hatte sich während der Wechseljahre so verändert, dass ich mich nur noch mit Bedauern an die Worte des elfengleichen Wesens mit den zerzausten Haaren und den glänzenden Augen erinnern konnte, von dem ich dieses Kleid am kalifornischen Strand gebraucht erworben hatte. Darin, sagte die Hippiefrau, habe ich Wunderbares erlebt, und das wünsche ich dir auch. Ihr Wunsch begleitete mich in den darauffolgenden Jahren. Und, ja, auch ich habe Wunderbares mit diesem Kleid erlebt. Ich habe mich schön gefühlt, anziehend, selbstbewusst. Unmöglich also, mich davon zu trennen, als Jahre später meine Figur zu streiken begann. Ich nahm an Gewicht zu, meine Taille, meine Hüften wurden fülliger, sogar mein kleiner, fester Busen, auf den ich stolz gewesen war, wurde üppig und ich wusste nicht, ob ich mich darüber freuen oder unglücklich sein sollte.

Seit ich Sechzig bin, hat sich meine Figur wieder gewandelt. Die Wespentaille wird wohl für immer verloren sein, und schwimmreifenartige Speckröllchen stören die Stromlinienform vor allem beim Sitzen. Der Busen sieht wieder bescheidener aus, auch wenn er eine Spur zu weich geblieben ist. Und wenn ich das Rosenkleid trage, verbinde ich heute eher selten Erwartungen an künftige wunderbare Ereignisse. Aber ich kann mich an alle anderen Kleider erinnern, die mich in einen Zustand außerordentlicher Lebensfreude versetzt haben – der wallende lila Baumwollrock, die weiße durchsichtige Spitzenbluse, das grasgrüne Mini-Lederröckchen und das bunte Patchworkkleid mit der Schleife – in denen ich nur noch auf Fotos zu sehen bin. Ich fühle mich wieder schön, anziehend und selbstbewusst und vermute, dass alles Wunderbare, was dieses Kleid symbolisiert, Teil meiner Ausstrahlung geworden ist.

Scherzend sage ich zu meiner Mutter, dass ich wohl nun, da ich alt werde, zwar wieder dünner geworden bin, aber vielleicht nicht klüger. Ich wollte ihr damit zu verstehen geben, dass ich mich sehr wohl an unsere Fehden erinnere, unsere unterschiedlichen Vorstellungen vom Leben einer Frau, aber dass ich ihren Lebensweg anerkennen und ihre Konsequenz bewundern kann. Auch ich habe auf meinem Lebensweg beharrt. Insofern ist sie mir ein Vorbild gewesen, auch wenn die Wege durch ganz andere Welten gelaufen sind. Deshalb kann ich heute noch mit Vergnügen das Kleid von gestern tragen, weil es einfach zu mir gehört. Und meine Mutter, das hatte sie mir gerade bewiesen, war doch irgendwie stolz auf mich.

II.

Es gibt nur zwei oder drei Menschengeschichten, aber die wiederholen sich immer, so heftig, als wären sie nie zuvor geschehen.
Willa Cather

Kennen Sie Maude?

Ich befinde mich zurzeit in einer tropischen Regenwelt, schreibe ich an meine Freunde zu Hause, aber wo es Liebe regnet, wünscht sich keiner einen Schirm. Ja, wirklich, immer wieder liefere ich mich schutzlos aus, tanze durch den sanften, leisen Regen und halte einem niederprasselnden Schauer stand. Doch wer möchte abgeschirmt sein, wenn ihn Worte erreichen wie: ich möchte dich jeden Tag sehen; alles, was du mir gibst ist wunderbar; du bist immer schön, egal welche Farbe dein Haar hat. Worte wie warmer Regen, dessen Intensität man nie vergessen zu können glaubt. Auch nicht in meinem Alter.

Er kam in der Kantine an meinen Tisch, zielstrebig, mit einem strahlenden Lächeln, und unterhielt sich mit mir über das Leben in China. Typisch chinesisch sah er nicht aus, dieser selbstbewusste, schöne junge Mann, er war groß und kräftig gebaut.
    Er gefiel mir, und ich wusste, dass er mich interessiert.

Wir treffen uns fast täglich, zuerst zufällig, dann verabredet. Sprechen über mein Leben, sein Leben, Demokratie und Freiheitskontrolle, immer wieder sind wir die letzten Gäste in der Kantine. Der Mann, der das Geschirr abräumt, die Tische abwischt, wird ungeduldig. XuLei nicht. Mein Gott, was wohl die Leute denken? Ist es nicht offensichtlich, was mit uns passiert? Gestern, als ich später an den Tisch gekommen bin, hat er mich zur Begrüßung umarmt und auf die Wange geküsst.
    Nein, üblich ist dies hier ganz und gar nicht.

XuLei führt mich zu seinem Haus und stellt mich seinen Mitbewohnern vor. Sie sind überrascht, aber sehr freundlich und neugierig, wissensdurstig der Frau aus Europa gegenüber. Wir kommen schnell vom politischen Gespräch ins ganz persönliche. Keiner behandelt mich als alte Frau (vielleicht deshalb, weil eine chinesische Frau in meinem Alter im allgemeinen eine Matrone ist, oder, nach einem unbarmherzigen Arbeitsleben, geistig und körperlich zu erschöpft, um mit den jungen Menschen zu diskutieren). XuLei reagiert eifersüchtig, wenn die Konversation mit den anderen zu angeregt wird. Ich bemerke es mit Genuss. Er lenkt das Gespräch und es gelingt ihm immer wieder, deutlich zu machen, dass ich *seine* Bekanntschaft bin. Er stellt sich ganz nah an meine Seite, berührt mich aber nicht.

Wie sich XuLei für mich begeistert und um mich wirbt, das ist so unerwartet und unfassbar. Ich blicke in den Spiegel und lächle mir aufmunternd zu, dann wieder schüttle ich ungläubig meinen Kopf, und manchmal strahle ich vor Freude, die mich überwältigt. Ich glaube, ich sehe nicht uralt aus, aber ich bin vierundsechzig Jahre alt, Falten hin, Falten her. XuLei ist interessant, authentisch, unkompliziert, in seinen Augen liegt Bewunderung, Verstehen, Liebe. Sein Wesen ist eine Mischung aus Mut, Können, Aufbruchsdynamik und Träumen, die er sich alle zu erfüllen bereit ist, und seine Jugend gibt ihm das Recht, alles anzustreben.

Natürlich weiß ich so viel mehr, und ich weiß auch, was er nicht wissen kann. Ihm etwas von meiner Welt zu zeigen, ist leicht für mich. Um dieser Erfahrung willen, dieses für ihn Noch-nicht-Erfahrene, aber erklärt Angestrebte, Ersehnte, werde ich geliebt. Ich verkörpere das, was er in Zukunft leben will. Das, was ich bereits gelebt habe und nicht mehr wiederholen kann, weil ich nicht mehr in dieser Art von Aufbruch bin. Während mir XuLei begegnet, kann ich schon das Ende meiner Zukunft sehen. Er kennt mich nicht, aber mir ist er nicht völlig unbekannt: Vieles erinnert mich an die lange zurückliegende Zeit, als ich Anfang Dreißig war und Lorenz kennenlernte. Auch er hatte mich um meiner Erfahrung willen (aber auch um die – zu jener Zeit realistische – Aussicht der gemeinsamen Zukunft) geliebt und mich – als Gegengabe – in seine Welt mitgenommen: die Welt der Musik, die mir bis dahin fremd geblieben war. So wie XuLei mir mein Leben im exotischen China erklärt, wie er mich seinen Freunden vorstellt, mir Chinesisch beibringt, mit mir zum Tanzen geht, um mich als diejenige, die ihn gewählt hat, vorzuzeigen. Nein, auch das ist nicht »normal« dort, wo wir in China leben. Ich denke nun oft an »Harold und Maude«, das bizarre Paar aus dem gleichnamigen Kultfilm der 1970er-Jahre. Muss man gehen, bevor der Zauber fällt?

Immer wieder bedenke ich, dass seine Bewunderung meinem gelebten Leben gilt – und nicht meiner Zukunft. Seine Zukunft kann er nicht *mit* mir träumen, sondern *wegen* mir. Das ist es, was mich für ihn so anziehend und verehrungswürdig macht. Er träumt davon, wie es gewesen wäre, mir in meinen jungen Jahren begegnet zu sein, was unmöglich ist, weil ich meine Zeit nicht zurückdrehen kann. Er träumt davon, später eine junge Frau kennenzulernen, die so sein wird wie ich. Auch das ist unmöglich. Denn nur durch mein gelebtes Leben bin ich zu der geworden, die ich jetzt bin.

Es ist das erste Mal, dass ich verliebt bin und nicht an »ewig« denke. Eine seltsame Verliebtheit, nicht zuletzt erfreue ich mich darüber, dass dieses Hochgefühl möglich ist, dass es mich erfasst hat, dass ich mich in ein bedingungsfreies Wohlwollen eingebettet fühlen darf, ein Wohlwollen, das alle reinen Herzens zu Helden macht. Es gibt kein Grübeln nach Fallen, keinen Argwohn, keinen Vergleich mit vergangenen Erfahrungen. Ich möchte diese Verliebtheit einfach genießen. In jedes einzelne seiner glänzenden blauschwarzen Haare hatte ich mich verliebt. In seine dunklen Augen, deren Mandelform so klar geschnitten ist als hätte ein Künstler die perfekte Symmetrie beweisen wollen. In seine getönte, samtige Haut, die zum Berühren einlädt und den Berührungsdruck erwidert. Sein ovales Gesicht, die perfekt geschwungenen Lippen, die makellos weißen Zähne. In seinen warmen, lebendigen Körperduft. Seinen leichten, beschwingten

Gang. Die breiten Schultern, die schmalen Hände. Ich fühle mich umhüllt von dieser Wärme: unvorstellbar noch vor Kurzem. Wem verdanke ich das?

An einem Donnerstag übernachtete XuLei bei mir, in dem erdgelben Steinhaus, von dem die Farbe schon in großen Flecken abgeblättert ist, meiner »Datscha«, die nur durch den schmalen Streifen der Gemüsefelder, die wie Gärten anmuten, vom kilometerbreiten Fluss Minjiang getrennt war, auf dem auch nachts große und kleine Lastkähne dahintuckern und das Wasser einem silbrig glänzenden riesigen Teppich gleicht.

Selbstverständlich, zärtlich, wunderbar. Das Frühstück am Morgen: Nähe, Freude, Wärme, Spaß.

Brot zum Frühstück? Wie seltsam! Gefilterter Kaffee? Wie umständlich! Warum soll die Aprikosenmarmelade nicht auf den Honig? You have to teach me. It is my first time. Ich lache, wir lachen, wie lange ist Glück genießbar? Schnell, die Zeit läuft, es sind nur noch 20 Minuten, bis der Arbeitstag beginnt! Zeit genug, lächelt XuLei.

Ich habe in China gearbeitet. Das war der Grund meines Aufenthalts.

Der Sinn, sagt XuLei, war ein anderer: Nur dort konnte ich ihn finden an einem Zeitpunkt meines Lebens, der von Verlusten geprägt war, an dem ich Abschied von meiner Mutter genommen, seit Längerem von Lorenz getrennt war, und mir Sorgen um meine Gesundheit machen musste. Ich bin deine natürliche chinesische Medizin, sagt er, für immer, mein Herz wird bei dir sein, meine Seele wird dich begleiten. Ich kann dein Lächeln sehen, es ist in meinen Augen, auch dann, wenn ich sie schließe, und ich werde wissen, wann du traurig bist und wann du lachst.

Seine Augen sind wie ein Spiegel: Ich erkenne jetzt das junge Mädchen, dessen Schönheit mir einst hinter Zweifeln und Ängsten verborgen geblieben war.

Zum nahenden Ende meines Aufenthalts schreibe ich an

meinen Freund Jakob daheim: Ich bin im Reich der Mitte aus dem dahinbrausenden Lebenszug ausgestiegen, und habe eine Weile Station gemacht, habe Erfahrenes und Ersehntes angetroffen. Jetzt ist es an der Zeit, wieder einzusteigen. Das Leben fährt weiter.

Lauras Kommentar

Oh, fragte meine Freundin Laura, 47 Jahre alt, während sie dieses ungleiche, glücklich aussehende Paar auf dem Foto betrachtete, wer ist das?
Mein Freund XuLei, antwortete ich.
Wie alt ist er?
Vierundzwanzig, sagte ich.
Er ist dein Student?
Nein, sagte ich.
Du hast doch nicht etwa mit diesem Jungen geschlafen?
Warum nicht, antwortete ich.
Pause.
Darf ich dich etwas fragen?
Ja, natürlich.
Ehrlich gesagt, es fällt mir ja schon in meinem Alter schwer, mich einem gleichaltrigen Mann nackt zu zeigen. Hattest du denn kein Problem damit, dich vor ihm auszuziehen?
Nein, warum, sagte ich, ich habe mich ausziehen lassen.

Ich bin nicht (mehr) die, die ihr sehen wollt, sondern die, die ihr sehen sollt

Mein Freund Jakob ist schockiert. Sein Blick ist vorwurfsvoll, tadelnd, als wollte er sagen, was hast du nur wieder angestellt. Es gehört sich nicht in deinem Alter, einen jungen Mann zu lieben.

Jakob hat eine ganz bestimmte Vorstellung davon, wie man sich als Frau in meinem Alter verhalten und mit wem man sich umgeben soll.

Wieso bleibst du allein?, fragt er immer wieder einmal. Du musst nach draußen gehen, in die Stadt, du hast doch Zeit. In den Cafés sitzen nachmittags Männer in deinem Alter, die auch allein sind. *(Woher willst du das wissen?, frage ich.)*

Nein, sie sind nicht auf Frauensuche, ich denke an die stilvollen (kultivierten) älteren Herren, die die Frankfurter Allgemeine lesen, oder die Süddeutsche Zeitung, oder den Spiegel, oder ein Buch. Sie passen doch besser zu dir. *(Besser als wer?, frage ich.)*

Für ihn, den bald Fünfzigjährigen, bin ich eine Vertraute, irgendwie Verbündete, ein weiblicher Kumpel. Begehrenswert und verführerisch empfindet er nur junge Frauen. Schon eine Vierzigjährige hat seiner Meinung nach den süßen Schmelz der Jugend, ausschließlicher Auslöser seiner Begierde, für immer verloren. Mit dieser Ansicht ist Jakob kein Einzelfall. Manchmal amüsiere ich mich über sein Bemühen, mich auf die »angemessenen« Gleise zu bringen, mich auf die »rechten« Beziehungen hinzuweisen.

Aber es gibt andere Momente: dann bin ich verunsichert über die Kluft, die es zu geben scheint zwischen dem, was ich von mir selber halte und dem, was die anderen in mir sehen. Als ich mich zum Beispiel für ein offizielles Geburtstagfest eines alten Freundes zurechtmachte, rief mir meine Freundin Heidi zu: Willst du dir nicht die Haare etwas nach innen föhnen, es sieht gepflegter aus in unserem Alter.

Ich habe meine Haare nicht nach innen geföhnt. Nicht, weil ich gegen Kritik oder optische Verbesserungsvorschläge allergisch bin, sondern weil ich selbst entscheide, was für mich angemessen ist.

Ich negiere meine Lebensjahre nicht. Aber *das richtige* Verhalten für eine Frau von mehr als sechzig Jahren gibt es tatsächlich nicht. Es existiert lediglich in den Vorstellungen, die wir und andere aus vergangenen Lebensmodellen verinnerlicht haben. Auf dem Weg zu einem anderen Bild der Sechzigjährigen gilt es den Widerspruch aufzulösen zwischen dem, was meine Umwelt aus mir machen will, wie sie mich sehen will, und dem, was ich selber sein und wie ich mich sehen will.

Mein inneres Gefühl sagt mir, ich bin auf dem rechten Weg. Der sich aber heimtückischerweise irritieren lässt.

Ich stehe nackt vor dem Spiegel

Als die Frauen beim Fest zum siebzigsten Geburtstag meiner Mutter übers Altwerden sprachen, bemerkte meine Tante Anna, dass ihrer Erfahrung nach das Verschwinden der Taille als erstes Anzeichen des Alters gelten könne. Der Oberkörper scheint sich zu verkürzen, sagte sie. Tante Hilde und meine Mutter pflichteten ihr bei. Die anderen Frauen gehörten wie ich zur jüngeren Generation. Derlei Alterungsanzeichen hatte noch keine an ihrem Körper festgestellt, obwohl sie alle zahllose Mängel aufzählen konnten, die sie von einer Idealfigur trennten.

Eine Wespentaille hatte ich noch nie. Wenn ich mich aber jetzt im Spiegel betrachte, dann sehe ich, dass meine Taille, obgleich nicht verschwunden, schon fülliger geworden ist als vor einigen Jahren. Sind es die Süßigkeiten?

Und wie wäre es mit einer regelmäßigen sportlichen Betätigung?, fragt meine Freundin. Mein wunder Punkt, das gebe ich zu. Ein gelegentliches Tennisspiel bewirkt da wenig. Wenn ich in einem Gebäude in höhere Stockwerke gehen muss, habe ich mir angewöhnt, keinen Aufzug zu benutzen, und wenn es meine Zeit erlaubt, erledige ich die Einkäufe zu Fuß. Ich gehe im Sommer zum Schwimmen in einen der kleinen Seen, in deren Nähe ich wohne. Hallenschwimmbäder mag ich nicht mehr, seit ich meiner Figur gegenüber kritischer geworden bin, genauer gesagt, seit ich vor ein paar Jahren beschlossen habe, dass die Zeit zum

Bikinitragen nun endgültig für mich vorbei sei. (Neulich habe ich gelesen, dass auch der Bikini inzwischen sechzig Jahre alt geworden ist, vielleicht sollte ich mich wieder für einen entscheiden, schließlich sind wir im gleichen Alter!) Früher, als meine Kinder noch klein waren, bin ich gern spazieren gegangen. Der Lohwald im Norden von München zum Beispiel war ein Paradies für Spaziergänger. Von einem Wall aus Schlehenhecken umgeben, sah er düster aus von außen, war aber innen hell und licht unter den freundlichen Blattdächern der Laubbäume, ein Märchenwald, ein besonders schönes Fleckchen Naturschutzgebiet. Die Mode, im Trainingsanzug zu joggen, hatte diese Gegend damals noch nicht überflutet. So sah man überwiegend Mütter mit ihren kleinen Kindern am Nachmittag im Wald spazieren gehen. Heute wandere ich selten dort, wo viele Menschen sind. Ich laufe lieber über Felder oder durch einen schattigen Wald und hänge ungestört meinen Gedanken nach. Im Sommer schwimme ich auch an einem Regentag durch meinen Lieblingssee, und niemand stört die kleinen Wellen, die mein zügiges Schwimmen in Bewegung setzt. Und wenn ich aus dem Wasser steige, dann fühle ich keine Eile, mir ein Handtuch um die Taille zu wickeln, weil weder jemand am Ufer steht oder an einen Baumstamm gelehnt mir entgegenblickt, von dem ich mich taxiert fühlen müsste.

Wenn ich mich nackt im Spiegel betrachte, bin ich nicht unzufrieden mit dem, was ich sehe. Diesen Körper hätte ich als Vierzigjährige einer 65-jährigen nie zugetraut. Den dahinschmelzenden körperlichen Konturen kann ich durchaus komische Seiten abgewinnen. Sie deprimieren mich nicht mehr, wie dies noch vor zehn Jahren etwa der Fall sein konnte, als ich noch nicht den Mut hatte, meine Unvollkommenheiten zu akzeptieren. Mein Körper ist weicher geworden, er hat eine Ausstrahlung, die mich immer wieder neugierig macht: Wie werde ich mich in den folgenden Jahren verändern, wann werden sich die Körpersäfte nur noch um die Knochen versammeln und die Haut bestreiken, die dann endgültig zu welken beginnt? Dann werde ich immer hochgeschlossene Blusen tragen und jedes Kleid muss langärmelig sein. Das passe nicht zusammen, sagte meine Freundin Peggy neulich, die abgeschlaffte Haut an ihren Oberarmen und ihr Gefühl, noch jung zu sein.

Seltsam: Momentan fühle ich mich nackt schöner als angezogen. Harmonischer in den Körperproportionen. Die meisten Kleidungsstücke passen nicht mehr ganz richtig. Die Unterwäsche zwängt ein, die Jeans sind entweder zu weit oder zu eng, die Blusen eine Spur zu kurz oder zu lang, und die Kleider, nun, es ist schwierig, eines mit der richtigen Taillenhöhe (nicht Umfang) zu finden. Ich glaube, so individuell der Alterungsprozess ist, so individuell sind auch die Figuren, die nun selten einer Standardgröße entsprechen. Was beim Kleiderkauf frustrierend sein kann. Doch für die abweichenden Figuren spricht, dass sie die Chance erhalten, mit Fantasie den Genormten zu entkommen, die die Straßen entlangeilen, ohne dass ein bewundernder Blick an ihnen hängen bleiben kann.

Kleidervorschriften – was ist das?

Ein Parka-Typ war ich nie (auch nicht mit einem Peace-Zeichen auf dem Rücken), und Dufflecoat und Cordhosen trug ich nur als Schulmädchen. Und heute halte ich mich keinesfalls für einen sportlichen Typ. Was aber den Frauen meines Alters geraten wird. Du siehst gut aus, sagte mein Freund Jakob zum Beispiel, als ich in schwarzer Leinenhose mit schwarz-weiß gemusterter loser Bluse im Sommer nach Wien fuhr, etwas Sportliches steht dir gut. Diese Einstellung spiegelt sich auch in der Mode für ältere Frauen wider. (Die neueste Empfehlung ist, sich auf lässige Art elegant zu kleiden.)

Vor einiger Zeit habe ich in einer Zeitschrift gelesen, es sei unnötig, um nicht zu sagen geschmacklos, wenn sich ältere Frauen wie kleine Mädchen (ver-)kleiden. Das ist völlig richtig.

Wieso sollten Frauen meiner Generation den Wunsch haben, klein, süß und unscheinbar zu sein? Wo sie doch mit ganz anderen Vorzügen punkten können. In einer anderen Zeitschrift stand zu lesen, dass ältere Frauen durch Wissen, Erfolg, Persönlichkeit auffallen wollen, weniger durch hochmodisches Outfit. Die Kleidung soll ihre Persönlichkeit unterstreichen. Was immer das heißen mag.

Ich weiß, dass ich mich wohlfühlen will, mich selbstverständlich bewegen können möchte, also weder eingeengt noch verkleidet sein will. Trotzdem gehöre ich nicht zu den nach einer Verbraucheranalyse eines Wirtschaftsinstituts ermittelten 88 Prozent der 60- bis 69-jährigen Frauen, die beim Kleiderkauf stets bei demselben Fabrikat bleiben, wenn sie einmal damit zufrieden waren. Ich bin eher wie die 58 Prozent der Frauen dieser Altersgruppe bereit, etwas Neues auszuprobieren, wenn es interessant und qualitativ gut zu sein scheint.

In den 1960ern und 1970ern folgte die Mode der Emanzipation. Zuerst wurde die Befreiung der Frau mit Minirock und Hippiemode gefeiert. Um 1968 schienen die Straßen in Frankfurt am Main zum Beispiel wie ein Laufsteg für junge Frauen mit knappen Miniröcken zu sein. Die Jeans waren noch keine selbstverständliche Alternative. Die Miniröcke waren billig und sahen trotzdem gut aus. Dann wurde die Mode mehr und mehr anarchisch, bis schließlich alles tragbar war: jede Rocklänge, jede Farbe, jeder Stil. Die Jeans traten ihren internationalen Siegeszug an. Als ich Mitte der 1970er-Jahre zu studieren begann, und schon einige Jahre in Bayern lebte, war in München die Hippiemode »in« bei jungen Frauen. In den Straßen um die Universität herum gab es viele kleine Läden mit indischer Kleidung, Kleider aus verschiedenen Stoffen zusammengenäht, die sogenannten Patchworkkleider, oder grobe Baumwollröcke aus Afghanistan, lang und wallend und bunt, kombiniert mit (bevorzugt lilafarbenen) Blusen und (bevorzugt schwarzen) Leibchen aus Urgroßmutters Zeiten, die man beim Trödler oder auf dem Flohmarkt fand. Wir liebten alles, was aus einer fremden Kultur oder einer vergangenen Zeit stammte. Als ich Ende der 1970er-Jahre mit Lorenz in Griechenland unterwegs war, entdeckte er in einem kleinen Restaurant unweit unseres Campingplatzes ein Kleid, das er für einen Mantel hielt. Es hing in der Ecke hinter dem Kühlschrank in einer hinteren Stube. Wir fragten die Wirtsleute nach dem Preis, was sie verwunderte, denn sie hatten dieses Kleid vergessen, es hing schon seit Jahren dort, sagten sie. Und weil es verstaubt und zusammengedrückt war, und niemand aus ihrer Familie Interesse daran zeigte, schenkten sie es uns, der zierlichen Frau mit dem braven Pagenschnitt und dem mageren jungen Mann mit den ungebändigten, schulterlangen Locken, die im Licht der Sonne kupferrot glänzten. Das Kleid ist aus weichem glänzendem Stoff, in einer satten, kardinalroten Farbe, mit grobem Leinen im weiß-blauen Karo gefüttert, der lange Rock fällt in fülligen Falten, das Mieder ist eng gefältelt, hat einen tiefen Ausschnitt und lange Ärmel, die am Oberarm bauschig gepufft sind und schmal zur Hand auslaufen. In diesem Kleid, das uns beiden wunderschön vorkam, bewegte ich mich damals wie aus einem alten Gemälde zum Leben erweckt. Heute sehe ich darin aus wie eine ältere Frau in einer Robe aus bäuerlicher Vergangenheit, ich ziehe es manchmal an Winterabenden an. Jeans (bevorzugt Levis), avancierten wenig später schon zur echten Alternative, besonders, wenn man längst nicht mehr Mitte Zwanzig war. Ich erinnere mich, dass ich Lorenz einmal meine Begleitung ins *Genesis*-Konzert zugesagt hatte. Das war 1976. Schon allein die Entscheidung, was ich anziehen sollte, bewirkte ein beklemmendes Gefühl. Ich stellte mir vor, dass nur ausgeflippte Jugendliche Rockkonzerte besuchen, den Joint irgendwo in ihren flatternden Hemden und Röcken versteckt. Es quälte mich die Angst, als alte Frau aufzufallen. Ich dachte, ich würde völlig fehl am Platz sein, würde lächerlich wirken unter all den Tausenden von 18- bis 25-jährigen Hippies. Lorenz meinte, es sei völlig egal, was ich anziehen würde, einfach etwas, in dem ich mich wohlfühle. Ich habe mir ein paar Jeans gekauft. Knalleng mit einer weißen durchsichtigen Spitzenbluse darüber (und keinen BH darunter). Es war kaum möglich, mit Jeans als deplatziert aufzufallen.

Wenn ich heute in ein Rockkonzert gehe – wie etwa (wieder) zu *Genesis* oder zu *Pink Floyd* – ziehe ich noch immer Jeans an, und manchmal eine Spitzenbluse, meistens ein T-Shirt. Die Jeans sind nicht mehr so eng wie damals, und die Bluse ist nicht mehr so durchsichtig, und ich trage selbstverständlich einen BH. Aber ich fühle mich keinesfalls deplatziert, auch wenn ich älter als Sechzig bin. Im Gegenteil, es scheint, als wäre ich unter meinesgleichen. Das ganz junge Publikum ist heute in Rockkonzerten die Minderheit.

Die 1980er standen für starke Schultern, die als Ausdruck eines »künstlichen« Selbstbewusstseins galten. Jede Frau machte damals eine gute Figur mit den – oder vielmehr trotz der – oft überdimensional ausgestopften Schulterpolstern. Es ist ja nichts Neues, dass die Mode das Frauenbild beeinflusst. Oder war es nur der aufrechte Gang, der selbstbewussten Frauen damals Stärke verlieh? Aus heutiger Sicht kann ich über diese Mode schmunzeln. Zwei meiner schönsten Seidenkleider mit dicken Schulterpolstern hängen noch immer in meinem Kleiderschrank. (Ich liebte Rosa und Schwarz.) Unfassbar, dass ich mich in diesen Kleidern einst wunderbar gefühlt habe!

Heute müssen Frauen nicht mehr männliche Attribute imitieren, um ihre Stärke zu demonstrieren. Eine Modeschöpferin meinte in einem Interview, die Mode würde heute ein großes Selbstbewusstsein der Frauen zeigen. Frauen fühlten sich wohl in ihrer Rolle und in ihrer Haut und würden daher eine sehr körperbetonte Mode tragen. Heute sei die Mode viel persönlicher geworden. Jede Frau könne frei wählen, meinte sie.

Zugegeben, früher gab es ein strengeres Diktat. Aber bis zu welchem Alter gilt die persönliche Freiheit in der Mode denn wirklich?

Vor einem wichtigen Gespräch bei einer Behörde überlegte ich mir, eine neue Bluse zu meinem altbewährten hellgrauen Kostüm zu kaufen. Und weil Kleidung kaufen nicht gerade weit oben in der Hitliste meiner Beschäftigungen rangiert, bat ich meinen Freund Josef, mich zum Einkauf zu begleiten. Es machte Spaß mit ihm, denn er liebte Einkaufen jeglicher Art. Es muss eine feminine Bluse sein, beschied er mich. Eine feminine Bluse? Darunter verstand er eine weiße Bluse mit einem leger gebundenen Schalkragen. Er brachte sie mir zum Anprobieren. Ich schaute ihn fassungslos an. Die sieht doch wirklich ältlich aus. Ich entdeckte ein tomatenrotes Oberteil. Durchaus klassisch, durchsichtig, schmeichelhaftes Dekolleté. Für Siiie??, fragte die Verkäuferin, als ich es anprobieren wollte. Und Josef blieb dabei, die weiße Bluse sei mir und meiner Position angemessener.

Er will mich als ältere Frau sehen, dachte ich, vielleicht gar als elegante, ältere Dame, für die nun nach dem Klischee »Seniorin« feminine Blusen, enge Röcke, Blazer und sportliche Kostüme in Pastellfarben angemessen sind. Verdränge ich etwas Unvermeidliches? Auch ich, die ich einst die Jugend gepachtet zu haben glaubte, bin jetzt in einem gewissen Alter. Angenehm ist es nicht, und äußerst beunruhigend, dass ich offensichtlich in den Augen der anderen viel früher alt bin als in den eigenen. Ich dachte, ich weiß, was zu mir passt. Eine Frau in unserem Alter, sagt die Verkäuferin, muss sich chic anziehen. Von welchem »Chic« spricht sie denn?

Natürlich möchte ich gut aussehen. Aber kann ich das denn nicht in jenen Kleidungsstücken, mit der Haarfarbe, mit dem Schmuck, und in den Schuhen, die mir gefallen? Sich so zu kleiden, wie es ihr gefällt, das bedeutet persönliche Freiheit (auch) für eine Frau ab Sechzig, es ist eben typisch für eine ältere Frau, möchte ich trotzig behaupten, aber auch der Trotz ist wohl meinem Alter nicht (mehr) angemessen.

Ich gebe zu, manchmal bin ich ziemlich niedergeschlagen. Soll ich aufgeben, mich zu wehren, soll ich einfach so sein, wie »jedermann« es von mir erwartet? In jenen Momenten weiß ich nicht mehr, was vielleicht nur reine Verdrängung des Alters ist. Und vor allem will ich nicht die karikierte lächerliche Alte sein.

Ich versuche, mir eine ehrliche Antwort zu geben: Ich bin so, wie ich mich fühle, ich fühle mich nicht wie zwanzig, auch nicht wie vierzig oder fünfzig, das habe ich ja alles schon erfahren, ich weiß, wie es sich anfühlt, wie es ist, eine Jugendliche oder eine Frau im mittleren Lebensalter zu sein. Und nun soll ich mich nicht auf mein Gefühl verlassen dürfen, dass ich keine Last empfinde, Sechzig zu sein, sondern unveränderte Lebenslust, die ganze Bandbreite menschlicher Empfindungen, Bedürfnisse und Fähigkeiten? Soll es wieder jemand geben, der mir glaubt sagen zu müssen, wer und wie ich in meinem Alter sein soll?

War das nicht schon früher so mit den Erwartungen der anderen? Und wie habe ich früher darauf reagiert? Ich habe mich Frauen angeschlossen, die genauso dachten, fühlten, handelten wie ich, wir haben uns unterstützt und wussten, es ist unsere Wahrheit, die wir nirgendwo verstecken wollen.

Bin ich wieder an einem Punkt, an dem ich meine Sicht der Dinge verteidigen soll? Ist es das Phänomen des Herbstes, der in der wärmenden Sonne noch ein kurzes Frühlingserwachen zulässt? Bevor der Winter einfällt?

Ja, es hat sich vieles verändert. Unerwartete Zeichen des Alterns tauchen immer wieder unversehens auf, wie der Anflug einer kühlen Brise, die aus einer anderen Welt herüberweht, Verwunderung auslöst, den Atem stocken und ein Ahnen von unsicherer Zukunft aufkommen lässt.

III.

Wir kranken daran, dass Älterwerden von anderen definiert
wird.
In der Regel von Jüngeren, die selbst noch keine Erfahrung
damit haben.

Frank Schirrmacher, Das Methusalem-Komplott

Verschrumpelungen

Während sie die Untersuchung bei mir vornahm, etwas abwesend, uninteressiert, was mich irritierte, dozierte sie: Ihre Gebärmutter hat sich ja viel zu sehr zurückgebildet, ein Eierstock ist fast nicht mehr zu sehen, und die Schleimhäute sind schlecht durchblutet! Ich war betroffen und fühlte mich von ihrem strengen, vorwurfsvollen Ton gekränkt.

Als ich die Ärztin zaghaft darauf hinwies, dass ich meine Gebärorgane in Frieden ihrer Rückbildung überlassen könne, sie würden nicht mehr benötigt in meinem Alter, hörte sie gar nicht zu. Sie verschrieb mir ein Hormonpräparat und antwortete auf meinen Einwand, keine Hormone nehmen zu wollen, in deutlich gereiztem Ton, sie gebe mir keine Hormone, die Krebs verursachen würden. Ihr hochmütiges Lächeln war für mich das Zeichen, mich extrem unwohl zu fühlen. Sie registrierte, dass ich zurzeit keinen Partner habe, stellte keine Frage, wie es um mein Sexleben bestellt sei, doch ich merkte wohl, dass ihrer Ansicht nach meine Probleme nicht sein müssten, wenn ich »in Übung« geblieben wäre. Ach, dachte ich, sie ist jung (und attraktiv) und will sich nicht mit älteren Frauen beschäftigen. Ihre Vorliebe gilt der Familienplanung, der »Kinderwunschbehandlung«, den Hinweis darauf hatte ich ja schon im Wartezimmer gelesen, wo viele junge Frauen saßen, mit Babys oder Kleinkindern, andere hatten einen Mann dabei, der zärtlich ihre Hände hielt.

Als ich die Arztpraxis verließ, verärgert, weil ich mich nicht selbstbewusster der Ärztin gegenüber verhalten hatte, diese unerwartete Abwertung nicht sofort pariert, statt dessen mich in gewisser Weise für mein Altsein (und der unterstellten ungenügenden »Übung«) geschämt hatte, wusste ich, dass ich nicht so einfach abgefertigt werden will, auch wenn meine Gebärmutter nicht mehr das pralle Leben verspricht. Und ich habe meiner gleichaltrigen und daher stets verständnisvoll mich mein ganzes Frauenleben lang begleitenden Ärztin unendlich nachgetrauert, weil sie – nunmehr auch in die Jahre gekommen – ihre Praxis geschlossen hat.

Für sie war die »gynäkologische Gesundheit« und weibliche Sichtbarkeit der Frau unabhängig von ihrer sexuellen Aktivität mit einem Mann. Vielleicht wurde die Diskussion um »Hormone Ja oder Nein« in den vergangenen Jahren auch deshalb so heftig geführt: Natürlich zu altern fanden viele Frauen ganz in Ordnung, aber als unsichtbar abserviert zu werden, erzeugte Panik. Hatten wir nicht für ein sichtbares Frauenbild gekämpft? Können wir jetzt (nur) durch Hormongaben sichtbar bleiben? Oder eben, wie in althergebrachten Zeiten (die wir überwunden zu haben glauben) mit einem Mann in unserem Bett?

Die rätselhafte Leichtigkeit des Seins

Heute habe ich einen »leichten« Tag, ich fühle eine körperliche und innere Leichtigkeit, die mir seit Langem nicht mehr beschieden war. Ich kann sagen, dass sie mir abhandengekommen war, unbemerkt, denn ich habe nichts getan, um sie zu vertreiben oder zu missachten. Im Gegenteil, als ich sie vermisste, habe ich nach ihr gesucht, geforscht, habe sie nicht als verloren betrachtet, nur als vorübergehend unauffindbar, und habe vermutet, dass ich mich gezielter anstrengen müsse, um sie wieder zu besitzen. Zum Beispiel beschloss ich, meinen Blick für die kleinen Freuden des Alltags wieder zu schärfen. Mir einen ausgedehnten Spaziergang zu gönnen, einen Film, ein Konzert, mehr auf meine Wünsche zu achten. Das ständige Mit-etwas-anderem-befasst-Sein, der Stress, hat die notwendige Erholung verhindert. Da der Stress jedoch nicht aus meinem Leben verschwunden ist, vermute ich, dass die angenehme Leichtigkeit auf die Wirkung eines Medikaments zurückzuführen ist, das mir die Frauenärztin verschrieben hatte, um der Rückbildung meiner Gebärmutter und Eileiter entgegenzuwirken und die Schleimhäute besser durchbluten zu lassen.

Das Rezept war ausgeschrieben, ich trug es einige Tage unbeachtet in meiner Handtasche, holte mir schließlich die verordneten Zäpfchen in der Apotheke und verstaute sie im Arzneischrank daheim. Nach einigen Tagen überwog meine Neugier. Ich wollte wissen, was diese Hormone wohl bewirken könnten.

Es ist jetzt schon später Nachmittag, mein Körper und mein Geist sind noch wach, ohne das sonst so alltägliche Ankämpfen gegen die bleierne Ermüdung zu dieser Tageszeit. Wie wird es morgen sein?

Zwei Monate nachdem ich die so unverhoffte Leichtigkeit verspürt hatte, hörte ich auf, die Zäpfchen anzuwenden, weil ich unruhig geworden bin. Als Nebenwirkungen waren auf dem Beipackzettel »lokale Reizungen im Scheidenbereich mit Jucken, Brennen und Rötungen« angegeben, und der Hinweis, das Auftreten von Nebenwirkungen, die nicht benannt sind, dem Arzt oder Apotheker unverzüglich mitzuteilen. Die aufgeführten Nebenwirkungen trafen zwar nicht ein, wohl aber das Gefühl, unnötig »überversorgt« mit Estriol zu sein, einem Hormon, das zu den Östrogenen gehört. Estriol, das natürlich vorkommende, kurz wirksame Östrogen, das vorwiegend aus den Ovarien (Eierstöcken) stammt, hat nur eine geringe Wirkung – mit Ausnahme während einer Schwangerschaft. Es besitzt nur etwa ein Zehntel der biologischen Aktivität des Östradiols, das als das wirksamste natürlich vorkommende Östrogen gilt.

Eine starke Wirkung konnte ich demnach bei mir schon von vornherein ausschließen: In meinem Alter ist eine natürliche Schwangerschaft unmöglich. Dafür hat mein Körper längst gesorgt, wie schon die gynäkologische Untersuchung gezeigt hat. Wozu nützt dann Estriol, wenn es im normalen, schwangerschaftslosen weiblichen Körper wenig Gutes tun kann? Der Beipackzettel sagt, das Medikament diene zur lokalen Behandlung von Erkrankungen, die durch Östrogenmangel bedingt sind, Beschwerden, die in den Wechseljahren auftreten. Es soll verwendet werden, um trockene Scheidenschleimhaut, Gewebeschwund der Scheide oder eine Atrophie (Hautschwund) zu behandeln.

Die Rückbildungserscheinungen der Gebärorgane hatte ich bisher als normal für mein Alter betrachtet, ich bin so viele Jahre schon aus den Wechseljahren heraus. Das Medikament definiert mich jetzt zu einer Frau mit einer hormonellen Abweichung, und diese Abweichung soll ich nicht als altersadäquat hinnehmen, sondern als eine Krankheit betrachten. Über das Bild der älteren Frau als »Hormonmangelwesen« hatte ich mich schon damals empört, als ich, gerade fünfzig Jahre alt, in die Wechseljahre gekommen war. Zu jener Zeit glaubten noch viele Ärzte, die beste Vorbeugung gegen Krebs bei Frauen sei, deren Gebärmutter zu entfernen, spätestens dann, wenn irgendein Problem mit »dem Unterleib« aufgetreten war. Dann wurde dringend zur Radikaloperation geraten. Anschließend waren die Hormontherapien gerechtfertigt. Vom operativen Rundumschlag ist man wieder abgekommen, nicht jedoch von den Hormontherapien.

Mediziner haben uns geraten, auch gegen zu wenig Knochendichte Hormone zu nehmen, um einer drohenden Osteoporose vorzubeugen. Heute werden Frauen stattdessen ermutigt, Sport zu treiben, sich gesund zu ernähren und auf körperliche und geistige Bewegung zu achten. Manche Ärzte beklagen, dass nicht diejenigen Frauen Hormone fordern, die gesundheitliche Beschwerden haben, sondern diejenigen, die am meisten Angst davor haben, jenseits der Wechseljahre unattraktiv und alt zu werden. Die Pharmalobby freut sich darüber.

Die amerikanische WHI-Studie (»Women's Health Initiative«) mit über 16.000 Teilnehmerinnen wurde im Juni 2002 abgebrochen, weil sich erhöhte Risiken für Thrombosen, Brustkrebs, Herzinfarkt und Schlaganfall zeigten. Durch die britische »Million Women Study« (2003) wurden die Ergebnisse zum Brustkrebsrisiko bestätigt: Unter anderem war die Zahl der Brustkrebserkrankungen unter Langzeitanwenderinnen von Östrogen-Gestagen-Präparaten um 66% erhöht. Seit November 2003 gelten neue Richtlinien des Bundesamtes für Arzneimittel: Hormone sollen danach nur gegen schwere Wechseljahrsbeschwerden und so kurz wie möglich – maximal ein bis zwei Jahre – verschrieben werden.

Die »Antibabypille« war ein Meilenstein auf dem Weg zur selbstbestimmten Frau, und zunächst auch ein Synonym für »Spaß am Sex«. Sie stellte einen enormen Eingriff in den Hormonhaushalt von Frauen dar. Es war nicht leicht, ein Rezept dafür zu bekommen. Die Ärzte – aus Verantwortungsgefühl, Unsicherheit oder moralischen Bedenken – verschrieben sie ungern an gesunde, gebärfähige Frauen. Und noch weniger gern, wenn man jung und unverheiratet war.

Wenn es heute um die Pille geht, sind Hormone gesellschaftlich akzeptiert, sowohl für die Empfängnisverhütung als auch zur Fruchtbarkeitsbehandlung. Bei Hormonverabreichungen in und vor allem nach den Wechseljahren gehen die Meinungen auseinander. Doch diejenigen, die gegen Hormone sind, genauso wie diejenigen, die sich mit Hormonen vital und fit halten wollen, treffen auf (frauenfeindliche) Kritik: Eine Frau mit Sechzig, die Hormone ablehnt, alt aussieht und sich leicht depressiv fühlt, ist selbst schuld, wird argumentiert. Und wenn sie Hormone nimmt, heißt es: Muss sie denn noch so aussehen, sich verhalten, funktionieren wie mit Dreißig? Kann sie nicht in Würde altern?

Wer unter einer Krankheit leidet, dem soll auch geholfen werden. Wenn der Körper durch eine Unausgewogenheit der Hormone leidet, gilt es, Schlimmes zu verhüten. Aber nicht jede Frau ist behandlungsbedürftig, wenn ihr Körper aufhört, fruchtbar zu sein. Dann ist sie immer noch eine ganz gesunde Frau.

Eine Pensionistin sein

Die Kioskbetreiberin an der U-Bahn Station in Wien schaute mich prüfend an. »Erlauben Sie, gnä' Frau, darf ich fragen wie alt Sie sind?« Ich war so perplex, dass ich sofort »Vierundsechzig« stotterte. »Dann sind wir schon Pensionistin, gnä' Frau, gell, dann können Sie mit dem verbilligten Fahrschein fahren.« Wenn's weiter nichts ist, dachte ich, blickte mich trotzdem etwas verlegen um, ein Mann in mittleren Jahren schaute mich gelangweilt an und verlangte eine Tageszeitung über meinen Kopf hinweg.

Ich hatte stets angenommen, dass man mir mein Alter, die Über-sechzig-Jahre, nicht ansah. Warum ich davon so überzeugt war? Niemand hatte bisher zu mir gesagt, ich sähe wie eine Pensionistin aus – die bin ich aber. Keine meiner Freundinnen, und noch weniger meine Freunde, haben mir jemals ins Gesicht gesagt: Du bist wirklich gealtert, jetzt siehst du keinesfalls mehr wie Fünfzig aus. Im fünften Lebensjahrzehnt fand ich nichts dabei, mein wahres Alter zu nennen. Ich habe jede Menge Komplimente bekommen, alle mit der gleichen Botschaft: Wie Fünfzig siehst du nun wirklich nicht aus! Wir wissen alle, dass diese Bemerkungen gut gemeint sind. Ihren Wert bekommen sie nur vor dem Hintergrund der Vorstellungen, die in unserer Gesellschaft über eine Frau im Alter von fünfzig Jahren herrschen. Und die sind eben nach wie vor mit Klischees und Vorurteilen behaftet: alt, unsichtbar, jenseits von Gut und Böse. Es kommt mir vor, als würde ich nun mit Sechzig so aussehen, wie ich damals befürchtete, mit Fünfzig auszusehen. Ich bekomme immer seltener Komplimente für ein jüngeres Aussehen. Wenn ich wieder einmal mein Alter auf eine neugierige Frage hin arglos bekannt gegeben habe, bedauere ich es anschließend zutiefst. Ich erschrecke, weil sich ganz automatisch einstellt, was ich selber gern vermeiden möchte: der beunruhigende Gedanke daran, was nach der Preisgabe meines Alters mein Gegenüber von mir denken, von mir erwarten und wie er mich jetzt behandeln wird. Ist es klug oder ein Nachteil, wenn ich mein wahres Alter ausposaune?

Ich habe inzwischen aufgehört, Freundinnen darauf hinzuweisen, dass mir ihr Altern aufgefallen ist. Wenn wir uns treffen, versichern wir uns gegenseitig, dass wir doch im Vergleich zu dieser oder jener Person in unserem Alter (noch) ganz anders, fit und attraktiv, wie in unserer Lebensmitte, wirken. Erschüttert wurde mein Bild von der noch immer im mittleren Lebensalter stehenden Frau zum ersten Mal in der überfüllten Straßenbahn: Eine Frau, die ich nicht wesentlich jünger als mich selbst einschätzte, bot mir ihren Sitzplatz an. Meint sie tatsächlich mich, dachte ich ungläubig, ich konnte mir nicht vorstellen, wie eine schwache alte Frau zu wirken. Ja, ich hatte einen anstrengenden Arbeitstag hinter mir. Und wenn man erschöpft ist und müde, dann mag es sein, dass sich das Alter unübersehbar zeigt. Aber so alt? Das hätte ich nicht vermutet. Dieses Erlebnis hatte für meine innere Unruhe gesorgt, aber nur kurz. Es werden ähnliche Situationen kommen, dachte ich damals, und meinte, wenn das Alter sichtbar ist, erhöht sich meine Freiheit. Denn ich fühle mich so alt, wie mir zumute war (also nicht alt und nicht schwach), und verhalte mich wie immer. Ich weiß, dass es *die* Sechzigjährige nicht gibt. Wir altern schließlich alle unterschiedlich. Derartige Überzeugungen sind ja so leicht im stillen Kämmerlein aufrechtzuerhalten. Sie müssen sich draußen, im »wirklichen Leben« bewähren: ein Lernprozess!

Ich hatte schließlich die Fahrkarte einer Pensionistin in der Hand. Mein Wissen übers unterschiedliche Altern nützte nichts. Entgegen aller vernünftigen Einsichten musste ich mir eingestehen, dass es mich kränkte, offiziell als alte Frau erkannt zu werden, entpersönlicht geradezu, als sei alles, was ich bin, zu einer Schablone geworden, zur grauen Pensionistin, zur einheitlichen Rentnerin – durch den Besitz dieser Fahrkarte ausgewiesen und für jedermann sichtbar gemacht.

Ich stand am Bahnsteig der U-Bahn mitten im schönen Wien und fühlte mich ertappt und innerlich gelähmt. Sogar ein bisschen verängstigt.

Wer möchte ich sein?

Ich bin oft unterwegs, besuche (ehemalige) Kolleginnen und Kollegen genauso gern wie Familie, Freundinnen und Freunde und fahre lange Strecken lieber mit dem Zug als mit dem Auto, obwohl ich auch bei einer Fahrt allein im Auto nachdenken kann, oft darüber, wer ich geworden bin und wer ich in meinem Alter sein will.

Möchte ich die Frau sein, wie jene, die – als mein Zug in den Bahnhof einfährt – aus einem Fenster des Bahnhofgebäudes die Fahrgäste anlächelt, die sie durch die Zugfenster sieht? Sie wirkt heiter und zufrieden, ihre halblangen grauen Haare bewegt der Wind, und ich stelle mir vor, dass sie ihrem alltäglichen Zeitvertreib frönt: den Menschen in fahrenden Zügen nachzuschauen. Wovon wird sie träumen?

Möchte ich die Frau sein, die, da sie im Familienbetrieb zusammen mit ihrem Mann arbeitet, sich von den Pflichten und der Betriebsamkeit nicht verabschieden kann und doch von einem gnadenlosen Schicksal dazu gezwungen wird, dem heimtückischen Krebs nachzugeben, dem sie nichtsdestotrotz einen Sinn zuschreibt, denn wir alle, sagt sie, treffen auf unser ganz eigenes, unausweichliches Schicksal. Trotzdem gibt sie nicht auf. Woher nimmt sie die Kraft in diesem Alter?

Oder die Frau, die sich ein Puppenheim geschaffen hat und die regenfreien Tage im Garten verbringt, arbeitend, an ihrer Seite kniet ein schöner, junger Mann aus dem Süden, der sich sein Studium in Deutschland verdient, und gleichzeitig ihr Fernweh lebendig erhält? Sie wirkt tapfer ihrer Einsamkeit entgegen. Hat sie einen Plan für die verblassende Zukunft oder übt sie sich im perfekten Verdrängen aller dunklen Wolken am Horizont?

62

Möchte ich die Frau sein, die sich mit ihrem mild und umgänglich gewordenen Mann auf Kreuzfahrten begibt, so lange er noch rüstig genug ist? Die heimliche Vergleiche zieht mit den noch älteren Frauen an Deck, zufrieden mit sich, manchmal die brennenden Blicke noch älterer Männer auf ihrem Körper spürt, und diejenigen der Jüngeren mit Vergnügen zulässt, Sehnsucht nicht ausgeschlossen?

Oder diejenige, die um ihr finanzielles Überleben kämpft, obwohl sie viel geschaffen hat, ein Heim, Kinder, Beruf, und sich doch täglich die Frage stellen muss nach dem wie, und wie lange noch? Wohin wird sie sich wenden? Wird sie die Einsamkeit wählen oder will sie mit ihresgleichen zusammen sein oder mit ihren Kindern?

Und ich, sagte eine Freundin, ich will eine lustige Alte sein, schrullig und liebenswert, lieber eine unwürdige Greisin, ja, lieber sogar lächerlich, als depressiv, eisern, erstarrt und humorlos.

Begegnung mit einer älteren Frau im Zug nach Budapest, hilflos

Sich breitmachend, indem sie ausladende kreisende Bewegungen mit ihrem Gesäß vollführt, als ob sie sich als breiige Masse in den Sitz hineinschrauben möchte. Dabei windet sie ihren Oberkörper zwei-, dreimal nach vorne, um ihn über der Masse einzurasten, das Gesicht legt sich in Falten. Die Furchen falten sich im Kreis. Vielleicht scheint es auch nur so, weil das Gesicht verblüffend rund ist. Stirnfalten ziehen sich an den Seiten nach unten, vom Kinn laufen sie über die Backen nach oben. Die Augen versinken hinter einem Faltenkreis, das Gesicht wirkt gequält, unzufrieden, die Muskeln um den Mund herum schieben sich hin und her und erinnern an eine wiederkäuende Kuh. Manchmal reckt sie den Hals, stellt den Kopf auf wie den Punkt eines spanischen Fragezeichens, das Gesäß noch immer fest mit dem Sessel verschraubt, den Oberkörper steif gebogen. Abwesend scheint sie zu sein, nicht entspannt in sich lauschend, eher kummervoll verschlossen, ihr faltig leidendes Gesicht erbebt gelegentlich durch einen Grunzlaut, der im Rachen beginnt und als Schnauben in der Nase endet.

Sich breitmachen. Auf sich aufmerksam machen. Ablehnung herausfordern. Warum? Es fällt mir schwer, meinen Blick von ihr abzuwenden. Will sie etwas sagen oder fordert sie mich heraus? Sie schweigt. Und somit bin ich auch zum Schweigen verurteilt.

In der U-Bahn in Berlin, verletzt

Auf seine spöttische Frage: Bist du schwanger?, antwortet die ältere Frau aufbrausend: Du spinnst wohl!

Er kennt ihr Alter.

Sie senkt den Blick.

Ich sitze ihr gegenüber und erschrecke, dass er so respektlos ist.

Die rote, fließend weiche Kunststoffweste klafft auf und gibt die unnatürliche Wölbung des Bauches frei, der wenig kaschiert wird durch den glänzenden, schwarzen Pullover, hüftlang und breit ausgeschnitten am Hals. Blickfang ist die Kette aus großen bunten Glaskugeln. Der Pullover fällt über glänzende schwarze, knielange Shorts, die wie ein Rock fallen und beim Aufstehen nach der langen Fahrt die zwischen den massigen Oberschenkeln angestaute schwüle Luft abzugartig entweichen lassen.

Sie zupft an ihrem Pullover, streift die Weste glatt, und steigt grußlos am Bahnhof aus.

Der Mann folgt ihr. Und ich blicke verstohlen an mir herunter. Wie sehe ich aus?

Achtsam mit dem Körper umgehen

Ja, ich überlege manchmal, dass ich gebrechlich sein werde, falls ich ein hohes Alter erreichen sollte. Niemand stirbt im hohen Alter rüstig und kerngesund. Doch ob es nun angemessen erscheint oder nicht, ich glaube im Moment (noch?) daran, alles schaffen zu können, was ich tun will. Was ich mir vornehme, mache ich gern: So weit zu wandern, wie ich will. Weiter zu arbeiten, freiberuflich und auch ehrenamtlich, solange es mir Freude macht. Mit meinen Enkelinnen und meinem Enkel zu verreisen. Meine Freunde in aller Welt wiederzusehen. (Dazu sind lange Flüge nötig.) Viele Gäste bei mir zu haben. (Auch das kann körperlich anstrengend sein.) Im Sommer durch den See zu schwimmen, im Garten zu arbeiten, Open-Air-Konzerte zu besuchen. Im Winter lange Spaziergänge zu machen, durch den tiefen Schnee oder über die hart gefrorenen Felder zu wandern. Das sind keine unerfüllbaren Wünsche. Das ist anders als vor einigen Jahren, als ich noch davon träumte, zum Beispiel, dass ich Skifahren lernen könnte. Davon habe ich Abstand genommen, weil es mir zu gefährlich erscheint. Ein Unfall meiner Mutter hatte mich schon vor Jahren vor den Gefahren allzu sorglosen Verhaltens in unvorhergesehenen Stresssituationen gewarnt. Beim Versuch, an einem Tag im Winter ihr voll beladenes Fahrrad zu besteigen, geriet sie auf eine vereiste Stelle auf der Straße, das Fahrrad rutschte weg, Mutter stürzte, und das Fahrrad fiel mit aller Wucht auf die alte Frau. Sie hatte einen Oberschenkelhalsbruch, die Operation verlief enttäuschend, ein Bein wurde leicht verkürzt. Seitdem hinkte sie ein wenig, und mit dem Fahrradfahren war es endgültig vorbei. Diesen Unfall betrachtete sie als die größte Wende in ihrem Leben. Nur eine Sekunde, eine einzige Sekunde Unachtsamkeit, wiederholte sie oft, sah dann verlegen drein, und die Art, wie sie es sagte, ging mir zu Herzen. An diese Geschichte wurde ich erinnert, als ich in Eile die Wäsche von der Leine im Garten ins Haus holen wollte, wütend über Lorenz, der trotz meiner Aufforderung dies nicht erledigt hatte, und ich beim unachtsamen Sprung von der Türe in den Garten mit dem Fuß umknickte. Der Fuß schwoll in wenigen Minuten zu einer plumpen Masse an. Ich glaubte, er wäre gebrochen. Die Röntgenaufnahme zeigte, dass das Fußgelenk intakt war, nur die Sehnen waren überdehnt. Gnädiges Schicksal, dachte ich erleichtert, und schwor mir, zukünftig auch in eiligen Momenten achtsam zu sein.

Inzwischen habe ich gelernt, nicht mehr vieles auf einmal zu tun, sondern eins nach dem anderen. Nicht ganz freiwillig, zugegebenermaßen: In den vergangenen Jahren habe ich festgestellt, dass ich in vielen Dingen langsamer werde. Die Hausarbeit zum Beispiel geht mir nicht mehr so flott von der Hand. Treppensteigen dauert länger, weil ich nicht mehr zwei Stufen auf einmal nehme. Gartenarbeit strengt mich mehr an. Ich gehe nicht mehr gern in Stöckelschuhen. Ich mag nicht mehr mit den Enkeln herumtoben, gleichzeitig einen Bericht im Radio hören, telefonieren und nebenbei eine ordentliche Mahlzeit kochen. Und Einkaufen gehe ich grundsätzlich nur noch mit einer detaillierten Liste. Ich erledige auch nicht mehr dreißig Sachen am Tag, sondern bin froh, wenn ich drei erledige. Ich kann mit Stresssituationen nicht mehr so gut umgehen, fühle mich viel schneller überfordert. Ist das so, weil man sich nicht ständig neue Aufgaben stellt? Ich stelle fest, dass ich oft müde werde, und nicht weiß, warum. Ausruhen und der Müdigkeit nachgeben wird dann wichtiger, als (zum Beispiel) eine bisher unverzichtbare Sendung spät im Fernsehen zu verfolgen oder abends einen Zeitungsartikel zu Ende zu lesen. Ich kann nicht genau sagen, was mich hindert, an meiner früheren Geschwindigkeit anzuknüpfen. Oder an dem veränderten Rhythmus und Bedürfnis nach Schlaf. Aber ich registriere es. Und ich hoffe, es sind keine Anzeichen für Interesselosigkeit oder ein Abgleiten in den Stumpfsinn.

Ich glaube nicht, diese Veränderungen zu verdrängen, aber ich bin auch der Meinung, dass Veränderungen keine Verminderungen sind. Es geht also nicht »bergab« mit mir.

Wenn ich mich nicht als zukünftige gebrechliche Frau sehe, bin ich dann dabei, die schwindenden Kraftreserven zu verdrängen?

Vielleicht: Denn auch, wenn ich im Moment mit meinen Kräften zufrieden bin, habe ich inzwischen die unerwartete Unzuverlässigkeit meines Körpers erfahren, und wie schnell infolge dessen mein emotionales Gleichgewicht ins Wanken kommen kann. Es geschieht plötzlich, und ich weiß nicht, wann es wieder so weit sein wird, das nächste Nachlassen der Körperkräfte meistern zu müssen. Es wird wieder eine Herausforderung an meine Anpassungsfähigkeit sein, und an meine Flexibilität, auf Veränderungen zu reagieren. Es ist wichtig, Extreme zu vermeiden, heißt es, und das kommt meinem Lebensgefühl entgegen.

Wer während der Jahre der Berufstätigkeit seine Freizeit auch mit Fitnesstraining oder Sport gefüllt hat, ist nicht notwendigerweise motiviert, sich nach Eintritt in den Ruhestand weiterhin sportlich zu disziplinieren. Oft ist Yoga ein guter Ausstieg, wenn man etwas braucht, um zur Ruhe zu kommen. Mein inneres Gleichgewicht braucht gelegentlich mehr Antrieb. Nach einer Stunde Sport, Tennis zum Beispiel oder Tanzübungen, kann ich mich wieder leiden. Meine Freundin Doris hat bei sich beobachtet, was für viele Frauen zutrifft, wenn sie nach einem aufreibendem Berufsleben im Ruhestand sind: Plötzlich schlich sich Bequemlichkeit ein, sagt Doris, und die Ausrede: Ich habe so viel zu Hause zu tun, dass ich nicht auch noch zum Sport gehen muss. Aber Hausarbeit verspannt, Sport hingegen entspannt, stärkt die Muskulatur, hält beweglich und geschmeidig. Und strafft unser Selbstwertgefühl.

Die Treulosigkeit des Körpers

Ich fühle mich extrem schwindelig. Unter meiner Schädeldecke scheinen sich Wellen auszubreiten, zwischendurch ist an verschiedenen Stellen eine Wärmeexplosion, innerhalb des oberen und hinteren Teil des Kopfes, kleine Feuerstiche, wie beim Abbrennen einer Wunderkerze. Und ich fühle eine leichte Übelkeit vom Magen hochkriechen in den Mund.

Es begann mit Schmerzen an der oberen Wirbelsäule. Ich versuchte, sie nicht zu beachten. Die Schmerzen zogen in die linke Schulter, den linken Arm.

Den Arzt kannte ich nicht. Er wirkte freundlich und fragte mich, weshalb ich gekommen sei.

Ich habe ein Problem, sagte ich. Ich sprach langsam und etwas gedehnt, dabei schaute ich ihn an.

Er ließ mich nicht weitersprechen und diagnostizierte sofort: Sie haben Schwierigkeiten beim Sprechen.

Nein, antwortete ich. Es ist nur, ich war schon so lange nicht mehr in einer Arztpraxis. Und nun dachte ich für einen Moment, dass meine Beschwerden vermutlich viel zu gering seien, um sie lang und breit zu besprechen.

Die vorschnelle Diagnose des Arztes war falsch. Die Rückenschmerzen verharmloste er. Die Ursache sei eine Verspannung, durch krankengymnastische Therapie leicht zu lösen. Doch weil ich schon mal da war, schien es sinnvoll, eine gründliche Untersuchung einzuleiten. Das EKG zeigte nichts Alarmierendes. Dagegen sei in der Halsschlagader ein beunruhigendes Geräusch zu hören, ein sofort vereinbarter Termin beim Neurologen sollte die Ursache klären. Bis zur Klärung also keine Krankengymnastik, die heftige Bewegung könnte ein möglicherweise in der Halsschlagader steckendes Blutgerinnsel lösen, das Risiko sei ein Schlaganfall. Ich wurde bleich. Und bekam Tabletten zur Blutverdünnung, denn dieses Risiko sollte ich unbedingt vermeiden. Noch mussten die Laboruntersuchungen gemacht werden. Zwei Tage später wurde ich in die Arztpraxis bestellt.

Ihre Cholesterinwerte sind ja furchterregend hoch, erschreckte mich der Arzt.

Er schien selbst völlig erschüttert und ermahnte mich, auf jeden Fall das Medikament zur Senkung des Cholesterins zu nehmen, das er mir nun gab. Denn in Verbindung mit einem hohen Blutdruck, der sich nun auch eingestellt hatte, und dem Risikofaktor Blutgerinnsel sei ich in großer Gefahr.

Die Untersuchung beim Neurologen ergab keine bedrohliche Gefahr für einen Schlaganfall, jedenfalls nicht durch ein wanderndes Blutgerinnsel. Doch die Schilddrüse zeige grenzwertige Ergebnisse, zudem ein paar Knoten, die ich kontrollieren lassen musste, das Ergebnis war uneindeutig, und mir wurde dringend eine Operation empfohlen.

Alles in allem: nach diesen Ergebnissen war ich verzweifelt. Die Schmerzen an der Wirbelsäule hatten sich wundersamerweise von allein beruhigt. Aber ich war erschüttert, wie nahe an einer massiven Beeinträchtigung meines Lebens ich plötzlich war: Schlaganfallgefährdet! Herzinfarktbedroht! Schilddrüsenkrebs nicht ausgeschlossen! Vor einer Woche hatte mir nichts gefehlt. Ich bin weder übergewichtig noch kurzatmig oder überreizt, und schon gar nicht überempfindlich. Ich hatte keine Schmerzen oder sonstige Beschwerden bis zu dem Tag, an dem ich die hartnäckigen Rückenschmerzen los haben wollte, die nun den Stein ins Rollen gebracht hatten. Ich wälzte medizinische Ratgeber. In jungen Jahren sind die Frauen besser dran als die Männer, heißt es da. Herz-Kreislauf-Erkrankungen zum Beispiel sind bei ihnen deutlich seltener als bei den Männern. Entscheidend ist der Cholesterinspiegel, der Hauptrisikofaktor für diese Erkrankungen. Der Cholesterinwert steigt bei allen Menschen von Geburt an leicht an. Bei Frauen geht das deutlich langsamer bis etwa zum 45. Lebensjahr. Das hängt damit zusammen, dass vor den Wechseljahren die körpereigenen Östrogene die Gefäße schützen. Später gehen die Werte rasant in die Höhe und sind dann sogar höher als bei den Männern. Herz-Kreislauf-Erkrankungen (und nicht Brustkrebs!) sind die häufigste Todesursache bei Frauen nach der Menopause.

Trotzdem weigerte ich mich, die Medizin zu nehmen (weil ich auch früher ganz selten Medikamente zu Hilfe genommen hatte), rief einen befreundeten Arzt an, der mich zu beruhigen versuchte. Iss mehr Gemüse, meinte er, und weniger Reis und Nudeln. Geh' spazieren, tanzen und schwimmen. Ich sprach mit Freundinnen, und stellte fest, dass jede ähnliche Erfahrungen durchgemacht hatte oder gerade durchlitt. Ich sagte mir schließlich, ja, ich hätte es wissen müssen, irgendwann gibt der Körper auch mir ein Zeichen. Die Tatsache, dass ich eine Frau in meinem sechsten Lebensjahrzehnt bin, bringt körperliche Symptome mit sich, die ich einfach ertragen muss. Ist es nicht besser, mich mit meiner natürlichen Schwäche auszusöhnen? Es ist, als ob der Körper meinem Bewusstsein eine Botschaft überbringen will: Ich bin nicht unsterblich, es ist an der Zeit, erste Schritte zu setzen, mich allmählich abzulösen vom irdischen Dasein. Dysfunktionen, Verschleißerscheinungen, äußerlicher Verfall, und Gebrechen gehen ganz normal damit einher.

Mein Körper hat eine Bedeutung bekommen, die er früher nicht hatte. Früher war er einfach da, tat seinen Dienst und war mir ein treuer Begleiter in Lust und Schmerz.

Es ist zuerst der Körper, der uns in die Schranken unseres Alters weist. Durch seine Fehler, seine Pannen, sein Nachlassen, sein Erlahmen, seinen Zusammenbruch zwingt er uns in die Gelassenheit.

Gelassenheit, die kommt nicht einfach, sondern das ist ein Bewusstsein, das dir der Körper signalisiert, sagt auch die 67-jährige Christine, die gerade ein paar Monate in Frankreich verbringt, um besser Französisch zu lernen. Sie verträgt das Klima nicht mehr so gut wie früher und kämpft mit einer hartnäckigen Bronchitis. Wenn es einem mit achtzig noch gut gehen würde, vermutet Christine, würde man diese Gelassenheit nicht bekommen.

Ich erinnere mich an die Ermahnungen, die meine Mutter oft von Bekannten bekam: Du musst lernen, nicht mehr jung zu sein. Und meine Freundin Ingrid, die jahrelang ihre alte Mutter betreute, die immer schwächer geworden war, sagte: Ich habe mich auf das Tempo und die Leistung meiner Mutter eingestellt.

Und als sie gestorben war, konnte ich nicht mehr mit dem Fahrrad fahren. Da war ich 62 Jahre alt.

Man vergisst, dass man altert. Und eines Tages stellt man fest, dass man nicht nur Falten bekommen hat, sondern dass man auch aus alten Knochen, einem alten Magen, einem alten Gehirn, alten Venen, und einem alten Herz besteht. Der unabwendbare Schock des sechsten Lebensjahrzehnts ist die Erfahrung, dass die Kräfte *wirklich* nachlassen. Schlimmer als der schleichende Verfall, der sich zwar noch vertuschen, aber nicht negieren lässt, sind die plötzlichen Veränderungen der Befindlichkeit. Dann fühlt man sich »von heut' auf morgen« schlecht und läuft Gefahr, sich bereits als chronisch Kranke aufzugeben. Nicht selten ist es aber so, dass man sich auch »von heut' auf morgen« wieder besser fühlt. Zur Beunruhigung trägt bei, dass wir hellhörig werden, wenn es um Krankheiten geht, die Menschen in unserem nahen und weiteren Umfeld befallen. Es dauert lange, bis man begreift, dass etwas völlig Normales in Gang kommt: Irgendwann zeigt der Körper eben Verschleißerscheinungen, die nicht wieder zu reparieren sind.

Obwohl viele Krankheiten heute durch Medikamente oder moderne Operationstechniken besiegt werden können, ist die Medizin gegen altersbedingte Verschleißkrankheiten immer noch ziemlich machtlos. Denn diese Krankheiten werden nicht durch äußere Einflüsse verursacht, sondern entstehen in uns selbst. Sie sind die Folge nachlassender Stoffwechselleistungen in den Zellen, und durch schwächer werdende Zellen verliert der Organismus die natürliche Kraft, sich immer wieder selbst zu regenerieren, sich gegen Krankheiten (und schließlich den Tod) zu wehren.

Dass unser Körper die bisher gezeigte Sicherheit aufkündigt, erschüttert uns. Es wird vieles eingebüßt, was noch im mittleren Lebensalter für gesunde Menschen als selbstverständlich galt. Die Beweglichkeit, die Sorglosigkeit in Bezug auf die Gesundheit nimmt ab, Knochen brechen leichter, ein Arbeitstag ermüdet stärker, auf nächtliche Vergnügungen wird zugunsten eines steigenden Schlafbedürfnisses verzichtet.

Wieso tut uns der Körper das an, fragen wir ratlos. Hat er uns nicht bisher stets die Treue gehalten, uns häufiges Überstrapazieren immer wieder verziehen? Im entscheidenden Moment haben wir uns immer auf ihn verlassen können. Ist es ein persönliches Versagen, etwas, was man übersehen hat? Es ist kein Rätsel. Es ist normal. Der Körper ist mit uns gealtert und zeigt die Zeichen der Zeit, Dokumente, die unser Leben beweisen. Ein klein wenig Dankbarkeit, eine Geste der Liebe hat er trotzdem verdient.

Die Haut wird durchlässig, die Psyche empfindsam

Es fing damit an, dass mir Kriegsberichte unerträglich wurden, ganz zu schweigen von Darstellungen über Kindesmisshandlungen in der Presse. Bei der Ermordung eines Opfers in einem Fernsehkrimi schaltete ich lieber um, ein Film mit Tieren kam gerade recht. Wenn ich an die Leiden der Verwandten jener RAF-Opfer der 1970er-Jahre denke, schnürt es mir das Herz zusammen, selbst aus dem sicheren historischen Abstand heraus, und die Bilder der Verzweifelten, die sich aus den brennenden Türmen des World Trade Centers in New York an jenem 11. September 2001 stürzten, ein nie dagewesenes Unglück, das sich schon wieder jährt, treiben mir die Tränen in die Augen. Ich stelle fest, dass mich plötzlich und zunehmend alles Leid der Welt aufrührt. Ich ertrage es nicht mehr so gut. Und wende mich ab, einem heiteren Thema zu. Nicht, weil ich mit dem Unrecht nichts zu tun haben will oder gar einverstanden wäre. Im Gegenteil: es trifft mich tief, es regt mich auf, es rührt an meine staatsbürgerlichen Pflichten. An das, was ich als mündige Bürgerin gelernt und vertreten habe, was mein junges Erwachsenenleben geprägt hat: die Idee vom politisch teilhabenden, sein Leben aktiv und aus Einsicht gestaltenden, freien und autonomen Menschen. Ich bin wütend über mich, weil mich Leid nicht mehr zum Widerstand aktiviert, sondern zum »Abschalten«, zum Weinen, zum Verdrängen. Bin ich denn dabei, mich abzuwenden?

Ich vermeide Gespräche über (vermeintliche) Ausweglosigkeiten, und ich bin empfindlich geworden, wenn ich kritisiert werde. Ich halte Mutlosigkeit von anderen nicht (mehr) aus. Das Leben ist nicht sorgenfrei. Kampf und Aggressionen, Niederlagen und Verluste gehören dazu. Wer wüsste das nicht? Im Zentrum des Lebens, dem jungen und mittleren Erwachsenenalter, haben wir die Spannungen aushalten, Kämpfe ausfechten oder abwehren, Lösungen finden können. Jetzt will sich vermutlich die Seele davor schützen. Oder reagiert sie so empfindlich, weil sie weiß, dass sie diesen Körper in nicht mehr allzu langer Zeit verlassen muss?

Fest steht, dass mit zunehmendem Alter die Haut von Frauen dünner wird und anfälliger für Verletzungen. Das gilt eben nicht nur für die äußere Haut, sondern auch für das, was wir als unsere emotionale »Haut« betrachten, unsere psychische Stärke, unsere seelische Kraft, unser Mitgefühl, unsere Fähigkeit, Unrecht, Grausamkeiten, Verletzungen in Augenschein zu nehmen, zu beurteilen und darauf zu reagieren.

Können wir unsere seelische Empfindsamkeit stärken? Wie wir das mit unserer Haut versuchen, denn auch sie wird mit zunehmendem Alter dünner und verändert sich.

Die dünne Haut meines Körpers neigt zu Pigmentflecken. Ihre Fähigkeit, Feuchtigkeit zu speichern, nimmt ab. Neben ausreichend Feuchtigkeit wird Fett immer wichtiger. Meine Pflegecremes sollten zudem einen höheren Lichtschutzfaktor enthalten. Günstig zum Beispiel ist ein Pflegemittel mit Harnstoff, der Wasser bindet. Bewährt haben sich auch Pflanzenhormone, am besten in höherer Wirkstoffkombination. Jetzt sieht die Haut oft müde aus, weil die Hornschüppchen nicht mehr so leicht abgestoßen werden. Dagegen helfen Peelings, jene mit Fruchtsäure zum Beispiel.

Für Hautprobleme erhalten wir ausreichend Tipps von der Kosmetikindustrie.

Hilfe für die »reife Haut« – die unsere, die unter die Kategorie 50+ fällt, denn 60+ hat sich noch nicht als Trendsetter in Sachen Lebensstil und somit auch Verschönerung durchgesetzt –, die tatsächlich eine »dünne Haut« ist, versprechen die Anti-Aging-Produkte. Die junge Haut ist, folgt man dieser Terminologie, noch nicht reif, junge Haut ist demnach »unreif«. Trotzdem ist sie das Ideal. Wenn die Haut reif ist, wird sie zum Problem, weil sie niemand schlichtweg »alte« Haut nennen will. Zumindest die Kosmetikbranche wird sich hüten. Sie könnte einen großen Markt verlieren. Denn solange die alte Haut als »reif« bezeichnet wird, gibt es noch Hoffnung, sie in gewisser Weise zum Blühen bringen zu können, was eine Art von (gesättigter) Jugendlichkeit verspricht. Von einer alten Haut jedoch weiß man, dass sie nicht mehr in eine junge verwandelt werden kann, auch nicht durch noch so verheißungsvolle (und sündteure) Cremes und Lotions. Selbst die Schönheitschirurgie stößt unweigerlich irgendwann an ihre Grenzen: Stück um Stück wird alte Haut entfernt, gestrafft, gestützt, aber sie verjüngt sich nicht. Sie wird nicht mehr »unreif«, nicht mehr prall und kräftig.

Die Anti-Aging-Bewegung heißt nichts anderes, als dass wir gegen das Altern sind. Ist die Alternative: »für den Stillstand« oder »für eine Entwicklung in die Jugend zurück«? Diese Gedanken hat sich inzwischen auch die Kosmetikindustrie gemacht. Hier und da sieht man nun ein Produkt als »Pro-aging« beworben. Das ist sehr wohl ein Meilenstein: Die Models in dieser Werbung sind keine unwirklichen Wesen, sondern alltägliche Frauen mit ganz alltäglichen Körpern und einer Haut, deren Unvollkommenheiten nicht (ganz) wegretuschiert sind.

Ich liebe deine samtige Haut, sagte Lorenz oft, wenn er meinen Rücken streichelte, oder meine Hände liebkoste, als ich noch zehn Jahre jünger war. Wenn ich heute meinen Rücken im

Spiegel betrachte, sehe ich unattraktive Unebenheiten, und auf meinen Händen haben sich Altersflecken breitgemacht. Dennoch fühle ich eine Berührung so intensiv wie immer, und eine zärtliche Berührung ist so viel wert wie ein Liebesschwur. Man sagt, es wäre denkbar, dass die Haut – die mit ihren bis zu zwei Quadratmetern Fläche und bis zu zwölf Kilogramm Gewicht unser größtes Sinnesorgan ist, mit der Aufgabe, uns vor einer Vielzahl äußerer Gefahren zu schützen, Bakterien, Viren, Pilzen etwa, und uns vor dem Austrocknen zu bewahren – im Alter an Bedeutung gewinnt, weil die Sensitivität anderer Sinnesorgane abnimmt. Die Sehkraft zum Beispiel, und auch das Hörvermögen. Auf Berührung zu reagieren ist eine der charakteristischsten Fähigkeiten von Lebewesen. Nur durch schmerzhafte Erfahrung, Moralvorschriften und gesellschaftlichen Brauch lernt das Individuum, Berührungen zu vermeiden, schreiben Kinsey et al. (1963). Nun, da wir älter werden und gelernt haben, uns über gesellschaftliche Normen hinwegzusetzen, könnten wir uns wieder mehr unseren ursprünglichen Bedürfnissen nähern.

Das heißt, es tut gut, sich berühren zu lassen. Denn die Berührung der äußeren Haut wird auch die Empfindsamkeit der Seele stärken. Eine Umarmung geht auch »unter die Haut«. Und signalisiert der Seele, dass jemand nah ist, dass man nicht allein ist, um Schmerzvolles mit der ganz normalen Wirklichkeit in Einklang zu bringen. Es gibt Ungerechtigkeit, es gibt Grausamkeit, die Welt ist kein Paradies. Es ist wichtig, Erklärungen zu finden, Ursachen, Zusammenhänge verstehen zu lernen, wachsam zu werden für Leid in unserem Umfeld, über Ursachen und Linderungsmöglichkeiten nachzudenken. Das alles kann man besser, wenn man sich ohne Berührungsangst zusammentut. In den 1960er-Jahren haben wir den Anfang gemacht. Nicht das Küssen wurde die typische Geste, sondern die Umarmung, eine Geste der Wärme und der Geborgenheit. Unter diesem Aspekt kann man (auch) der sogenannten »Bussi-Gesellschaft« einen Punkt abgewinnen. (Auch wenn sie in unserer Kultur als Symbol für eine gewisse Snob-Gesellschaft gilt.) Das Begrüßungsritual, der leichte Kuss auf die Wange, das Anfassen der Schultern, ist in anderen Kulturen Ausdruck einer guten Kinderstube. Und selbst der Hauch der Berührung schafft Nähe, verringert Distanz, erhellt das Gemüt und stimmt freundlich.

IV.

Begegnen wir der Zeit, wie sie uns sucht.
Shakespeare, Cymbeline

Wo werde ich in zehn Jahren leben?

Mama, sagte meine Tochter, du solltest das große Haus verkaufen und in unsere Nähe ziehen.

Wieso denn, fragte ich. Das Haus ist mir nicht zu groß. Ich brauche viel Raum.

Darum geht es nicht, Mama. Es geht darum, dass ich dich eines Tages versorgen will, wenn du gebrechlich wirst. Aber du wohnst zu weit entfernt von uns. Ich kann nicht regelmäßig zu dir kommen. Es wäre besser, du würdest in unserer Nähe wohnen.

Aber doch jetzt noch nicht, meine Liebe, ich werde so schnell nicht gebrechlich sein. Um meine Knochen brauche ich mir beispielsweise keine Sorgen zu machen, das weiß ich.

Aber du bist schon bald Siebzig. Was wird in zehn Jahren sein?

Ich bin erst Mitte Sechzig!

Ja, eben, lächelte sie und nahm mich in den Arm.

Ich musste an die Worte einer 75-jährigen Freundin denken. Sie hatte mir gesagt, für die Kinder sei man lange alterslos und stark. Sie haben uns als starke Frau erfahren, haben uns als Vorbild, Orientierung, Ratgeberin, Lösungsfinderin in allen Lebenslagen haben wollen, uns die Kompetenz dafür zugestanden, uns ihr Vertrauen gegeben. Sie können schwer ertragen, dass man schwach werden könnte. Deshalb machen sie sich schon viel früher die Gedanken, die man selbst noch gern »vertagt«.

Die Entscheidung für meinen Altersruhesitz steht in meinem Lebensplan nicht an dringlicher Stelle. Auch wenn das »Wohnen im Alter« derzeit in der Öffentlichkeit ein viel diskutiertes Thema ist, nicht zuletzt im Zuge gesundheitspolitischer Debatten, die auf die steigende Lebenserwartung und deren Nachteile – steigende Zahl von kranken und pflegebedürftigen alten Menschen – Bezug nimmt. Eine Vielfalt von unterschiedlichen Vorschlägen werden gemacht. Sie sind vorwiegend von jenen konzipiert, die zum einen noch viel zu jung sind, um sich als Betroffene fühlen zu können, also überwiegend Theoretisches beizutragen haben (was zur Objektivität in der ansonsten sehr emotional geführten Diskussion beitragen kann) und derjenigen, die eine Quasibetroffenheit an den Tag legen, wobei ihre Betroffenheit in der politischen Verantwortung, im sozialen Engagement oder im Geschäftssinn begründet liegt. Die 60- bis 69-jährigen fühlen sich selten als die tatsächlich Betroffenen, viel mehr noch immer als die »Planer«. Die unterschiedlichen Möglichkeiten für altersgerechtes und im Alter wünschenswertes Wohnen sind mir auch nicht unbekannt, ich höre und lese über sie mit Interesse. Aber die Inanspruchnahme solcher Möglichkeiten liegt mir fern. Um mich endgültig zu entscheiden, wo ich meine letzten Tage verbringen will, fühle ich mich noch zu jung.

Manchmal diskutiere ich zwar mit meinen Freundinnen die Möglichkeiten einer Alterskommune. Einige haben keine eigenen Kinder, andere können mit ihren Kindern nicht über Altersplanung sprechen, weil die keine Lust haben, die Probleme ihrer Mutter zu diskutieren, und wieder andere möchten die Kinder, die mit ihrem eigenen Leben voll und ganz beschäftigt sind, nicht zusätzlich belasten. Unser Freundinnennetzwerk ist also wichtig und funktioniert auch als Gesprächsforum, wo wir über alle Themen diskutieren können, die uns interessieren. Schon als junge Frauen überlegten viele, im Alter zusammenzuziehen – ein eher loses Weiterspinnen der damals guten Erfahrungen mit dem gemeinsamen Leben mit Gleichgesinnten in Wohngemeinschaften. Das Alter war gefühlsmäßig (und tatsächlich) noch weit weg.

Ob wir heute wirklich noch in der Gemeinschaftsküche glücklich wären, bei stundenlangem Zusammenhocken über Gott und die Welt zu reden? Da regen sich Zweifel bei vielen von uns. Nicht nur, dass eine jede daran gewöhnt ist, »ihre eigene Frau« zu sein. Heute wohnt jede in einer anderen Gegend, hat dort Freunde und Familie, wo also sollten wir unsere gemeinsame Zukunft planen? Barbara hat ein riesiges Pfarrhaus auf dem Land gekauft – genügend Platz für eine Alterskommune. Aber ich kann mir nicht vorstellen, ohne Theater, Konzert, Ballett, Kunstausstellungen zu leben. Ich brauche diese Anregungen und kann nicht – wie Barbara – im Garten arbeiten und abends lesen oder fernsehen. Und kann ich mein Alter dort planen, wo Autofahren ein Muss ist, wenn ich mich immer weniger gern hinters Steuer setze? Wenn ein Auto zu benutzen immer weniger Sinn macht angesichts der Sorge um die drohende Umweltkatastrophe und eingedenk meiner fortschreitenden Jahre (mit dem damit einhergehenden Problem der nachlassenden Reaktionsfähigkeit)?

Sollen wir uns die neuen Wohnmodelle ansehen, bei denen alte und junge Menschen miteinander wohnen, generationenübergreifend, womit wir – abgesehen vom Leben in der Kleinfamilie – keine Erfahrungen gemacht haben? Laut Umfragen wohnen bisher (nur) etwa 1,6 Prozent der über 65-jährigen in solchen Projekten. Die Mehrheit der älteren und alten Menschen will, so heißt es, in ganz normalen Wohnungen alt werden: Weil es einen Unterschied gibt zwischen »Wohnen« und »Leben«?
Wollen wir uns gegen Einsamkeit schützen? Oder ist es die Vorstellung, eines Tages in einer Umgebung zu sein, die wir uns nicht aussuchen können, in der wir uns verwalten und bestimmen lassen sollen? (Dagegen haben wir uns im Laufe unseres Lebens gewehrt.) Was unausweichlich der Fall sein würde, wenn wir in einem Altersheim unterkommen müssten. Und ein Alters- oder Pflegeheim steht auf unserer Wunschliste fürs Wohnen im Alter an allerletzter Stelle. Eine konkrete Schlussfolgerung zie-

hen wir jedoch nie. Und jeder von uns ist die Erleichterung darüber anzusehen, dass wir diese Schlussfolgerung auch noch nicht treffen »müssen«.

Zuversicht

Manches spricht dafür, lieber dort alt zu werden, wo man aufgewachsen ist. Wenn man diese Gegend nie verlassen hat, oder bewusst dorthin zurückzieht oder, wie in meinem Fall, der Zufall mich wieder hierher geführt hat, liegt diese Überlegung nahe. Ich bin im Alter von 63 Jahren wieder dort sesshaft geworden, von wo aus ich im jungen Teenageralter in die weite Welt – geistig sowohl als auch geografisch – gestartet bin. Ich hatte nur vage Vorstellungen davon, wo ich mich nach meinem offiziellen Erwerbsleben und den vielen Jahren, die ich im Ausland zugebracht hatte, niederlassen wollte. Es sollte ein Haus am Meer sein, weil ich schon seit meinem Aufenthalt in Kalifornien meeressehnsüchtig bin. Ich hatte mir damals für meinen täglichen Weg zur Universität einen Trampelpfad zwischen braunem Gras und niedrigen Ginstersträuchern ausgesucht, der direkt an den Klippen entlang vom Parkplatz am Strand zum Campus der UCSB (University of California Santa Barbara) hoch führte. Ich hätte mein Auto auch auf dem Campus-Parkplatz abstellen können, aber ich wollte auf den spektakulären Weg nicht verzichten. Ich konnte über das endlose Meer blicken, die Wellen sahen harmlos aus von dort oben, tänzelnd und spielend, nimmermüde. Jeden Tag rief ich in den Wind hinein: Nie, niemals werde ich diesen Weg vergessen, diese Aussicht übers Meer, den salzigen Geruch, den der Wind mitbringt.

Als ich später nach Japan kam, wohnte ich auch nicht weit vom Meer entfernt.

Und nun, bei der Suche nach einem Haus in Europa, war die Nähe zum Meer wieder meine erste Wahl. Soweit der Plan.

Lorenz und ich haben unzählige Häuser in Dänemark, Norddeutschland und Spanien besichtigt, ohne uns entscheiden zu können. Alle Häuser hatten irgendeinen Makel, sie waren zu groß oder zu klein, zu alt oder zu neu, zu teuer oder zu abgelegen. Als wir einmal meine Mutter besuchten, erzählten wir ihr von unserer eifrigen Häusersuche. Sie zeigte uns den Immobilienteil ihrer Tageszeitung. Warum sollten wir uns nicht einmal ansehen, was hier angeboten wird? Ein Makler verhielt sich seltsam. Er gab uns die Adresse und den Rat, uns das Haus erst einmal von außen anzuschauen. Wenn wir dann noch Interesse hätten, sagte er, würde er anschließend einen Termin zur Besichtigung mit uns vereinbaren. Wir vermuteten, dass entweder der Makler unfähig, oder das Haus schäbig sein müsse. Wir fuhren trotzdem zu der angegebenen Adresse, standen am Holztor, das auf den Kiesweg des Grundstücks führte, das eine niedrige weiß gekalkte Steinmauer zur Straße hin begrenzte. Im Garten standen hohe Tannen und Ebereschen, Flieder- und Forsythienbüsche, kahl, es war Winter. Das Haus lag auf einer sanften Anhöhe. Lorenz schaute mich an, ich strahlte, und wir wussten beide: das ist es. Das Tor ließ sich öffnen, wir gingen bis zum Haus vor, und bemerkten, dass die Verandatüre nicht versperrt war. Wir traten ein, liefen durch das leere Haus, mochten die großen Zimmer, die noch heller sein würden, überlegten wir, wenn wir die Holzdecke entfernen lassen würden, die so typisch für den Baustil der frühen 1970er-Jahre war. Wir waren uns jedoch einig: Das war »unser« Haus, auch wenn ein Wohnen am Meer damit in weite Ferne gerückt war.

Ich hatte nie auch nur einen Gedanken daran verschwendet, in die Gegend meiner Kindheit zurückzuziehen. Aber ich hatte keinerlei Zweifel, dass dieses Haus, dieser Garten, diese Bäume, diese Blumen, all das, was die verstorbenen Besitzer geschaffen hatten, die richtige Grundlage für mein zukünftiges Leben sein würde, auch wenn wir das Haus schließlich völlig umgestaltet haben. An »barrierefreies« Modernisieren dachten und stufenlose Eingänge, breite Türen, eine Sitzbadewanne und die Dusche ohne Einstiegsstufe einbauen ließen.

Seit dem Einzug sind erst wenige Jahre vergangen. Jetzt ist auch meine Mutter verstorben, Lorenz lebt nicht mehr hier, und meine Kinder wohnen mit ihren Familien weit entfernt. Trotzdem lebe ich gern hier. Die Verbundenheit zu den Menschen dieser Gegend hat sich als Erinnerung und als Gefühl über all die Jahre meiner Abwesenheit erhalten, die hiesige Mentalität ist mir nicht fremd. Ob es reichen wird, um auch in Zukunft glücklich und unabhängig bleiben zu können, weiß ich nicht. Aber ich weiß, dass ich die Freiheit, die mir das Leben auf dem Land bietet, zurzeit nicht aufgeben will. Was ich tun werde, wenn das eintrifft, was meine Tochter angesprochen hat, wird sich später entscheiden. Ich vermute, ich werde hier noch wohnen, wenn ich zehn Jahre älter bin.

Es kann sein, dass ich diese Zuversicht aus der Tatsache beziehe, dass ich mich auf meine Kinder verlassen kann. Ihr Angebot, sagt meine Tochter, gilt, wann und wie immer ich mich entscheide. Es ist lebenslang. Es ist nicht nur das Angebot als Tochter, sondern auch ein Freundschaftsangebot.

Anders als es das distanzierte Verhältnis zu unseren Müttern erlaubte, können wir Sechzigjährigen heute Töchter haben, mit denen uns ein Fundament weiblicher Freundschaft verbindet, auf dem wir uns austauschen können seit die Töchter erwachsen sind. Zwischen Mutter und Tochter gibt es ein anderes Einverständnis als mit den Söhnen. Ich fühle mich von meiner Tochter auch als Frau verstanden. Fühle mehr Harmonie über Lebensfragen. Wir können Gefühle austauschen, zum Beispiel auch, wenn sie schwanger ist. Diese Mutter-Tochter-Intimität ist nicht selbstverständlich. Wir sind zusammen durch schwierige Jahre gegangen, unser familiäres Verhältnis war (auch) stets ein Balanceakt. Sie und ihre beiden Brüder waren noch Kinder, als ihr Vater und ich uns trennten. Damals haben wir alle zusammen einen guten Weg gefunden. Ich zweifle nicht daran, dass dies auch später so sein wird. Ich vertraue auf meine Tochter, dass ich auf sie zählen kann, wenn ich alt bin. Wenn ich keine Tochter hätte, würde ich gleichermaßen auf meine Söhne zählen. Ich setze voraus, dass sie ebenfalls für mich da sind, wenn ich alt bin, so wie wir immer füreinander da gewesen sind in jenen Jahren, als wir noch als Familie zusammengelebt haben, und später auch dann, wenn eines der Familienmitglieder Beistand brauchte. Damals beispielsweise, als mein Sohn Clown werden wollte und alle übrigen Verwandten dagegen waren, weil er ein solches Studium in England absolvieren sollte. Da konnte er auf die Hilfe seines älteren Bruders und seiner jüngeren Schwester zählen (und auf die seines Vaters sowieso). Der Bruder kümmerte sich um die Wohnung, die sonst aufgegeben hätte werden müssen. Die Schwester hat ihre Rolle als Tante sehr ernst genommen, als er, noch in seiner Ausbildung begriffen, Vater einer kleinen Tochter, Zeynep, geworden war. Oder damals, als ich nach Wien zog, um meine Studien abzuschließen, und vorübergehend Unterkunft in einer Gemeindewohnung fand. Um meine Finanzen aufzubessern, gab ich Nachhilfeunterricht und übersetzte englische Texte. Nebenbei absolvierte ich mein Doktorat. Einmal – ich war schon etwa drei Monate in Wien – rief mein Sohn an, um mir zu sagen, er habe für die Semesterferien einen Job gefunden. Nun könne er mir finanziell unter die Arme greifen. Du brauchst nur Bescheid zu geben, sagte er.

Natürlich will ich selbstständig bleiben, so lange es geht. Aber ich habe nicht das Problem, die Kinder nicht belasten zu wollen. Ich denke, sie werden sich äußern und mir sagen, was sie für machbar halten. Vielleicht in zehn oder zwanzig Jahren?

Zum 60. Geburtstag

Liebe Mama,
am liebsten mag ich an Dir, dass

> du so eine tolle Zuhörerin bist.
> du auch (so wie ich) weinst, wenn es dir zu viel wird.
> du mir gezeigt hast, dass Freunde zu haben wichtig ist.
> du mir deine schönen Beine und Brüste vererbt hast.
> du mir das Gefühl gibst, immer auf dich zählen zu können.
> du es mir erlaubst, auf dich stolz sein zu können.
> du mir beigebracht hast, dass es immer weiter geht im Leben.
> du manchmal ein viel zu weiches Herz hast.
> du mir vorgelebt hast, dass sich Bescheiden-bleiben lohnt, weil so die Freude an den kleinen Dingen bleibt.
> du mir das Gefühl gibst, immer einen Platz in deinem Herzen und in deinen Gedanken zu haben.

Die Standort-Frage

Meine Firmpatin, die mütterliche, aber kinderlose Bäuerin, sattelfest nicht nur in der Leitung ihres Hofes, sondern auch im Erzählen von Heiligenlegenden, die mich als Kind faszinierten, wollte mich zu ihrer Hoferbin erziehen. Einige Zeit lang hatte mir diese Idee gefallen, ich liebte den Bauern, die Magd und die Knechte, die Küken und Hühner, das Brotbacken im steinernen Ofen draußen, Eiersuchen im Heu und Stroh, das Quieken und sogar den Gestank der rosigen Ferkel, den Duft der Kräuter und die Vielfalt der Blumen im Garten, das federweiche Daunenbett, in dem ich richtig versinken konnte, und die scheinbar ungezwungene Lebensart auf dem Hof. Aber ich fürchtete die aufgeplusterten Truthähne, die bissigen Hunde, die riesigen Pferde und den Herbst, wenn die Enten und Gänse geschlachtet wurden, und das Blut in feinen Rinnsalen vom Scheunenvorplatz auf den Hof lief. Beim Gänsehüten im Sommer packte mich Entsetzen, wenn meine durstigen Gänse schnatternd und flügelschlagend im Fluss davonschwammen. Ich konnte nicht schwimmen und glaubte, sie kämen freiwillig nie mehr zurück. Trotzdem liebte mich die Bäuerin wie ein eigenes Kind, das eben etwas aus der Art geschlagen war.

Schließlich heiratete die Magd einen Bauernsohn vom Dorf, und es wurde vereinbart, dass das junge Ehepaar nach dem Tod des Altbauernpaares den Hof übernimmt. Ich legte beruhigt die Prüfung zum Übertritt auf die höhere Schule ab, denn selbst meine bis dahin tapfer an meiner Nachfolge festhaltende Firmpatin hatte bemerkt, dass ich zunehmend lieber Bücher lesen als auf dem Hof zupacken wollte.

Später, als junge Ehefrau und Mutter, wollte ich ein Bauernhaus draußen auf dem Land. Einige unserer Freunde hatten sich im Allgäu niedergelassen, um alternativ zu leben. Sie sind Schafzüchter geworden, andere Paare haben eine Schreinerei aufgebaut, eigene Felder bestellt und Gemüse gezogen, Bienenstöcke errichtet und den Kindern einen großzügigen Freiraum für ihre körperliche und geistige Entwicklung geboten. Ich habe diese Lebensform nicht verwirklicht, denn mein Mann, der seinen Beruf liebte und auf sein hohes Einkommen stolz war, war als Ingenieur an seine Firma in Stadtnähe gebunden. Statt in ein Bauernhaus zogen wir in ein schmuckes Reihenhaus mit Nachbarn, die ähnlich lebten wie wir. Die Frauen knüpften Freundschaftsbande, wovon die Kinder profitierten und auch die Ehemänner, die sich in Sportvereinen und in der Politik etablierten, die Frauen hielten nach Weiterbildung Ausschau, engagierten sich an Volkshochschulen mit Literatur, Fremdsprachen, Theater und in der Arbeit mit Ehefrauen und Kindern von Gastarbeitern. Die eigenen Kinder wurden nach den jeweils neuesten pädagogischen Theorien gefördert, die antiautoritäre Erziehung war eine davon, die Mütter tauschten sich mit ihren Erfahrungen aus.

So wichtig und selbstverständlich uns jungen Frauen die Erziehung der Kinder und die Sorge um Haushalt und Ehemann erschien, so zuverlässig regte sich der Wunsch nach dem, was wir für uns selbst entwickeln wollten, weil uns nicht nur von Feministinnen der Blick für unsere Situation als Frau geschärft worden war, sondern unser eigenes inneres Empfinden schlummernde Fähigkeiten angezeigt hat, die es zu wecken galt. Geistige Anregungen boten sich viele.

Es könnte Vorteile haben, dachte meine ehemalige Nachbarin Inge, ein Haus auf dem Land zu haben. Jetzt, da ihre Familie sich auf zwölf Personen vergrößert hat, und das Reihenhaus viel zu klein geworden war, wenn sie allesamt zum Beispiel an Feiertagen heimkamen. Ihr schwebte ein Haus vor, geräumig, in dem es nicht leicht zu eng werden konnte, wo es nicht nötig war, ein Matratzenlager im Wohnzimmer zu arrangieren, wo keiner so richtig schlafen kann, und tagsüber alles aufwendig wieder verstaut werden muss. Also zog sie im Alter von zweiundsechzig Jahren mit ihrem Mann von der Stadt aufs Land.

Ein Jahr später ging ihr Mann in Pension, und, nachdem der erste »Urlaubseffekt« des Ruhestandes verflogen war, zog die Langeweile ein. Fünf Jahre später stellte Inge fest, dass die Kinder mit Kindeskindern nicht so oft den Weg aufs Land attraktiv gefunden haben, wie sie es sich vorgestellt hatte, und das Landleben auch ganz schön anstrengend sein kann, weil es wenig Abwechslung bietet.

Wenn man nie auf dem Land gelebt hat, wird man die Anregungen und Abwechslungen vermissen, die die Stadt bieten kann. Und je länger Inge in ihrem Landhaus wohnte, desto klarer wurde ihr, dass sie mehr als nur ein beschauliches Leben haben will, dass dies umzusetzen jedoch mit einem großen Aufwand verbunden ist. Es gibt zwar viel Natur auf dem Land, aber die Kultur findet in der Stadt statt, ein weiter Weg für Inge und ihren Mann, eine lange Fahrt mit dem Auto oder mit dem Zug. Es war kein leichter Entschluss, ihr Landhaus wieder zu verkaufen, und ein kräfteraubender Akt, denn sie ermüdeten schneller als damals, als sie eingezogen waren, man wird schließlich nicht jünger, sagt Inge. Ihre Dreizimmerwohnung in München liegt in der Nähe einer Straßenbahnhaltestelle und nicht allzu weit vom Zentrum entfernt. Inge fühlt wieder pulsierendes Leben um sich, täglich, und nicht nur geballt während weniger Tage im Jahr, wenn sich Besuch auf dem Land eingefunden hatte. Es gibt kleine Restaurants und ein Café um die Ecke, sie kann zu Fuß zum Einkaufen gehen und sich bei schlechtem Wetter auch einmal ein Taxi zum Theater gönnen. Und wenn sich Besuch anmeldet, quartiert sie ihn in einem netten, preisgünstigen Hotel in ihrer Nähe ein. Heute ist Inge der Meinung, dass sie sich den Umweg aufs Land hätte sparen können.

Und noch einen Vorteil sieht sie inzwischen. Ihre jetzige Wohnung wird sie auch dann bewältigen können, wenn sie einmal allein sein sollte. Das sieht sie ganz nüchtern. Ihr Mann ist ein paar Jahre älter als sie, und es ist möglich, dass sie ihn überleben könnte.

Neulich habe ich gelesen,»Lebensabschnittsimmobilien« lägen im Trend. Das Traumhaus, die Traumwohnung fürs ganze Leben sei ein Auslaufmodell. Nach einer Emnid-Umfrage würden viele 60- bis 69-jährige an eine Veränderung denken: 14 Prozent wollen in eine altersgerechte Wohnung umziehen, acht Prozent planen sogar, eine altersgerechte Immobilie zu kaufen. Die Umfrage zeige, dass die Bereitschaft, in eine dem Alter angepasste Wohnung umzuziehen, mit den Lebensjahren steigen würde. Wohnen im Alter ist nicht mit Unbeweglichkeit gleichzusetzen. Die Menschen ergreifen die Chance, sich durch einen Wohnungswechsel bessere Wohnbedingungen zu schaffen. Immer öfter ist die»Lebensabschnittsimmobilie« gefragt, die zur individuellen Lebensphase gekauft wird. Diejenigen, die zum zweiten Mal eine Immobilie kaufen, werden immer älter, bestätigt eine Studie von TNS Infratest über Wohneigentumsbildung. Jeder fünfte der Immobilieneinsteiger ist älter als Sechzig.

Demnach sieht es nicht so aus, als würden sich 60-Jährige mit einem aufdiktierten Wohnen arrangieren wollen.

Noch auf der Suche

Ich sympathisiere mit Tina. Ich bin, sagt sie, noch nicht bereit, mich für einen Altersruhesitz zu entscheiden. Noch hat sie Reisefieber und ist auf der Suche nach einem passenden Lebensraum für die »nächsten Jahrzehnte«. In die Enge ihres kleinen Hauses am Rhein möchte sie noch nicht zurück. Ihr Partner hütet das Haus, während sie sich seit ihrer Pensionierung vor einem Jahr noch ein wenig in der Welt umsieht. Nicht, weil sie zu Hause Langeweile hätte, ihren Partner nicht lieben würde oder sorglos mit vielem Geld umgehen könnte, sondern weil sie sich für das Leben der Menschen in anderen Kulturen interessiert. Noch möchte sie Neues und Fremdes kennenlernen und ihr Wissen und ihre Erfahrungen möglichst mit anderen Menschen teilen. Und wenn sich eine Gelegenheit bietet, dann ergreift sie diese.

Ich hatte Tina in Japan kennengelernt. Dort hat sie eine Zeit lang bei ihrer Tochter in Tokio gelebt und sich um ihren kleinen Enkelsohn gekümmert. Dann ging sie zurück nach Deutschland und lebte einige Monate in Berlin. Zurzeit hält sie sich in Sydney auf, wo sie sich spontan für einen kurzfristigen Lehrauftrag entschieden hat.

Zwischendurch lebt sie immer wieder in der kleinen Heimatstadt am Rhein. Denn ihr ist auch bewusst, wie wichtig die Beziehungen zu alten Bekannten und Freunden sind, dass sie gepflegt werden müssen, und dass sie dafür sorgen muss, dass ihre Enkelkinder sie noch kennenlernen können, solange sie fit ist – und nicht erst nach dem ersten Schlaganfall. So schwankt sie manchmal zwischen der Entscheidung, sich in Deutschland endgültig festzusetzen und der Möglichkeit, weiterhin im Ausland zu leben und – falls möglich – zu arbeiten. Der Reiz des Neuen, Unbekannten scheint noch zu überwiegen. Sie glaubt, eine Tätigkeit in Deutschland sei, vielleicht im Rahmen eines Ehrenamtes, auch in einigen Jahren noch möglich. Zurzeit ist sie glücklich.

Wenn es nur nicht darum ginge, sich stets rechtfertigen zu müssen! In der Zeit, als sie jung verheiratet war, ihre Kinder bekam und trotzdem ihre Berufsausbildung fertig gemacht hat, und ihr eigenes Geld verdiente, hätte sie gern für ihre unendliche Anstrengung, Familie und Beruf zu vereinbaren, die Anerkennung ihrer Mutter gehabt. Doch ganz im Gegenteil hat sie sie als egoistisch betrachtet, ihr eine Vernachlässigung der Kinder unterstellt und nicht zuletzt eine Pflichtvergessenheit gegenüber dem Ehemann vorgeworfen.

Jetzt sind es die Stimmen ihrer Bekannten, ehemaligen Kollegen, einiger Freunde, die ihr Leben kritisch beurteilen. Ja, sagt Tina, ich habe einen Partner. Ja, ich habe Kinder und Enkelkinder. Ja, ich habe ein gemütliches Zuhause. Und ja, ich habe mein offizielles Arbeitsleben hinter mir. Aber ich ziehe es vor, noch zu arbeiten, weil es mir Spaß macht und ich offensichtlich noch gefragt bin. Ich kann meinen Partner allein lassen, weil er nicht gerne verreist. Er ist zu Hause glücklich. Nein, ich vernachlässige unsere Beziehung nicht, denn wir haben diese Form miteinander abgesprochen. Und meine Kinder? Wenn ich zum Beispiel heute alles versuche, meinen Sohn zum Geburtstag anzurufen, in welchem Teil der Welt ich mich auch gerade befinde, und dann (nur) ein schlichtes »Danke, Mutter!« ernte, erinnere ich mich daran, wie zweitrangig mir in jenem Alter ein Glückwunsch von der Mutter gewesen war. Die Kinder sind erwachsen und leben ihr eigenes Leben.

Es gibt keinen Grund, sagt Tina, ihr wieder – wie damals, als sie jünger war und noch wenig selbstbewusst – ein selbstbestimmtes Leben abzusprechen. Traut man mir nichts mehr zu, fragt sie, oder ist es der Neid, weil ich mich noch nicht zum alten Eisen zählen lasse? Zu einem alten Eisen, das schwerfällig in der Ecke liegen bleibt, in die es geschoben wird. Zwar noch irgendwie erkennbar als einst wertvolles Metall, aber inzwischen formlos, ausgedient und verbraucht. Tina bleibt lieber eisern bei der Sache: sie lässt sich wenig Vorschriften machen, wie sie ihr Leben tatsächlich führt.

Neulich hörte ich in einer Fernsehsendung, in der über das Thema »Altern« diskutiert wurde, dass – wenn wir rechtzeitig etwas für unsere Gesundheit tun und keine Unglücke oder Krankheiten dazwischenkommen, die wir nicht beeinflussen können – wir auch ab Sechzig noch viele schöne Jahre vor uns haben könnten. Der Kommentar sollte Mut machen, klang aber eher gönnerhaft. Und reizt zur Entgegnung: Ja, warum denn nicht? Selbstverständlich habe ich noch viele Jahre, schöne, erfüllte, spannende, vor mir. Soll ich mich schon abschreiben, mich mundtot, bewegungstot, hirntot, unsichtbar machen lassen? Ich bin doch noch da. Ich spüre Lebensfreude, auch wenn sie gelegentlich gedämpft daherkommt, nicht mehr übersprudelt, nicht mehr so oft so viele Höhenflüge produzieren will wie damals, als ich Zwanzig war. Ich denke heute nicht mehr in Zeiträumen von dreißig, vierzig oder fünfzig Jahren – aber immer noch lebenslang.

Rose

Das letzte Foto, das sie mir geschickt hat, zeigt sie auf ihrem mit roten Geranien bepflanzten Balkon im langen, indischen Gewand, ihre fülligen grauen Haare hat sie aufgesteckt, mit einem offenen Lächeln blickt sie über die Schulter zurück direkt in die Kamera. Im beigelegten Brief schrieb sie, hier siehst du den neuen Omatyp, nicht übel, oder?

Als ich sie besuchen wollte, Wochen später, es sollte meine Überraschung sein, klebte ein anderer Name auf ihrer Wohnungstüre und ich klingelte bei den Nachbarn. Rose K. wohnt hier nicht mehr, sagten sie.

Sie hatte sich umgebracht. Mit einer Plastiktüte über dem Kopf fest verschnürt. Sie hatte zudem Tabletten eingenommen, und die Türglocke abmontiert.

Ich fühlte mich elend und hilflos, weil nichts in ihrem Brief mich stutzig gemacht hatte. Sie schrieb von ihrem bevorstehenden Umzug, aus der eigenen Wohnung in eine Altersresidenz, wo sie glaubte, ihre Eigenständigkeit nicht verlieren zu brauchen. Ich werde zwei eigene Zimmer haben, schrieb sie, und eines wird mein Arbeitszimmer sein. Sie freute sich darauf, nicht mehr regelmäßig für sich selber kochen zu brauchen, wenig Hausarbeit und immer nette Leute um sich zu haben. Sie habe ihren Besitz geordnet, alles aussortiert, was sie nicht mehr würde brauchen können, schrieb sie, Kinder und Enkel seien bedacht. Kein Wort davon, dass sie traurig, gar verzweifelt war, Ängste empfand oder sich überfordert fühlte. Sie war eine stattliche Frau, gebildet, wirklichkeitsnah, so schien es. Hatte sich mit 68 Jahren das Altersheim ausgesucht, wo sie sich mehr Freiheit für sich selbst versprach. Nun ist sie nie dort eingezogen. Inmitten ihrer gepackten Umzugskartons entschied sie sich für eine ganz andere Freiheit, von der sie niemand mehr zurückholen konnte.

Das war vor zehn Jahren und ich war Mitte fünfzig. Heute wäre Rose schon fast achtzig Jahre alt. Wie sich ihr Leben in diesen zehn Jahren entwickelt hätte, bleibt für immer ungewiss. Mir fehlt die Vision, sie mir als achtzigjährige Frau vorzustellen. Sie bleibt als die Frau in ihrem sechsten Lebensjahrzehnt in meiner Vorstellung lebendig. Aber ich erschrecke dabei, festzustellen, wie schnell zehn Jahre vergangen sind. Tatsächlich erschütternd schnell. Und ich bin nun in jenem Alter, in dem Rose beschlossen hat, aufzuhören.

V.

Im Wiederholungstraum von der Unauffindbarkeit der Menschen, die ihren Tod nur so lange überleben, als unser Gedächtnis ihnen in unserer eigenen täglichen Existenz ihren Platz sichert, äußert sich vor allem unser angstvolles Staunen über unser Vergessen und die Ohnmacht, ihm zu wehren. Das Gesetz des Lebens ist hart gegenüber den Toten. Es bringt Kinder, Enkel und neue Freunde in unser Dasein, aber auch neue Sorgen und neue Leiden, an denen wir schließlich selber sterben werden.

Manès Sperber, Nur eine Brücke zwischen Gestern und Morgen

Fotos, Briefe und anderes Angesammeltes – Spurenauslese

Es muss einmal sein. In verschiedenen Kartons sind sie gelagert: ich weiß nicht, wozu ich diese Briefe und Erinnerungen noch aufheben soll. Unzählige Liebesbriefe, Gedichte, Zeichnungen, Glückwunschkarten aus nah und fern. Und all die vielen Fotos! Die meisten davon werden niemanden interessieren, wenn ich nicht mehr lebe und keine Erklärungen mehr dazu abgeben kann. Wer soll schon mein Glück nachempfinden können, das der Blick von der abgelegenen Landstraße auf die hinter meinem Lieblingsbaum untergehende Sonne in mir entstehen lässt, wenn ich dieses Bild ansehe, das vor mehr als dreißig Jahren fotografiert worden ist? Der Baum ist längst gefällt und der Grund, weshalb ich die öde Landschaft so wunderbar fand, ist vergessen. Oder jenes Foto, das mich – dem uninformierten Betrachter kaum erkennbar – an einem einsamen Strand zeigt, inmitten von ebenfalls nur von mir zu identifizierenden Freunden? Nur ich sehe meine temperamentvolle Freundin Anna vor mir, wie sie von jenem – auf dem Foto ebenfalls unsichtbaren – Felsen aus balancierend diese Szene mit ihrer Kamera festhält. Auf dem Foto sieht es aus, als proste ich ihr, der unsichtbaren Fotografin, mit dem Champagnerglas zu, aber nur ich weiß, wem diese Geste an jenem Silvestertag wirklich galt. Und all diese Aufnahmen von spektakulären Sonnenuntergängen am Meer, von Küstenlandschaften, fantastischen Wolkengebilden: Wo genau diese Fotos entstanden sind, weiß auch ich nicht mehr mit Sicherheit zu sagen, manchmal stehen fröhlich dreinschauende Menschen im Bild, an die ich mich gar nicht oder nur noch mit Mühe erinnern kann oder die nur mir allein etwas bedeuten.

Die Fotos mit der Familie, der erste Urlaub mit den kleinen Kindern auf einem Campingplatz im ehemaligen Jugoslawien, die Kleinen auf der Schaukel oder der Rutsche am Spielplatz, zu

Hause beim Ostereiersuchen oder unterm Weihnachtsbaum, der in jedem Jahr mit dem gleichen Schmuck behangen ist, nur der Ausdruck in den Augen der Kinder wird von Jahr zu Jahr natürlicher, weil mit dem Wegfallen des Glaubens an ein Christkind auch der märchenhafte Glanz in den Augen und die glühenden Wangen seligen Glücks erloschen sind: Ich entschließe mich, die Familienfotos endlich an die schon lange erwachsenen Kinder weiterzugeben. Ich will nur wenige behalten. Ein tagelanges Sortieren und Auswählen liegt vor mir, und ich weiß, es wird sich immer wieder verzögern, ich werde es immer wieder unterbrechen, immer wieder werde ich erschöpft die Bilderflut liegen lassen, weil es unmöglich ist, eins nach dem anderen zügig zu sortieren, weil mit ihnen mein Leben aufersteht und viele Geschichten vorüberziehen. Später, denke ich, wenn ich einmal wirklich alt bin, werde ich noch rigoroser aussortieren.

Das Gleiche passiert, wenn ich mich an die Kartons mit den Briefen begebe. Wo soll ich beginnen, schon allein dies zu entscheiden, finde ich schwierig, denn ich lese mich gleich beim ersten Brief fest, den ich aus dem ungeordneten Haufen herausgreife und nur schnell überfliegen will: Reiseberichte von Freunden, ganz persönliche Erlebnisse von Freundinnen, knappe Mitteilungen über Befindlichkeiten von längst verstorbenen Tanten und anderen Verwandten, fein säuberlich in Sütterlin, der deutschen Schrift, geschrieben, die ich noch in der Schule gelernt habe, meine Kinder jedoch nicht mehr entziffern können, geschweige denn meine Enkel.

Die Liebesbriefe wieder zu lesen geht mir nahe. Ich staune über die Intensität dieser Liebesworte, Erinnerungen an unbeschwerte Tage des Glücks. Ich studiere die Worte, taste sie ab nach dem Gefühl, das dahintergesteckt haben mag, als sie geschrieben wurden. Ob seine Beteuerungen jemals stimmten, oder ob er sie nur vergessen hat? Hat er mich je so geliebt, wie diese Briefe es dokumentieren, oder waren seine Liebesworte nichts als Lügen, falsche Perlen, künstliche Diamanten? Vielleicht hat er eines Tages die Liebe zu mir rigoros aus seiner Erinnerung gestrichen? Oder setzte er sie unüberlegt aufs Spiel, mit Bedauern, als es schon zu spät war? Fragen, die mich sehr lange beschäftigt haben. Jetzt aber denke ich, dass eine Antwort darauf unbedeutend geworden ist. Ob eine, diese oder jene Liebe jemals wahr war oder nur vergessen wurde: Es spielt einfach keine Rolle mehr. Irgendwo ist sie abgespeichert in der Datei: Es war einmal.

Und jetzt sitze ich hier in der Stille, allein mit all den schon fast vergilbten Briefen, den getrockneten Rosenblättern, verblassten Bildern aus fernen Jahren, auf dem Berg von Erinnerungen. Ist der nächste Schritt der Transport zum Papierabfall? Oder soll ich die Liebesbriefe zusammenschnüren und verfügen, dass sie nach meinem Tod an den jeweiligen Absender zurückgeschickt werden? Briefe aus dem Jenseits, sozusagen? Aber wer entsorgt sie, wenn diejenigen, die sie einst verfassten, inzwischen verstorben sind?

Um mir diese Gedanken und den damit verbundenen Aufwand zu ersparen, entschließe ich mich, die Briefe zu entsorgen, solange ich es selbst entscheiden kann. Warum Ballast hinterlassen, den niemand haben will, der keinem mehr etwas bedeutet? Man sagt, es sei sowieso alles im Kopf gespeichert. Doch niemand weiß, wie lange wir uns sogar an das Offensichtlichste, das bestens Dokumentierte, das Alltäglichste werden erinnern können. Dann helfen uns auch keine Andenken mehr. Nur noch direkte Beweise von Liebe und Mitmenschlichkeit.

Weitergeben lohnt sich nur, wenn es um Wissen geht oder ganz besondere irdische Güter, meinte eine Freundin. Ich habe kein abgeschlossenes Wissen weiterzugeben, es wird stetig erweitert, ergänzt, weil ich immer (noch) neugierig bin. Doch das Wissen, das ich im Laufe meines Lebens angehäuft habe, kann ich großzügig verteilen. Weniger gern allerdings, wenn damit meine Bücher gemeint sind. Selbst auf die, die ich nicht in (mehr oder weniger) regelmäßigen Abständen immer wieder einmal lese, verzichte ich nicht. Und auch diejenigen, die ich seit Jahrzehnten kein einziges Mal zur Hand genommen habe (mit Ausnahme, um sie abzustauben), behalte ich, weil ich sie irgendwann einmal wegen irgendeines Anlasses, eines Stichwortes, einer Erinnerung brauchen könnte – glaube ich.

Meine ungewöhnlichsten Schätze aus jenen Gegenden der Welt, die mir für eine Zeit lang Heimat gewesen sind, mein wertvollstes Porzellan, meine schönsten Silberlöffel habe ich nie in Schränken und Truhen verwahrt, um sie lediglich an Festtagen zu benutzen (wie ich das von meiner Mutter her kannte). Reihum verwende ich alles, was mir lieb ist, weil Geschichten aus meinem Leben daran hängen, an die ich mich gern erinnere. Ich habe mir inzwischen angewöhnt, auch für mich allein den Tisch festlich zu decken.

Reduzieren ist ein Begriff, gegen den ich nie Widerstand entwickelt habe. Die Leidenschaft zur Sammlerin fehlt mir. Vielleicht, weil ich oft umgezogen bin. Da trennt man sich von vielem, was sich sonst in Dachböden oder Kellern ungestört ansammeln kann.

Wenn ich Gegenstände wiedersehe, die ich einst verschenkt habe, weitergegeben an meine Kinder oder an Freunde, freue ich mich. Die Stoffpuppe etwa, die ich auf dem Flohmarkt in Santa Barbara gekauft hatte, als ich so alt war, wie meine Tochter heute ist. Jetzt sitzt sie auf einem Schrank, und ich lächle ihr bei jedem Besuch zur Begrüßung zu, erinnere mich an die Umstände, wie ich sie erworben hatte, und finde, dass sie nun viel besser zum Leben meiner Tochter passt. Auch der kleine klappbare rote Kinderstuhl, ebenfalls vor langer Zeit erstanden, und vor Jahren schon weitergegeben, taucht wieder auf, wird nun als Ruheplatz für eine Pflanze in der Wohnung meines Sohnes verwendet. Das Patchworkbild einer Zigeunerin aus England, die grüne Jugendstil-Glasvase, mein erstes Rosenthal-Porzellan, viele Dinge, die mir gehörten, finde ich bei meinen Kindern oder

Freundinnen wieder. Wie gut, denke ich dann, dass ich dieses oder jenes schon weitergegeben habe.

Es fiel mir nie schwer, mich von Dingen zu trennen. Hingegen trenne ich mich nicht gern von Menschen. Im Laufe der Jahre hat sich die Anzahl der Menschen, denen ich im Berufsleben begegnet bin, die ich schätze und nicht verlieren will, vervielfacht. Dann gibt es die Freunde, die ich gewonnen habe, als wir in der Nachbarschaft wohnten, andere, weil wir gleichaltrige Kinder haben, Paare, die in der Familienaufbauphase mit ähnlichen Problemen wie ich konfrontiert gewesen sind. Daraus haben sich haltbare, intensive Freundschaften ergeben. Man traf sich nicht nur im kleinen Kreis, sondern organisierte große Einladungen, Sommerfeste, Geburtstagspartys mit und ohne Kinder. Einige Jahre danach kamen Studienfreundschaften dazu, Kolleginnen und Kollegen, meine Welt erweiterte sich, und ich befand mich mitten drin und war glücklich.

Neulich warf eine Freundin die Frage auf, ob es in unserem Alter denn nicht angebracht sei, die Welt zusammenzustreichen? Dem Wunsch nachzugeben, sich auf das Wesentliche zu beschränken? Doch ist nicht das Wesentliche für jeden unterschiedlich? Es ist richtig, dass viele Kontakte in vergangene Lebensabschnitte gehören. Soll man sich die Mühe machen, alles aufrechtzuerhalten? Einmal im Jahr Weihnachtsgrüße verschicken? Vielleicht einen Rundbrief schreiben? Wer wird sich noch an mich erinnern, wenn ich mich nur gelegentlich melde, ganz allgemein, wie aus einer fernen Welt, die schon (fast) in Vergessenheit geraten ist?

Als ich Sechzig wurde, habe ich mich im Sommer auf eine Reise durch Deutschland begeben, um bei vielen meiner Freundinnen und Freunden Station zu machen, ich bin einen Tag oder eine Woche geblieben. Ich wollte wissen, was unsere Verbindung, die über sehr viele Jahre hinweg nur telefonisch, brieflich oder per Internet aufrechterhalten werden konnte, wirklich noch zusammenhält, ob es an der Zeit wäre, sie zu verändern, vielleicht zu beenden, wenn man sich nichts mehr zu sagen hat. Nein, ich habe niemand »abgehakt«.

Manchmal verschenke ich gern ein aktuelles Foto von mir an meine Familie und Freunde. Meine Kinder protestieren: Wir haben doch genügend Fotos von jedem Familienfest, da bist du doch auch zu sehen, sagen sie. Natürlich weiß ich, dass sie schon eine Menge Fotos haben. Aber ich wähle immer ein Foto aus, das mich zeigt, wie ich mir selbst gerade gefalle. Und wie ich in ihrer Erinnerung bleiben will. Jetzt, da wir uns längst nicht täglich sehen, und für später, wenn sie dabei sein werden, unwichtige, uninteressante Fotos auszusortieren.

Auf Spurensuche

Zwei verschiedene Familienmitglieder, wenige Jahre älter als ich, haben sich unabhängig voneinander in den letzten beiden Jahren an mich gewandt: Sie wollten Auskunft haben über Daten und Namen unserer Vorfahren und der derzeitigen Familien meiner Kinder. Sie arbeiteten an der Erstellung eines Familienstammbaumes, weil sie sich für ihre Herkunft zu interessieren begonnen haben, die über ihre eigene Kindheit hinausreicht. Das Ergebnis bekam ich zugeschickt. Ich blickte auf die Verzweigungen und Vernetzungen der verschiedenen Namen, Geburts- und Sterbedaten, Angaben über den Zeitpunkt von Verehelichungen und Scheidungen, und freute mich, sozusagen nachgewiesenermaßen einen Stammbaum über zwei Jahrhunderte und somit dokumentierte Vorfahren zu haben. Aber viel mehr bedeutet mir das Wissen um die Namen nicht. Interessanter fände ich, ihre Geschichten zu kennen. Warum und wie sie zusammengelebt oder sich wieder getrennt haben, wieso manche allein geblieben sind, andere mehrere Ehen nacheinander eingegangen waren.

Eine Chronik familiärer Gefühlsbindungen gibt es jedoch nicht. Ich habe nur Namen und Daten und weiß nichts über das Alltagsleben, weil es offensichtlich keine Alltagszeugnisse gibt. Die kleinen Leute haben keine Schriftspuren in der Vergangenheit hinterlassen. Angehörige einfacher Normalfamilien, insbesondere aus ländlichen Unterschichten konnten bis weit ins 19. Jahrhundert hinein kaum lesen und nur mit Mühe ihren Namen schreiben. Es sei denn, Landärzte oder Dorfpfarrer gehörten zu ihnen, die Briefe oder Autobiografien verfassten oder ein Testament hinterließen, das man in alten Archiven noch einsehen kann. So bleiben die Daten nur Teile eines Puzzles, unvollständig. Ich kann die Bewegungen der einzelnen Familienmitglieder erkennen, verstehe aber ihre Motivation, ihre Überlegungen nicht. Die Beschäftigung mit der Familiengeschichte müsste also über die nackten Daten hinausgehen.

Aus der historischen Forschung ist hinreichend bekannt, was sich auch bei meinem Stammbaum widerspiegelt: die Familie war in den vergangenen beiden Jahrhunderten im Prinzip auf Geschlechtsgemeinschaft, Zeugung und Fortpflanzung angelegt gewesen. Trotzdem gab es eine Reihe nebeneinander existierender Familientypen: Paare mit großen Altersunterschieden. Mit extrem unterschiedlichem Heiratsalter. Mit vielen Kindern oder nur einem einzigen Kind.

Wenn ich weiters davon ausgehe, dass romantische Leitbilder Einfluss auf das Heiratsverhalten im 19. Jahrhundert gehabt haben, dann stelle ich mir vor, dass die Paare auf meinem Stammbaum-Dokument im betreffenden Zeitraum aus Liebe geheiratet haben. Andererseits ist auch bekannt, dass die Hochschätzung der Liebe die traditionellen Entscheidungskriterien für eine Ehe damals keineswegs in Unordnung gebracht haben. Die Wahl des Ehepartners wurde auch durch Vermögen, soziale Rangstellung und Beruf bestimmt. Es wurde weiter »nach dem Sach« geheiratet. Somit sind meine Träumereien vom romantisch verliebten Urgroßelternpaar, das vielleicht auch noch vermögend war, die reinste Spekulation.

Ich denke manchmal ans Sterben

Neulich habe ich das kleine Herz meiner ungeborenen Enkeltochter schlagen sehen. (Ich durfte meine schwangere Tochter zur Ultraschallkontrolle begleiten.) Ein ergreifender Anblick. Ich konnte die winzigen Herzkammern unterscheiden, das Pulsieren beobachten, diese regelmäßigen kraftvollen Bewegungen eines kleinen Wunders, das nimmermüde weiterschlagen wird bis zu seinem Lebensende, dessen einzige Aufgabe und Ziel ist: dem Tod entgegenzuwachsen. Zwischen dem Anfang und seinem Ende trägt es dazu bei, uns Leben zu ermöglichen, das wir füllen können, während wir uns unaufhörlich auf den Tod hinbewegen. Das Herz meiner kleinen Enkelin, die noch keinen Namen hat, hat mich daran erinnert, mein Leben mit vielem anzufüllen, worüber sie sich und die Menschen um mich herum freuen können, auch über meinen Tod hinaus.

Je näher sie mir im Leben standen, desto schmerzhafter trifft mich ihr Tod, unabhängig vom Alter, in dem sie sterben mussten. Schulfreunde, die in jungen Jahren durch einen Unfall ums Leben kamen, Freundinnen in ihren besten Jahren, die trotz ihres eisernen Lebenswillens den Krebs nicht haben besiegen können, Freunde mit Fünfzig, Verwandte, die Eltern im »gesegneten« Alter von neunzig Jahren. Alle wurden, wie es so treffend heißt, »mitten aus dem Leben« gerissen. Es gibt nur das »volle« Leben und dessen unwiderrufliches Ende. Auch wenn der Übergang vom Leben zum Tod nur wenige Sekunden ausmacht. Wie an jenem Tag, als Martin so plötzlich starb. Dessen Ehefrau hielt ihn in den Armen, um ihm das Glas Wasser zu reichen, nach dem er verlangt hatte, als er tief seufzte und danach Stille eintrat. Kann man so schnell sterben? Nützt es nichts mehr, den Körper zu schütteln und zu rufen, wach auf, wach auf, was sonst noch kann ich dir geben, ein Glas Wein anstelle des Wassers, bitte! Gibt es denn keine Verschnaufpause für das Leben?

Der nächste Besuch ist dann nur auf dem Friedhof möglich. Falls man wünschte, sich in einem Grab beerdigen zu lassen, wie es hier auf dem Land noch üblich ist. Die Vorstellung, das Grab sei nun der Ort, an dem sich ein Mensch aufhalte, ist vor allem für Kinder rätselhaft. Mein kleiner Enkel Tom fragte bei unserem letzten Besuch auf dem Friedhof, ob sich seine Urgroßmutter in das Grab gelegt hätte, weil sie jetzt hier sein will, und wir hätten über ihrem Sarg die Erde aufgeschüttet und mit Blumen geschmückt. Nein, sagte ich, die Urgroßmutter war schon tot, bevor sie begraben wurde. Tom überlegte nicht lange und meinte, ach, sie ist in das Grab gestürzt und war dann tot? Er hörte zwar anschließend zu, als ich ihm die wirklichen Zusammenhänge vom Tod und der Grabstätte seiner Urgroßmutter erzählt habe. Trotzdem blickte er mich zu Hause fragend an, als er mit dem Gehstock der Urgroßmutter spielte, wie früher, als sie nach ihm rief, damit er ihr den Stock zurückbringen möge.

Gelegentlich lese ich die Todesanzeigen in der Tageszeitung der Region, in der ich lebe. Ich wohne auf dem Land, da sollte man wissen, wer aus der Gemeinde gestorben ist und wann ein Toter beerdigt wird. Es ist üblich, den Verstorbenen die letzte Ehre zu erweisen, wie es heißt. Wenn man wie ich nicht an den üblichen Treffpunkten erscheint, weil man weder Kindergarten- noch Schulkinder hat, der Sportverein mit den Angeboten für berufstätige Frauen auch nicht mehr in Frage kommt und Nachmittagskaffeeklatsch-Stammtisch nicht zu meinem Zeitvertreib gehört, erfährt man die Nachrichten aus dem Dorf und der Umgebung nicht mehr eher, als sie in der Zeitung erscheinen.

Zuerst überfliege ich die Orte, die unter der Anzeige der verstorbenen Person genannt sind. Mein zweiter Blick gilt dem Namen der verstorbenen Person. Wenn es eine Frau ist, die mir bekannt war, weiß ich auch, wie alt sie war. Kenne ich sie nicht, dann schaue ich auf ihr Geburtsjahr. Mit einer gewissen Beruhigung stelle ich fest, dass wenige Frauen meiner Altersgruppe darunter sind. Trotzdem lassen die Geburtsjahre der Verstorbenen erkennen, dass sich meine Generation unweigerlich auf den Grenzzaun zu bewegt. Die Reihen vor mir lichten sich.

Immerhin glaube ich noch, dass es mich nicht morgen treffen wird. Mit Sicherheit kann ich es nicht wissen. Es gibt ein paar Fakten, die mir jedoch einen baldigen Tod als unwahrscheinlich erscheinen lassen. Ich bin gesund, glücklich, habe viel zu tun, arbeite in keinem risikoreichen Beruf, und ich liege noch weit unter der durchschnittlich zu erwartenden Lebensdauer für eine Frau. Andererseits zeigt sich immer deutlicher, dass die steigende Lebenserwartung auch die Wahrscheinlichkeit erhöht, im hohen Alter zu erkranken und zum Pflegefall zu werden. Sogar einen lange sich hinziehenden, qualvollen Tod zu erleiden. Dann gibt es den »normalen« Tod nur mehr als Ausnahmefall.

Manchmal denke ich in friedlicher Stimmung an den Tod. Dann weiß ich, dass ich einverstanden wäre, wenn ich sogleich sterben würde. Ich würde in der Überzeugung sterben, dass sich alles in meinem Leben so wunderbar gefügt hat. Dass ich mehr erlebt, gesehen, gelebt habe, als ich je hätte im Voraus wünschen können. Das wäre der richtige Zeitpunkt zum Sterben: Dann, wenn man das Leben in seiner Fülle am meisten wertschätzt.

Mein Freund Kunihiko verstarb, als er 69 Jahre alt war. Er hätte noch viele Jahre zu leben gehabt, wenn man sich an der durchschnittlichen Lebenserwartung für Männer orientiert. Die Nachricht von seinem Tod habe ich telefonisch erhalten. Ohne Vorwarnung. Er hatte Lungenkrebs, das wusste ich, befand sich jedoch seit Längerem in aussichtsreicher Behandlung. Der Tod kam, wie es in einem solchen Fall oft heißt, überraschend. Er lebte gern, und ich glaube, dass er mit dem Tod kämpfte, auch als bekennender Buddhist. Beim letzten Gespräch mit einer Freundin, die ihn besuchte, sprach er davon, das Krankenhaus bald verlassen zu wollen. Wie könnte er seine Frau allein lassen, deren Gesundheit so geschwächt sei! Was würde seine Tochter tun, wenn er sich nicht mehr tatkräftig um die Enkelkinder kümmern könnte? Und er wollte wieder bei Kräften sein, wenn ich im Frühjahr zu Besuch kommen würde. Seine Briefe, die er mir seit meinem Umzug nach Deutschland regelmäßig geschickt hat, waren so ausführlich und inhaltsintensiv wie die Gespräche, die wir oft geführt hatten. Er blieb mir auch in der Ferne nah.

Als wir Kollegen waren, hatten wir angrenzende Arbeitszimmer und konnten, wenn es ganz still im Gebäude war, hören, wenn der eine telefonierte oder mit einem Besucher sprach, ein vertrautes Murmeln, die beruhigende Sicherheit vermittelnd, dass der andere anwesend war. Manchmal drang ein vergnügtes Lachen durch die Wand. Und wenn er an meine Tür klopfte, nur um zu fragen, ob es mir gut ginge, ob ich etwas brauchen würde oder eine Frage beantwortet haben müsste, war dies auch eine Aufforderung und hieß: Melde dich. Ich lebte und arbeitete in Japan, und war – vor allem in den ersten Jahren dort – auf freundschaftliche Hilfe im Alltag angewiesen. Kunihiko begleitete mich still und unaufdringlich, beobachtete dennoch genau, was mit mir und um mich herum geschah. Eine Art Schutzengel im Dschungel der fremden Kultur mit einer unnachahmlichen Besonnenheit, wenn es um die Beilegung von Konflikten ging, oder um Missverständnisse mit ungutem Effekt. Mein Wohlergehen lag ihm am Herzen, und ich bin sicher, dass er dies auch über den Tod hinaus weiter im Sinn hat.

Es ist utopisch, an ein Weiterleben nach dem Tod zu glauben, sagte meine Freundin Sakue, und lieferte Argumente. Wir haben keinerlei wissenschaftlich hieb- und stichfeste Beweise, da hat sie sicherlich recht. Wie immer man unser Dasein auch erklären will, unser Leben weist doch auf eine bestimmte Lenkung hin, so sehr wir unseren freien Willen und selbstbestimmte Entscheidungen auch verteidigen und anerkennen. An ein unumstößliches Schicksal zu glauben, widerstrebt mir. Aber ich glaube an Kraftquellen, die auch von jenen verstorbenen Menschen stammen, mit denen ich während meines Lebens eng verbunden war.

Je älter ich werde, desto wahrscheinlicher ist es, dass Freunde mein Leben verlassen, weil sie sterben müssen. Dass der Tod zum Leben gehört erhält jetzt erst hautnahe Bedeutung. Es ist nur das bis dahin nimmermüde Herz, das am Ziel angekommen ist und seinen Dienst einstellt.

Ich habe das Gefühl, inzwischen mit vielen Toten am Tisch zu sitzen, mich mit ihnen zu unterhalten, und das nicht nur über die Vergangenheit.

Die alte Mutter

Warte nur, sagte die alte Mutter traurig und drohend zugleich, ich werde dir fehlen, bald werde ich gestorben sein. Sie sagte diese Worte meistens dann, wenn ich wieder einmal genervt war von der Tatsache, dass sie mehr Zeit von mir verlangte, als ich problemlos hätte geben können. Dann, wenn Termine warteten, der Haushalt aufgearbeitet, die Post dringend erledigt werden musste und lähmende Rückenschmerzen nicht weichen wollten. Und dennoch hatte ich versucht, sie mit der gewohnten Ruhe und Aufmerksamkeit zu versorgen, sie meine Unruhe nicht spüren zu lassen. Es gelang mir nie, denn sie fühlte meine Nervosität, meine Sorgen, meine Ungeduld. Schließlich war sie meine Mutter. Und natürlich liebte ich sie. Natürlich wusste sie, dass sie bei mir gut aufgehoben und versorgt war.

Es lag an mir. Ich hatte meine Kraft, meine Fähigkeit zur Altenpflegerin unterschätzt. Es ist ein Lernprozess, getragen von der Dankbarkeit der Tochter, von dem Respekt vor dem Wunsch der Mutter, nicht in ein Altenheim gebracht zu werden, weil sie nun, im hohen Alter von sechsundachtzig Jahren, ihre Wohnung aufgeben musste, in der sie bis dahin selbstständig hat leben können seit Vaters Tod vor zwanzig Jahren. Als Witwe, ein Schicksal, das sie mit vielen Frauen ihrer Generation geteilt hat.

Und noch etwas hat sie mit Frauen ihrer Generation geteilt: Ihre Mutter lebte weit entfernt und starb zehn Jahre früher als meiner Mutter statistisch noch zu erleben prognostiziert war. Meine Mutter lebte nie mit ihrer alten Mutter zusammen. Aber ich weiß, wie sich der Alltag gestaltet, wenn man über achtzig Jahre alt ist. Ich kenne den schmächtigen Körper, auf den kein Verlass mehr ist, den unsicheren Gang, das milde Lächeln, den besorgten Blick, die Oberflächlichkeit des Schlafes, die Freude über das Erwachen am Morgen, die heftige Unruhe wegen eines einzigen Termins, so belanglos er auch sein mag (ein Friseurbesuch, ein Kaffeekränzchen, ein Liederabend), die Vorliebe für einfache Kleider, kleine Aufmerksamkeiten, die Empfindlichkeit gegenüber Kritik. Ich habe erfahren, wie wichtig ein täglicher Spaziergang und das kleine Schwätzchen mit den Nachbarn ist, wie peinlich, wenn man vergisst, wie man wieder nach Hause kommt nachdem man so mutig einmal einen anderen Weg als den gewohnten gegangen ist, wie verletzend, wenn man die eigene Hilflosigkeit, die fortschreitende Abhängigkeit eingestehen muss.

Der Tag beginnt und die Abfolge ist ein Warten auf die Mahlzeiten, fasste neulich in einer Fernsehdiskussion der Leiter eines Altenheimes die Situation der meisten Heimbewohner zusammen. Meine Mutter hatte sich auch stets auf das Essen gefreut. Sie konnte den hübsch gedeckten Tisch würdigen und die guten Speisen genießen, war unzufrieden, wenn ich einmal – aus Zeitmangel – nur ein »schnelles« Gericht servierte. Dann pflegte sie sich nicht selten bei einem Besucher am Nachmittag zu beschweren, dass sie noch »kein richtiges Mittagessen« bekomme habe.

Meine Mutter hatte recht behalten: Sie fehlt mir. Gern würde ich sie gelegentlich fragen, ob sie das, was ich nun ab Sechzig durch meinen Körper als Einschnitt in meine Unabhängigkeit erfahre, einfach als naturgegeben akzeptiert oder sich dagegen aufgelehnt hat. Sie schien stets so heiter zu sein. Sie lebte gern. Aber mir klingen auch ihre Worte im Ohr, leise zwar, aber manchmal sagte sie: Ich wünschte, es wäre schon vorbei. Und in ihren Augen konnte ich eine ergebene Angst entdecken: Wie werde ich wohl das Sterben durchstehen?

Auch ich habe ein Testament gemacht, eine Patientenverfügung ausgestellt, einen Organspendeausweis ausgefüllt. Doch ich halte Gleichaltrige nicht automatisch für »alte Leutchen«, lese nur gelegentlich Todesanzeigen, bedauere die Verstorbenen, wenn sie mein Geburtsjahr hatten, aber – mit Blick auf meine höhere Lebenserwartung: ich stehe dem Tod nicht nahe genug, befasse mich nur oberflächlich mit der Möglichkeit des Todes, das Sterbenmüssen hat mich, meine Generation, noch nicht wirklich erreicht.

Und nichts, das haben wir inzwischen auch durch den Verlust der Eltern kapiert, wird einstürzen, versagen, stillstehen, wenn wir die Welt verlassen. Wir sind nur für unsere Liebsten, für die, die uns nahestehen, ein dramatischer Verlust. Doch – auch das ist eine Einsicht – wir können sie davor nicht schützen.

Eine 60-jährige Witwe

An ihrem sechzigsten Geburtstag, vierzehn Tage nach der Beerdigung ihres Mannes, dachte sie nicht an ihr Alter, sondern suchte immer noch verzweifelt eine Antwort auf die Frage: Warum?

Warum trifft dieses Schicksal ausgerechnet mich, klagt sie, ich habe nichts getan, womit ich das verdient hätte. Nun bin ich allein und fühle mich einsam.

Du kannst uns jederzeit besuchen, sagen die Kinder.

Aber sie führen ihr eigenes Leben. Sind jetzt gerade mitten drin. In Beruf, Partnerkrisen, Familienarbeit, Schulproblemen der Kinder. Sie geben Ratschläge wie alle anderen guten Freunde: Du musst dich zusammenreißen. Sie wollen für Abwechslung sorgen, für Unterhaltung, die Mutter zur Fröhlichkeit zwingen. Sie vergessen, klagt sie, dass ich keine 40-jährige Witwe bin.

Sie fühlt sich ratlos, verloren, auf Partys wie »bestellt und nicht abgeholt«, denn die Menschen, die sie trifft, kennen sie nur als Paar; auf Reisen schlecht behandelt, wenn sie in einem Einzelzimmer untergebracht wird, wenn sie ein Doppelzimmer nimmt, findet sie sich schluchzend auf dem großen Bett wieder, untröstlich. Und wenn sie morgens aus dem Schlaf erwacht, ist sie in der Stille mit dem eigenen Herzschlag allein.

Sie braucht Zeit, um ihrer Trauer einen Platz einzuräumen, um zu begreifen, dass es nichts gegeben hätte, womit sie seinen Tod hätte verhindern können. Nichts. Weder Vermögen noch Verzicht auf eigene Jahre. Wenn sie unbeweglich am Tisch sitzt, ihren Atem anhält, und es bleibt wieder alles still, beginnt sie zu verstehen, dass die Entfernung, die sie von ihm trennt, unüberwindbar geworden ist. Jetzt, sagt sie, sei sie wieder auf der Suche nach sich selbst als Mittelpunkt ihres Lebens. Das bedeutet, sie muss sich wieder als Einheit begreifen.

VI.

Und doch ist die Zeit ein Dieb. Zuerst gibt sie uns alles, aber dann müssen wir alles wieder abliefern. Menschen, Begegnungen, Momente. So einfach ist das. So grausam ist das.

Hakan Nesser, Und Piccadilly Circus liegt nicht in Kumla

Luxus: Zeit

Ich liege auf der Sonnenliege. Im Schatten der Fichtenhecke kann ich auf den jungen Weinstock blicken, der sich langsam an der weißen Hauswand ausbreitet, an der Ecke neben dem Garagentor die roten Kletterrosen, am Rande der frisch gemähten Rasenfläche die kleine Birke, die im vergangenen Jahr kräftig geworden ist, und auf der anderen Seite des Kiesweges Sommerblumen am Hang, die purpurroten Cosmea, weißen Margariten und gelben Sonnensterne. Und über dem kleinen Apfelbaum und den hohen Tannen stehen weiße Wölkchen wie zerrupfte Wattebäuschchen am Himmel. Ich liebe dieses Haus, den Garten – die Hausfassade müsste bald einmal gestrichen werden, die Fenster geputzt, Unkraut gejätet im Garten. Aufgaben für die Zukunft. Es hat alles keine Eile. Ich wünsche mir jetzt, die stillen heiteren Momente anhalten zu können, ein paar Stunden nur. Doch die Erde dreht sich, die Sonne gleitet weiter, die Uhrzeiger schreiten fort, der Magen knurrt, auch die innere Zeit bleibt nicht stehen.

Ich gehe ins Haus und bereite das Abendessen vor. Ich muss nichts überstürzen, nichts unterbrechen, nichts nebenbei erledigen. Ich habe Zeit.

Auch nach dem Abendessen.

Ich bin allein im Haus. Sitze auf dem weichen hellblauen Ledersofa, von vielen Kissen gestützt und halte beim Lesen inne, weil meine Gedanken die Stille interpretieren: Tatsächlich sitze ich hier am Anfang eines neuen Lebensabschnitts. Es ist, als ob aus den Jahren ein solider Sockel entstanden wäre. Keine Zeitspanne spüre ich, sondern ein Fundament, ein Podest. Etwas Solides, auf dem ich stehen kann. Es wackelt und schwankt nicht mehr, es trägt mich. Ich kann fest darauf stehen, muss es nicht mehr ausbalancieren, kann mich bedenkenlos und vertrauensvoll darauf stützen, herumlümmeln, ausruhen. In der Stille höre ich das gleichmäßige Ticken der Uhr besonders laut. Ich erschrecke, lausche wie gebannt, rege mich nicht: schon wieder eine Sekunde vergangen, schon wieder eine Minute. Unaufhörlich, unaufhaltsam. Die Uhr tickt und tickt. Und es geschieht nichts, als dass die Zeit vergeht.

Seit ich Mitte Sechzig bin, hat sich mein Bewusstsein für die Zeit geschärft. Es gibt für mich zwei Arten von Zeit, die auf den ersten Blick unvereinbar scheinen. Zum einen: Ich habe Zeit. Zum anderen: Die Zeit läuft mir davon. Ich habe nicht mehr (viel) Zeit.

»Zeit-haben« war noch vor wenigen Jahren ein Wunsch, ein Traum, und meinte, Zeit für mich zu haben, Zeit, in der ich ohne Stress, ohne Erwartungen von anderen, und ohne irgendeinen Termindruck die Zeit selbst einteilen kann. Wie es mir gefällt. Historisch betrachtet, war das Zeit-haben immer ein Privileg der Reichen und Mächtigen, ungeachtet der durchschnittlich niedrigen Lebensdauer, die nur für das niedere Volk, die Mehrheit, bedeutete, bis ans Ende ihres kurzen Lebens ohne Unterbrechung anderen als sich selbst ihre Zeit zu opfern. Zeit-haben ist ein Luxus, den uns heute die längere Lebensdauer beschert, und die kriegsfreien Verhältnisse in unserem Land. Zwischen dem Ende der Erwerbstätigkeit und dem Tod bleiben uns mit großer Wahrscheinlichkeit viele Jahre Zeit.

»Zeit für mich« zu haben – dieser Wunsch scheint unerfüllbar, solange wir eingebunden sind in einen Terminkalender, der höchste Anforderungen an unsere Flexibilität stellt und auch das Zurückstellen dieses Wunsches verlangt. Obgleich wir in einer Freizeit-Gesellschaft leben, die den Anspruch hat, die von der Arbeit befreite Zeit dem Einzelnen zur freien Gestaltung zur Verfügung zu stellen. Ab Mitte der 1960er-Jahre hat sich Freizeit zum Aushängeschild der Konsumgesellschaft entwickelt, im weiteren Verlauf gedieh der Freizeitsektor zu einem wichtigen Wirtschaftsfaktor und rief sogar eine wissenschaftlich unterstützte Freizeit-Pädagogik hervor. Man beschäftigte sich mit den Freizeitbedürfnissen von Kindern und Jugendlichen, um Müßiggang und sittliche Verwilderung zu verhindern. Für die Erwachsenen war Freizeit mit (prestigestiftenden) Aktivitäten verknüpft, man spielte nicht nur Fußball oder ging zum Schwimmen, sondern spielte Tennis oder Golf im (mehr oder weniger) exklusiven Verein, gehörte einem Reit- oder einem Segelclub an. Man gehorchte dem Diktat des Wohlstandskonsums und demonstrierte einen Freizeit-Lebensstil, der weit entfernt vom Erleben einer wahren selbstbestimmten freien Zeit gewesen ist. Auch in der heutigen Zeit gibt es eine massenbewegende Anleitung zur »richtig« genutzten Zeit, die nur einem selbst gehören soll: Das Bedürfnis nach Ruhe und innerer Muße wird in einen Wellnessboom geleitet.

Zeit-haben bedeutet für mich nicht, unbedingt einem Trend zu folgen. Erholung mit zwei Gurkenscheibchen auf den Augen oder bei einem Nachtkerzenbad als Wochenendangebot im Wellnesshotel mit morgendlichen Qi-Gong-Übungen im Park mit vielen anderen, die Entspannung suchen, ist etwas anderes als die Qualität der Erholung, meiner freien Zeit, die ich heute erleben kann.

Für meine Freundin Christa hat sich zum Beispiel im Hinblick auf ihre sozialen Kontakte viel verändert, nachdem sie in Rente gegangen war. Für die Pflege privater Kontakte, vor allem von Freundschaften, braucht man auch Zeit. Als Christa noch erwerbstätig war, blieben viele Geburtstagskarten ungeschrieben, viele Treffen »auf einen Kaffee« abgesagt, und bei langen Telefonaten erledigte sie nebenbei Aufräumarbeiten im Haushalt. Auf Partys hat sie vermieden, über Themen zu diskutieren, die für ihren Beruf uninteressant gewesen sind. Manche Einladungen hat sie deshalb abgesagt, um dieser Zeitvergeudung zu entgehen, wie sie sagt. Und an den Wochenenden war zusätzlich das Familienleben wichtig, auch da blieb wenig Zeit zur Freundschaftspflege. Wann konnte sie schon zu Hause wirklich entspannen, und nicht nur erschöpft einschlafen? Die »freien«

Stunden waren ausgefüllt: Mit Hausarbeit, Einkaufen, schnell und effizient durch den Supermarkt hetzen, am Abend auch noch die strahlende Gastgeberin sein, an der die Gespräche, falls sie nicht gerade aktuelle Interessen betrafen, vorbeigeplätschert sind. Ach ja, und zumindest ein paar Kilometer Joggen sollte auch noch ins tägliche Freizeit-Programm einplanbar gewesen sein.

Jetzt kann sie offener auf Menschen zugehen, sogar neue Freundschaften schließen, weil sie mehr Geduld hat, ihnen zuzuhören, ihre Geschichten anzuhören, die sie früher als »Schmarrn« abgetan hätte, für den sie keine Zeit investieren wollte. Heute stellt sie fest, wie bereichernd Zeit-haben ist: Es ist interessant, neue Menschen kennenzulernen, weil jeder viel zu sagen hat, Erlebtes, Meinungen, Einstellungen, Erfahrungen, die auch ihr Weltwissen erweitern, weil es sich nicht mehr nur um die eigene Achse dreht. Ihre Sicht der Welt war früher hauptsächlich durch ihre berufliche Stellung und ihre familiäre Situation geformt. Jetzt ist sie nicht mehr so gehetzt und statt einseitig wieder breitgefächert interessiert.

Wenn sich der Zwang des »Tunnelblicks« lockert, eröffnet sich (wieder) die Erfahrung, dass es viele Facetten des Lebens gibt. Wir haben sie nur bislang übersehen (müssen). Irgendwo habe ich einmal gelesen, das Alter sei die Zeit der Entdeckungen. Das fand ich beunruhigend. Denn ich dachte an die Vorstellung, dass wir unsere Defizite entdecken, das, was wir alles verlieren, wenn wir alt werden, die Beschränkungen unseres Körpers, von dem wir vorher noch perfektes Funktionieren erwartet (und meistens bekommen) haben. Heute weiß ich, dass damit auch etwas Positives gemeint ist: Wir erweitern unseren Erfahrungshorizont. Natürlich beginnen wir nicht als ungeprägtes Wesen, wie es zum Beispiel bei einem kleinen Kind der Fall ist. Meine sechs Monate alte Enkelin Liz begrüßt alles, was in ihr Blickfeld kommt, mit strahlenden Augen, Jauchzen und aufgeregtem Strampeln der

Beine und Arme. Wer sich auf ihre Höhe begibt, die des Babys, das sich am wohlsten fühlt, wenn es bäuchlings vorwärtsrobben kann, den studiert sie, wie sie das auch mit ihrem Spielzeug macht. Sie ertastet das fremde Gesicht, lauscht konzentriert, ahmt Laute nach und beobachtet jede Bewegung genau. Alles ist neu für sie. Wir hingegen werden selten etwas vollkommen Neues entdecken. Aber eine andere Sichtweise der Dinge, die sich um uns herum befinden. Und wir können die Ansammlung unseres Wissens erweitern und vertiefen, ein Prozess, den wir als kleines Kind begonnen haben, und im Laufe der Jahre kanalisieren und fokussieren mussten. Nicht zuletzt aus Mangel an Zeit. Zeit, die wir jetzt wieder gewinnen. Ein Geschenk, auf das frühere Generationen verzichten mussten.

Daneben haben wir nie aufgehört zu lesen, zu denken, unseren Kopf zu gebrauchen, Interesse an vielem zu haben. Wenn heute zum Beispiel in Erwachsenenbildungskursen oder in den Hörsälen von Universitäten ältere Menschen sitzen, dann sind sie nicht dort aus Langeweile oder weil sie sich einen neuen Beruf aufbauen wollen, sondern deshalb, weil sie sich über die Fortentwicklungen in der Wissenschaft informieren oder ihr einst vernachlässigtes Wissen aufzuholen versuchen. Heute, mit ihrer Lebenserfahrung, lassen sich Zusammenhänge viel leichter verstehen, ein lange unhinterfragtes Weltbild neu bewerten. Meine Freundin Heidi zum Beispiel liest heute mit Begeisterung historische Bücher, Biografien über Staatsmänner und geschichtliche Ereignisse, die das Leben der Menschen veränderten. Mit zunehmendem Alter, sagt sie, finde sie es schwieriger zu glauben, was in der Politik und im gesellschaftlichen Leben als Wahrheiten und Tatsachen vermittelt wird. Vieles, was wir über die »Großen« unserer Geschichte im Unterricht früher oder auch heute in den Medien hören, stimme so schlicht und einfach nicht, wie es dargeboten wird. Sich tiefgründiger damit zu beschäftigen, sich Informationen aus unterschiedlichen Blickwinkeln zu holen, lohnt sich für Heidi, weil sie dadurch die Welt heute besser verstehen kann. Es ist nichts als das »klassische« Lernen, das wir in unserer Jugend irgendwann abschließen mussten, um mit einem ausgewählten Wissen unsere Existenz zu verdienen. Jetzt geht es auch darum, unsere Existenz verstehen, einordnen, erklären zu können.

Helga zum Beispiel reist jetzt gern in ferne Länder, nicht nur um sich an einem südlichen Strand unter Palmen auszuruhen (Urlaub zur Entspannung, das braucht sie nicht mehr), sondern um die Lebensbedingungen anderer Völker, das Verhalten, den Duft der Luft und den Geschmack der Speisen, den Klang ihrer Stimmen kennenzulernen.

Zeit-haben eröffnet bei Weitem nicht nur eine Bereicherung auf spektakulären Reisen oder bei der Beschäftigung mit speziellen Wissensgebieten.

Zeit-haben bereichert und verschönert in erster Linie den Alltag, das unmittelbare Sein und Geschehen um uns herum. Die Streifzüge der Katze im Garten verfolgen zu können, die neuen Blütenknospen an jenem Kaktus bewundern, der jahrelang unbeachtet auf der Kellertreppe stand, zu bemerken, wie die Tanne, die vom Fenster aus zu sehen ist, bei Sonnenschein dem Zimmer am frühen Nachmittag ein aufmunterndes Licht verleiht. Zeit-haben kann auch bedeuten, all die Gewürze wiederzuentdecken, die lange unbenutzt geblieben sind, weil man sich auf drei, vier erprobte (schnelle) Rezepte routinemäßig eingeschworen hatte. Jetzt kann man wieder einmal Abwechslung in den Speiseplan bringen, etwas Neues ausprobieren, auch wenn es zeitaufwendig ist. Oder zu einem neuen lauschigen Plätzchen im Garten wechseln, einen anderen Weg durch den Park nehmen, mit den jüngeren Nachbarn über Schulprobleme ihrer Kinder sprechen und feststellen, dass sich vieles geändert hat seit der Schulzeit der eigenen Kinder. »Zeit für mich« heißt auch, den Tag so strukturieren zu können, wie es mir gefällt. Ich stehe auf, wenn ich ausgeschlafen bin, frühstücke so lange ich will, und erledige das, was ich mir vorgenommen habe in dem mir angenehmen Tempo.

Keine Zeit (mehr) haben

Und dann stellen wir dennoch fest (was wir gern ausgeblendet hätten), dass »Zeit haben« einen übergeordneten Rahmen hat: die Lebenszeit, die Tatsache, dass wir nicht unsterblich sind. Wir leben zwar im Durchschnitt länger als die Generationen vor uns, nichtsdestotrotz verkürzt sich unsere Zeit auf Erden unaufhörlich. Wenn ich die durchschnittliche Lebenserwartung von heute zugrunde lege, habe ich noch fünfzehn, höchstens zwanzig Jahre Zeit, vorausgesetzt, mich rafft keine Krankheit oder ein tödlicher Unfall vorzeitig dahin.

Dass das menschliche Leben (trotzdem) kurz ist, daran haben wir als Zwanzigjährige, oder auch als Vierzigjährige, kaum gedacht, als wir damit beschäftigt waren, unsere Freiheit und unseren Platz in der Gesellschaft zu erringen. Es glich einem endlosen Fortschreiten in eine Zukunft ohne sichtbare Grenzen. Erst jetzt rückt der Zeitfaktor in unser Bewusstsein.

Hab ich mir jemals die Zeit genommen, über meine Lebensdauer nachzudenken? So richtig buchhalterisch, wie viele Lebensjahre habe ich zur Verfügung, ausgehend von der Wahrscheinlichkeit, dem Durchschnittswert von inzwischen 84,5 Jahren für mich als mitteleuropäischer Frau, und den Werten, die mir meine Gene als Richtlinie geben, die Lebensdauer meiner Eltern und Großeltern, zusammen mit meiner jetzigen gesundheitlichen Verfassung? Habe ich Buch geführt all die vergangenen Jahre, ein Jahr nach dem anderen abgehakt und neue Bilanzen gezogen, wie ich es oft mit meinem Bankkonto mache, wenn ich wissen will, wie viele Tage ich noch mit meinem Geld über die Runden komme? Eine Menge, die sich kontinuierlich verringert. Nur einmal habe ich mich auf die Anzahl der Jahre gefreut, mit denen ich noch beruhigt würde rechnen können. Das war in Japan, als ich mich entschieden hatte, mit meinem aktiven Berufsleben aufzuhören und nach Deutschland zurückzukehren. Aber damals hat mir mein Unbewusstes einen Streich gespielt.

Nach zehn Jahren freute ich mich auf die Rückkehr in die Heimat, so spannend und angenehm mein Leben in Japan auch gewesen war. Ich freute mich darauf, mit einem riesigen Erfahrungsschatz ein neues Leben beginnen zu können, das mich ins Alter hineinführen sollte. Allmählich. Sanft. Schön. Noch, so tagträumte ich, lägen kraftvolle Tage vor mir, ein Lebensjahrzehnt, das zu genießen ich bereit war, und ich malte mir aus, wie viel Zeit und Energie mir noch bis zum Beginn des »wirklichen« Alters bleiben würden. Herrlich viel Zeit, um tun zu können, was mir Freude machen und eine neue Herausforderung bedeuten würde. Ich hatte die Vorstellung, mit Fünfzig noch ein halbes Leben vor mir zu haben, und fühlte mich friedlich, optimistisch und dankbar.

Bis inmitten meiner rosigen Überlegungen die Wirklichkeit blitzartig zurückkam: Ich hatte doch meinen fünfzigsten Geburtstag bereits hinter mir! Ja, natürlich! Deutlich sah ich mich plötzlich in meinem schwarzen Seidenkleid mit Lorenz und Katy und Guy, dem ersten Paar, mit dem wir uns in Japan angefreundet hatten, im französischen Restaurant sitzen, später Cocktail trinkend in der kleinen Pianobar im Vergnügungsviertel dieser Küstenstadt im Süden Japans, in der ich, damals für mich noch unvorstellbar, zehn Jahre verbringen würde. Nun waren diese zehn Jahre vergangen!

Meine Frohgestimmtheit, meine Sorglosigkeit, die Freude über die vor mir liegenden Jahre waren mit einem Mal verflogen. Wie konnte ich diesem Irrtum, dieser »Zurück-in-die-Zukunft«-Illusion erliegen? All die heiteren Überlegungen fielen in sich zusammen wie kurz aufgeschäumte Milch. Für das Leben ab Sechzig hatte ich keine Vorstellung, keine Ideen, keinen Plan. Ich wusste nur, es werden jetzt zehn Jahre weniger Lebenszeit sein, als ich dachte. Egal, wie lange ich noch zu leben habe.

Ich glaubte, nun in einem Wettrennen mit der Zeit zu sein. Das ich nicht gewinnen kann, niemand kann das. Denn die Zeit ist unbestechlich. Wir können sie nicht überlisten.

Heimkehr

Es sieht aus wie immer. Die Straßen sind sauber gekehrt, an den Häusern hängen Blumenkästen mit roten Geranien und weißen Petunien vor den Fenstern, selbst die Bäume haben noch die gleiche Form, weil sie Jahr für Jahr den gleichen Schnitt bekamen. Aber wenn sich auf den unveränderten Straßen, unter den unveränderten Bäumen die gealterten Menschen aus meiner Jugendzeit bewegen, sieht das Dorf gespenstisch aus.

So schnell vergeht die Zeit

Am Sonntag vor dem Heiligabend trafen sie ein, meine Kinder mit ihren Ehepartnern und den kleinen Kindern, meinen Enkelkindern. Nach einer Woche reisten sie wieder ab. Mein gleichförmiger Tagesablauf konnte wieder beginnen. Doch der ereignislose Tag verging im Nu, viel schneller als die Zeit mit Trubel und Unruhe im Haus vergangen war, als die gleiche Zeit mit so viel mehr Aktivitäten angefüllt gewesen ist, so erfüllt und gut genutzt, dass wir am Abend einen prallen, langen Tag verbracht hatten. Wie kurz scheint dagegen mein Tag, an dem ich (die meisten Stunden) nur am Schreibtisch sitze! Muss ich mehr tun, damit ich mit dem Tempo der Zeit mithalten kann? Wie ein Kind, das jeden Tag Neues entdecken und ständig Unbekanntes verarbeiten muss. Wodurch jeder Augenblick eine größere Präsenz erfordert. Jeder Moment wird intensiv wahrgenommen. Jeder Tag scheint daher lang zu sein. Auch die Jugendzeit verging nicht wie im Flug, wenn wir wichtige Erfahrungen machten, die für unser Erwachsenenleben prägend waren. Wenn wir älter werden, wird vieles zur Routine. Unbeachtet. Unreflektiert. Dadurch kommt es uns so vor, als würde die Zeit schneller vergehen.

An Kindern sieht man, wie die Zeit vergeht, heißt es. Wenn ich ein Kleinkind nach zehn Jahren wiedersehe, ist es ein Teenager geworden. Vielleicht eine Augenweide, vielleicht noch kindlich, vielleicht schon sehr erwachsen, auf jeden Fall eine Freude, dass es sich in der inzwischen vergangenen Zeit zum jungen Menschen entwickelt hat.

Als ich in meinem Adressbuch blätterte, stieß ich auf die Adresse einer Frau, von der ich lange nichts mehr gehört hatte. Als ich sie kennenlernte, vor zehn Jahren, war sie 73 Jahre alt, eine vitale, lebensfrohe Frau, die ich bewunderte: so wollte ich auch mit dreiundsiebzig (noch) sein. Wir haben uns aus den Augen verloren, weil wir umgezogen sind. Ich hatte mir schon lange vorgenommen, mich bei ihr zu melden und als ich es schließlich versuchte, war sie unter ihrer früheren Adresse nicht mehr zu erreichen. Vielleicht hat sie ihren Plan verwirklicht, nach Venedig zu ziehen? Es wäre nicht allzu schwierig, dies nachzuforschen. Aber ich erschrecke bei der Überlegung, dass sie ja nun schon 83 Jahre alt sein muss. Ich sehe sie noch als diejenige, die sie mit 73 war. Zehn Jahre! Welch eine Hürde, wenn man schon älter ist. Die Überlegung, jetzt eine alte, gebrechliche Dame vorzufinden, lässt mich zögern, sie ausfindig zu machen. Würde es ihr wehtun, mich wiederzusehen, weil ich sie an ihre Lebensphase erinnere, die sie mit so viel Selbstbewusstsein und Verherrlichung der Freiheit im Alter gelebt hat?

Und was ist aus den damals sechzigjährigen Frauen geworden, mit denen ich vor mehr als zehn Jahren gesprochen habe, als sie gerade Großmutter geworden sind? Auch sie sind inzwischen alt geworden. Wenn ich sie heute wieder träfe, würde ich an ihnen sehen, wie die Zeit vergangen ist, und dieser Anblick würde mich anders berühren als das Wiedersehen mit einem älter gewordenen Kind. Nicht Kinder, die sich entwickeln, sondern die alt gewordenen Frauen erinnern mich an meine begrenzte Lebenszeit.

Die Zeit läuft immer gleich

Je älter ich werde, desto schneller (ver-)geht die Zeit. Wer kennt diese Klage nicht! Doch es ist nicht die Zeit, die mir davonläuft. Ich selbst ändere meinen Lebensrhythmus, und nur für eine kurze Lebensspanne gehe ich im Gleichschritt mit der Zeit. Die Zeit vergeht gleich schnell, wie immer. Nur mein Körper hat sein eigenes Maß, das überdies ein trügerisches ist und sich wandeln kann.

Je älter ich werde, desto langsamer werde ich. Für eine Zwanzigjährige können zehn Jahre Zukunft eine kleine Ewigkeit sein. Eine Zeitspanne von zehn oder zwanzig Jahren ist für einen Kalender konstant, aber im persönlichen Erleben kann sie eine wechselnde Länge haben. Es kommt darauf an, von welchem Zeitpunkt aus wir sie betrachten. Vielleicht erschienen uns die Tage als Kind so lang und die Zeit im Alter so schnell zu vergehen, weil wir unbewusst die Zeit der Uhr vor dem Hintergrund unserer Körperzeit, der Lebenszeit, sehen. Die objektive Zeit, die der Uhr, schreitet in gleichmäßigem Tempo voran wie ein Strom durch eine Ebene. Beim Vergleich der Zeit mit einem Strom (wie dies verschiedene Autoren tun, zum Beispiel auch Douwe Draaisma) laufen wir Menschen an seinem Ufer entlang, am Anfang, am Morgen unseres Lebens, noch recht hurtig und schneller als die Strömung. Gegen die Mittagszeit ist unser Tempo schon ein wenig langsamer geworden, aber wir halten noch wacker Schritt mit der Geschwindigkeit des Stromes. Gegen Abend, wenn wir müde werden, fallen wir mit unserem Tempo hinter das des gleichmäßig fließenden Stromes zurück. Wir laufen langsamer als die Strömung. Und wenn wir unseren Lauf einstellen, uns neben den Strom niederlegen, setzt dieser seinen Lauf im selben unerschütterlichen Tempo fort, in dem er schon den ganzen Tag über strömte.

Ein einziges Leben

Manchmal heißt es, wir Frauen ab Sechzig hätten nun unser »zweites Leben« begonnen (vgl. Christiane Collange, 2006). Das ist ein Irrtum. Wir haben nur ein Leben, nur die einzige Chance – auch wenn wir im Vergleich zu unserer Großmuttergeneration ein höheres Lebensalter erreichen können und uns infolgedessen viele Jahre nach unserer Erwerbstätigkeit beschert sind. Mehrere Leben haben wir deshalb nicht. Das Leben fängt niemals von vorne an (es sei denn, und dann auch nur in gewisser Hinsicht, wenn wir die grausame Erfahrung eines Gedächtnisverlustes oder den Verlust unserer motorischen Fähigkeiten erleben müssen), sondern baut sich auf. Nicht alle Fähigkeiten werden dies in gleichem Maße tun, und auch nicht zur gleichen Zeit. Aber wir gehen uns normalerweise niemals verloren. Glücklicherweise bleiben wir die, die wir sind, mit der Möglichkeit einer kontinuierlichen Formung.

Selbst ein radikaler Bruch mit der Lebensweise unserer Vergangenheit wird uns keine Jugend mehr anbieten. Und sehr selten einen Neustart als erfolgversprechende Newcomerin. Das liegt zum einen in unserer sichtbaren Lebensbegrenzung. Zum anderen in uns selbst, die wir mit der schnelllebigen Zeit nicht mehr einverstanden sind.

Neu sind lediglich die Umstände, die nun unser Leben umgeben. Wir haben die Chance, die neuen Umstände aufs Beste für uns zu nützen. Die gewonnene Zeit genießen, etwas wagen, wozu uns bisher der Mut (und die Zeit) gefehlt hat, eine ungeplante Reise antreten (und sich überraschen lassen, mit freier Rückkehr, es drängen ja keine Termine), die ganze Nacht durch lesen, Freunde einladen, ein Sommerfest veranstalten, die Nachbarn besuchen, eine bisher vernachlässigte Begabung aktivieren.

Es ist gut, sich manchmal daran zu erinnern, dass uns die Zeit alles wieder nimmt, was sie uns gegeben hat. Jede Sekunde rechnet sie mit uns ab. Ich freue mich am Abend, dass der Tag gut zu Ende gegangen ist, und frage mich, was wohl der nächste Tag bringen wird und der übernächste und meine ganze ungewisse Zukunft. Doch auch wenn das tatsächlich Erfahrene, das gegenwärtig Erlebte, nur für die Zeit, den Augenblick des Erlebens, existiert, sammeln sich die Erinnerungen. Sie können sich frei bewegen, brauchen sich nicht an die Ordnung der Zeit halten, können die Grenze zwischen Vergangenheit und Zukunft überschreiten. Die Erfahrung ist die Lehrmeisterin der Zukunft. Deshalb kann die Zeit uns eines nicht stehlen: die Erinnerung. Sich erinnern zu können bedeutet sich nicht aufzugeben und kann somit auch eine Entgegnung auf das Alter sein.

Die Angst vor dem ungewissen Altern

Es war nur ein zufälliges Zusammentreffen von ein paar Ungeschicklichkeiten. Cornelia, geschwächt von einer starken Erkältung, musste Einkäufe erledigen. Sie brauchte vor allem Lebensmittel und Getränke, um die bevorstehenden Weihnachtsfesttage überstehen zu können. Der Einkaufswagen im Supermarkt füllte sich, an der Kasse stopfte sie alles in die mitgebrachten Leinenbeutel. Die hinter ihr anstehenden Kunden drängten. Sie wühlte in ihrer Umhängetasche und fand ihr Portemonnaie nicht sofort, dann fiel ihre EC-Karte zu Boden, sie bückte sich, um sie aufzuheben und hatte Mühe, wieder aufzustehen, nur langsam und mit Schmerzen im Rücken gelang es ihr. Die junge Kassiererin blickte sie mitleidig an. Cornelia meinte zu sehen, dass sie die Augen verdrehte in Ungeduld. Mit Sicherheit denkt die Kassiererin jetzt, vermutete Cornelia, es sei eine Plage mit dieser alten Frau, sie hält ja alle auf. (Und Cornelia dachte daran, wie entspannend das Einkaufen in New York im letzten Jahr gewesen war, wo die Kassiererin selbst bei der tollpatschigsten hundertjährigen Kundin noch unerschütterlich liebenswürdig geblieben war und am Ende des Warenförderbands ein ebenfalls liebenswürdiger junger

127

Mann die eingekauften Produkte gekonnt in Tüten verstaute.)
Nun schleppte sie sich mit den schweren Taschen ab, es kam niemand, um ihr zu helfen. Im Kaufhaus vermied sie Treppen, ließ sich lieber mit der Rolltreppe befördern. In der U-Bahn suchte sie einen Sitzplatz, obwohl sie nur zwei Stationen zu fahren brauchte. Als sie aus dem U-Bahn-Bereich auf die Straße kam, regnete es. Auch das noch, sie holte den kleinen Taschenschirm aus ihrer Tasche. Aber wie sollte sie ihn öffnen, mit welcher Hand halten, wohin dann mit den schweren Beuteln? Sie versuchte, eine Hand frei zu bekommen, indem sie den einen Beutel über ihre Schulter hängte, zur Umhängetasche dazu. Das bewirkte, dass sie mit leichter Schlagseite vorwärtskam, und es gelang ihr nicht, schnell genug zwei ihr entgegenkommenden Fußgängern auszuweichen, sie entschuldigte sich, weil sie sich für ihre Unbeholfenheit schämte, auch wenn sie im Nachhinein über diese Entschuldigung erzürnt war, denn hätten nicht diese beiden Männer ihr ausweichen sollen? Das hätten sie vielleicht bei einem jungen Mädchen getan, mutmaßte Cornelia, aber doch nicht bei mir!

An jenem Wintertag saß sie später unbeweglich auf ihrem Sofa, sie fühlte sich fiebrig, ratlos, schwach, und ihre Augen füllten sich mit Tränen. Sie hatte Angst. Zum ersten Mal wurde ihr bewusst, wie ihre Zukunft als alte Frau sich anfühlen wird. Dieser – eigentlich harmlose – Einkaufstrip war eine grauenvolle Erfahrung, sagt sie.

Die Angst vor dem Altern ist die Angst vor dem Tod

Auch wenn ein Mensch immer gesund lebt und sich körperlich fit hält, seinem jeweiligen Lebensalter angepasst, wird er eines Tages sterben. Doch selbst wenn er in einem sehr hohen Alter stirbt, dann haben nicht alle Organe gleichzeitig versagt. Wenn das Herz erschöpft war und seinen Dienst eingestellt hat, dann hätte die Lunge vielleicht noch nicht das Ende ihrer Leistungsfähigkeit erreicht, und eine Lungenembolie sagt nichts über die Fitness von Galle und Leber aus. Sicher ist, dass kein Arzt der Welt, so fortgeschritten die Medizin sich auch entwickelt hat, das ewige Leben erhalten kann.

Je älter wir werden, desto schneller gibt unser Körper auf, wenn ein Organ zu streiken beginnt. Die Kunst der Ärzte trifft dann auf ihre Grenzen. Und auch unsere magischen Kräfte reichen nicht aus. Alle Beschwörungen, alle Tricks haben irgendwann ein Ende. Darauf können wir uns verlassen. Nur auf die Frage »Wann?« gibt es keine verbindliche Antwort. Und auch nicht auf die Frage »Wie?« Friedlich einzuschlafen ist nur wenigen beschieden.

Es sind die fehlenden Antworten auf diese beiden Fragen, die uns mit zunehmendem Alter nicht nur zunehmend beschäftigen, sondern auch, weil sie ungewiss sind, zunehmend ängstigen. Eine beruhigende Wirkung hat zunächst die Feststellung, dass wir heute Sechzigjährigen und unsere nachfolgenden Generationen durchschnittlich ein sehr hohes Alter erreichen werden. Es heißt, wir können nicht nur länger am Leben, sondern auch länger gesund bleiben.

Es heißt aber auch, dass wir als Folge dieser hohen Lebenserwartung auf eine alternde Gesellschaft zutreiben. Es wird in Zukunft immer mehr alte Menschen geben. Nach Erhebungen des Statistischen Bundesamtes macht heute der Anteil der ab 65-Jährigen in Deutschland 17 Prozent aus, im Jahr 2020 wird schon mehr als ein Viertel der Menschen in unserem Land über 65 Jahre alt sein. Und die Prognose lautet, dass bis zum Jahr 2050 jeder zehnte Bundesbürger achtzig Jahre und älter sein wird.

Die Diskussionen über den demografischen Wandel haben sich in der Öffentlichkeit zumeist darin erschöpft, die Fakten zu beklagen (zum Beispiel: »Der Altersberg droht«, oder »Kommt es zum Generationenkonflikt?«). Über die Gestaltung der Zukunft wurde bisher wenig nachgedacht. Was als gesellschaftliche Diagnose erscheint, schürt Angst. Aber Angst macht verzagt. Dabei hat die alternde Gesellschaft auch interessante Folgen, denn der demografische Wandel ist keine Einbahnstraße. Die Verlängerung der Lebenserwartung und der damit einhergehende wachsende Anteil älterer Menschen sollte nicht einseitig als »gesellschaftliche Last« interpretiert werden. Die Entwicklung geht auf eine stabile Vier-Generationen-Gesellschaft zu. Das heißt, es steigt ja nicht nur die Anzahl der älter als Achtzigjährigen, sondern ebenfalls die Anzahl derjenigen Menschen, die den Übergang zum Ruhestand bereits vollzogen haben und hinsichtlich der Betreuung der eigenen Kinder inzwischen entpflichtet sind, und im Bedarfsfall die ältere Generation bei der Alltagsbewältigung entlasten kann. Dass dies keine Utopie ist oder nur als Verordnung funktionieren kann, das zu glauben ermutigen die Ergebnisse verschiedener Studien zur Situation alter Menschen, die hilfe- und pflegebedürftig sind. So heißt es etwa in einem Forschungsprojekt zur Alterssicherung in Deutschland (»Alterssicherung in Deutschland 2003«, Forschungsprojekt im Auftrag des Bundesministeriums für Gesundheit und soziale Sicherung, durchgeführt von TNS Infratest Sozialforschung, München, 2005), dass in Deutschland eine hohe Bereitschaft der Menschen vorhanden ist, im Bedarfsfall persönliche Verantwortung für die Sicherung der Lebensqualität der eigenen Angehörigen zu übernehmen. Repräsentativerhebungen von 1991 und 2002 zeigen zwar, dass es in Deutschland von 1991 bis 2002 zu einer bedeutsamen absoluten Zunahme der Zahl der hilfe- und pflegebedürftigen Menschen, die in Privathaushalten leben, gekommen ist: Zu Beginn der 1990er-Jahre waren es 1,12 Millionen, im Jahr 2002 1,4 Millionen. Es ließ sich aber auch feststellen, dass selbst bei den über 85-Jährigen, die in Privathaushalten leben, etwa 70 Prozent nicht pflegebedürftig sind. Rund 34 Prozent der über 85-Jährigen weisen auch keinen sonstigen Hilfebedarf auf, sind also in ihrer Alltagsbewältigung weitgehend selbstständig. Substantielle Hinweise auf Verbesserungen in einzelnen Alltagsfähigkeiten finden sich vor allem bei der Gruppe der hochaltrigen Frauen. Sie weisen im Vergleich zu früher (1991) inzwischen deutlich bessere Alltagskompetenzen auf. Vieles spricht dafür, dass unterschiedliche Faktoren (zum Beispiel höhere Bildung der später geborenen Frauen, Veränderungen des Lebensstils, neue Ansprüche an eigene Autonomie, bessere Wohn- und Infrastruktur) dazu geführt haben, dass sich die Fähigkeit zur Selbstständigkeit der heute alten Frauen deutlich verbessert hat.

Tatsächlich leben viele Menschen in Deutschland, vor allem Frauen, bis ins hohe Alter hinein in ihrer eigenen Wohnung und können sich selbst versorgen. Ein eigenes Zuhause aufrechtzuerhalten, wird auch von uns heute Sechzigjährigen als entscheidende Rahmenbedingung dafür betrachtet, das eigene Leben individuell und selbstbestimmt führen und gestalten zu können. Der von vielen Frauen meiner Generation gehegte Wunsch, im Pflegefall zu Hause versorgt zu werden, deckt sich in Deutschland mit der empirischen Wirklichkeit. Die Mehrheit der Hilfe- und Pflegebedürftigen wird in Privathaushalten betreut. Die häusliche Pflege wird dabei nicht nur als vorübergehende Episode betrachtet, die nur bis zu einem bestimmten Grad von Pflegebedürftigkeit aufrechterhalten werden kann. Es spricht einiges dafür, Hilfe- und Pflegebedürftigkeit und eine damit einhergehende häusliche Betreuung für einen bestimmten Teil der Menschen, die das hohe Lebensalter erreichen, als Lebensform zu betrachten, die zahlenmäßig vor dem Hintergrund der Auswirkungen des demografischen Wandels in den nächsten Jahrzehnten noch weiter zunehmen wird.

Eine selbstbestimmte Entscheidung für eine häusliche Pflege setzt allerdings voraus, dass im Bedarfsfall auch Alternativen verfügbar sein müssen, sei es in Form von Kurzzeitangeboten, als betreute Wohnformen oder aber als stationäre Wohn- und Pflegeangebote.

In Deutschland erweist sich demnach die Familie als tragende Säule der häuslich-ambulanten Pflege. 92 Prozent der Pflegebedürftigen erhalten Hilfen aus der Familie oder Bekannschaft, deren Engagement im Allgemeinen die Basis dafür darstellt, dass eine Pflege zu Hause überhaupt erst möglich wird. Als beachtenswert empfinde ich ein besonders auffälliges Ergebnis der genannten Studie: Der Anteil der männlichen pflegenden Angehörigen ist von 17 Prozent (Beginn der 1990er-Jahre) auf inzwischen 27 Prozent angestiegen. Es sind vor allem die Söhne, die inzwischen im Rahmen der Pflege auch unmittelbar als Hauptpflegepersonen Verantwortung übernehmen. Ich könnte mir vorstellen, dass eines Tages auch meine Söhne »im Bedarfsfall« meine Pflege übernehmen.

Interessant ist aber auch der Hinweis, dass inzwischen in immerhin 8 Prozent der Fälle im Vergleich zu 4 Prozent zu Beginn der 1990er-Jahre die Rolle der Hauptpflegepersonen von Nachbarn oder sonstigen Bekannten, die nicht im engeren Sinn zur Familie gehören, übernommen wird. Dort, wo keine traditionellen Familienkonstellationen vorhanden sind, können demnach trotzdem private Arrangements aufgebaut werden, die eine Fortsetzung der Lebensführung im eigenen Haushalt ermöglichen. Nach dem Motto: Wer sich kennt, der hilft sich.

Auch wenn wir, die heutige Generation ab Sechzig, nur gelegentlich befürchten, jünger zu sterben, als es uns der statistische Durchschnitt verspricht, und deshalb die akute Angst vor dem Tod vernachlässigen (können), fürchten wir uns vor der Gebrechlichkeit und vor der Abhängigkeit, die diese nach sich zieht. Viele von uns treffen zwar noch keine Entscheidungen hinsichtlich der Wohnform im Alter, treffen aber zum Beispiel Vorsorge im Hinblick auf pflegegerechtere Ausstattung der Wohnungen (barrierefrei, entsprechend ausgebautes Bad, usw.), sichten alternative Angebote (zum Beispiel Wohnprojekte, die das Leben in einer selbst gewählten Gemeinschaft im Alter in den Mittelpunkt stellen) oder treffen finanzielle Vorsorge, soweit möglich. Diese verschiedenen Vorsorge-Aktionen, zusammen mit der Tatsache, dass wir ein hohes Alter erreichen können und dass wir lange fit und selbstständig bleiben können, sollte uns zuversichtlich weiterlaufen lassen, entlang am Ufer der Zeit.

Bis zu dem Tag, an dem wir die niemals stillstehende Zeit eben ohne unsere Begleitung weiterfließen lassen (müssen).

VII.

Als die Fürstin Metternich gefragt wurde, in welchem Alter die Frau aufhöre, von Fleischeslust geplagt zu sein, sagte sie: »Ich weiß es nicht, ich bin erst 65.«

Simone de Beauvoir

Abkühlung

Ich wache auf. Mit angezogenen Knien. In Seitenlage. Blicke auf die aufgetürmten Bettdecken, vier Schichten, auf das Futon neben mir. Nur Lorenz' Lockenkopf schaut aus dem Mumienbündel heraus. Es ist Winter in Japans Süden. Nachttemperaturen zwischen einem und fünf Grad Celsius. Gerade genug, um den Gefrierpunkt zu vermeiden. Es gibt keine Heizungen in den Häusern. Ich friere, als ich versuche, meine Beine auszustrecken. Wenn mein Körper nicht unmittelbar die 37 Grad Normaltemperatur aufrechterhalten kann, wird es ungemütlich kühl. Ich ziehe meine Knie wieder an. Mein Blick fällt auf den schmalen, weiß leuchtenden Streifen an Lorenz' Nackenansatz. Das, was zwischen dem mintgrünen Schlafanzugkragen und den braunen Locken frei liegt. Dieses Stückchen Nacken finden japanische Männer bei den Frauen besonders erotisch. Ob eine Japanerin den Nacken ihres Mannes ebenso als erotischen Blickfang empfindet, habe ich meine japanischen Freundinnen gefragt. Als Antwort kicherten sie nur hinter vorgehaltener Hand.

Wie spät mochte es sein? Je länger man im Bett bleibt, desto mehr Kühle dringt durch die Bettenschicht. Es wäre besser, aufzustehen. Sich den dicken, flauschigen Hauskimono überzuziehen und im Erdgeschoss die Klimaanlage einzuschalten, die im Winter warme Luft herausbläst. Sich dann schlotternd im eiskalten Badezimmer unter die heiße Dusche stellen. Erst dann wird der Morgen erträglich. Auch mit dem Wissen, dass bis zum Mittag die Sonne das Haus so weit erwärmt haben wird, dass ich die Schiebefenster zum Garten hin weit öffnen und draußen auf dem Gras barfuß laufen kann.

Ich überlege einen Moment, zu Lorenz hinüberzukriechen. Schon öfter habe ich in den letzten beiden Wintern festgestellt, dass es in seinem Bett viel wärmer war als in meinem. Das hat mich irritiert. Früher hat Lorenz oft zu mir gesagt, mein Körper sei wie ein Heizofen, wenn er spät nachts ins Bett kam und ich aufgewacht bin. Man müsse von mir abrücken, um sich nicht zu verbrennen, hatte er gescherzt, und sich ganz eng an mich geschmiegt.

Ich habe Lorenz noch nicht gefragt, ob er das Abkühlen meines Körpers bemerkt hat. Möglich, dass es gar nicht wirklich ist. Nur meiner neuerdings erklärten Neugier entstammt, Anzeichen eines Alterungsprozesses wahrzunehmen, nicht zu übersehen. Gleichzeitig weiß ich, dass ich die Zustimmung von Lorenz nicht brauchen werde. Ich fühle deutlich genug, dass ich mich viel langsamer erwärmen kann als früher.

Lorenz scheint noch zu schlafen. Ich würde gerne über den Streifen Nackenhaut streichen, aber dazu müsste ich meine Hand aus den Deckenschichten herausschälen. Es ist zu kalt. Ich beschließe den radikaleren Schritt: in die Küche hinunterzugehen, um das Frühstück herzurichten.

Es ist Sonntag. Auch in Japan ein freier Tag und ich brauche nicht aus dem Haus.

Eine Freifrau

Plötzlich war ich in dem großen, schönen Haus allein. Konnte mich an jedem einzelnen Raum erfreuen, mir am Abend überlegen, in welchem Zimmer ich heute gern übernachten möchte, zu jeder Tages- oder Nachtzeit meine Lieblingsmusik so laut hören, wie es meine Stimmung verlangte und es die Ohren mitmachten. Ich war umgeben von einem Garten, der von jedem Blickwinkel aus eine Augenweide war, Freude, innere Ruhe vermittelte, abgeschirmt durch übermannshohe dichte Hecken.

Meine Nachbarn waren mir alle wohlgesinnt. Sie fühlten mit mir, versuchten mich zu trösten, indem sie immer wieder die gute Entwicklung in Aussicht stellten: Du wirst sehen, er kommt wieder. Lass ihn nur jetzt mal laufen. Jemand, der sich so liebevoll um Haus und Garten gekümmert hat, ist im Großstadt-gedränge verloren. Er kommt wieder. Es ist die Midlife-Crisis der Männer.

Sie hatten alles getan, um meinen Status als »vorübergehend Verlassene« erträglich zu machen, rührend in ihren Bemühungen, meine Einsamkeit auszugleichen, sie als unsichtbar, unwirklich, gar nicht existierend zu betrachten, indem sie mir bei allen Arbeiten, die »einer Frau allein« (und Mitte Sechzig) nicht so leicht von der Hand gehen in Haus und Garten, reihum oder vereint halfen: Schnee schaufeln, Rasen mähen, Hecken schneiden, Herbstblätter vom Bürgersteig kehren, Dachrinnen ausbessern, Fenster streichen, Autoreifen wechseln. Ich sollte nicht fühlen, dass ich allein bin. Wenn es um alltägliche Arbeiten ging, fehlte mir daher niemand.

Und als allmählich klar wurde, dass Lorenz nicht mehr wiederkommen wird, weil ich das inzwischen gar nicht mehr wollte, erklärten mich meine Nachbarn zur Freifrau. Sie beteuerten immer wieder, dass eine unabhängige, tatkräftige, doch recht ansehnliche Frau mit Haus und Garten und vielen Freunden aus aller Welt, die oft im Haus einkehren und es lebendig erhalten würden, eine außerordentliche Chance hat, das Leben nach ihrem eigenen Rhythmus und Geschmack zu gestalten, Angebote annehmen, ablehnen kann, keine sichtbaren Einschränkungen zu erdulden braucht: die Freiheit genießen kann, eine Freifrau zu sein. Mit ferner großer Familie, zahlreichen Freunden, die noch weiter entfernt wohnten, und der nahen, mir wohlgesonnenen Nachbarschaft. Trotzdem allein. Denn mein Leben ab Sechzig hatte ich mir anders vorgestellt.

Wir hatten Pläne, Lorenz und ich. Als ich meine abhängige Berufstätigkeit an den Nagel hängte, sollte für uns beide ein neues Leben beginnen. Nach vielen Jahren, die wir im Ausland verbracht hatten, wollten wir in der Heimat sesshaft werden. Während all der vergangenen Jahre hatte überwiegend ich die als traditionell betrachtete Rolle des Haushaltsvorstands inne, wie diese Funktion bis vor nicht allzu langer Zeit noch statistisch definiert wurde, und den Mann meinte, den Versorger, der Schutz und Sicherheit versprach. Diese zeitfremde Rollenteilung hatten wir ja längst hinter uns. Jeder sollte seine Chance bekommen, und für ihn war sie jetzt da. Ich hegte keine Zweifel. Ich schöpfte keinen Verdacht.

Das Band, das mich mit ihm verband, habe ich für unzerstörbar gehalten. Man glaubt gern, dass sich im Laufe eines Lebens die Bande vertiefen. Zweifellos werden die Bande vertieft, aber nicht die Kenntnis des anderen. Und so kam es, dass ich die Erfahrung machen musste, dass der andere Facetten hatte, die ich nicht hinter dem funkelnden Schliff erkennen wollte, und somit konnten auch die Bande, die als beständig galten, nicht halten. Ich wusste immer, dass es keine Sicherheit geben kann. Das ist die Theorie, in der Praxis muss sie nicht gelten, weil man an die Unvergänglichkeit der Liebe glaubt.

Du siehst besser aus als letztes Jahr, sagte er. Wir hatten uns in einem Restaurant verabredet. Es war ein sonniger Herbsttag, wir setzten uns an einen der Tische, die noch dank der milden Temperaturen im Freien gedeckt waren. Lorenz wirkte zerstreut und müde. Blickte gelegentlich der netten Bedienung nach. Das Gespräch führte nicht über Belangloses hinaus. Er schaute mich zwischendurch genauer an, prüfend, wenn er glaubte, ich sehe es nicht. Am Ende brachte er mich zum Bahnhof.

Ich habe einen Fensterplatz. Schaue nach draußen. Die Sonne ist jetzt ein rotglühender Ball über Pfaffenhofen. Es sieht so aus, als ob sie noch ein Stück mit dem Zug mitlaufen würde, sich noch einmal majestätisch zwischen den Hügeln erhebend, Strahlkraft verlierend, an Röte zunehmend. Langsamer werdend, während der Zug an Geschwindigkeit gewinnt, versinkt sie wie jeden Tag.

Gesellschaftstanz der 60-Jährigen

Die Luft lebt. Es kreuzen sich heimliche Begierden, in der Fantasie vollzogene Fehltritte, Sehnsüchte, Botschaften, die vernetzt sind, unausgesprochen, doch nicht weniger wirklich. Ich weiß, was er denkt, doch er trägt einen Ehering. Im beiläufig rechten Moment ist er an meiner Seite, entführt mich, hält mich fest, ein Kuss am Ende, das nie einen Anfang hatte. Ich weiß, was er denkt, doch auch er trägt einen Ehering. Berührt meine Hand, meinen Arm, legt seine Hand schwer auf meine Schulter, sein Körper ist mir nahe genug, um an Erinnerungen anzuknüpfen, die nie zu Ende gelebt worden sind.

Wir tanzen im Saal und jeder hat die falsche Person im Arm.

Sex oder kein Sex: unsere Wahl

Schon bevor er das Podium betrat, war ich ihm vorgestellt worden. Ich ahnte, dass er mich später suchen würde, denn obwohl ich nicht in den vorderen Reihen des Saales saß, blickte er mich dennoch an, wann immer er in seinem Vortrag kurz innehielt. Meistens nickte ich leicht, denn ich hörte ihm gern zu, nicht nur wegen seiner angenehmen Stimme, sondern wegen seines Humors, der bei aller wissenschaftlichen Sachlichkeit nicht zu überhören war.

Bis lange nach Mitternacht saßen wir zusammen, und als die Diskussion mit der Gruppe ermüdete, verabredeten wir uns für den nächsten Tag zum Abendessen. Ich schaute ein paar Mal öfter als sonst in den Spiegel, bevor ich, sorgfältig geschminkt und in einem Kleid, von dem ich wusste, dass es mir schmeichelt, was mein Wohlbefinden stärkte, das Haus verließ. Er war der perfekte Gentleman, und bescheiden, obwohl er ein ungeheures Wissen besaß auf seinem beruflichen Gebiet, wir tauschten theo-

141

retische Erkenntnisse aus, und zunehmend interessierte, ganz private Blicke. Seine Einladung, uns bald wiederzusehen, überraschte mich nicht. Ein (flüchtiger) Kuss vor der Haustüre auch nicht. Mir gefiel seine Art, mich zu umwerben, und, ja, ich fühlte dieses aufregende Kribbeln, das mich auf das, was sich entwickeln würde, neugierig machte.

Wochenlang sahen wir uns nicht, führten jedoch lange Telefongespräche. Dann trafen wir uns gelegentlich während seiner Mittagspausen, Spaziergänge, Kinobesuche, und immer wieder Gespräche. Ohne Zweifel, es gab eine Chance zu echter Nähe. Einmal hatte er Theaterkarten und holte mich pünktlich ab. Beim Drink in einer Bar danach kamen wir uns ziemlich nah. Anschließend stellte sich die klassische Frage: Gehen wir zu dir oder zu mir? Zu mir war mir lieber, obwohl ich »zu dir« auch nicht abgeneigt war – ich mag Neues und neugierig bin ich auch – aber ich entschied mich für meine vertraute Umgebung. Was sich als richtig erwiesen hat, auch wenn das Ergebnis humorlos war: Als ich ihm sagte, dass die Kinder auf den Fotos auf meinem Schreibtisch meine Enkel sind, verlosch sein werbendes Interesse. Er setzte sich nicht mehr ganz nahe zu mir, behielt seine Hand auf seinem Knie, schaute mir nicht mehr verliebt in die Augen. Hättest du mir doch nie gesagt, dass du Oma bist, war seine Erklärung. Wir hatten bisher nie Näheres über unsere familiäre Situation gesprochen. Ich mochte ihn, ohne mir Gedanken über seine Familie zu machen, ich wusste nur, dass er so alt war wie ich, und zurzeit nicht verheiratet. Das wusste er auch von mir. Doch er musste wissen, dass ich eine Lebensgeschichte habe.

Wir sind Freunde geblieben. Wieso sollte ich trauern und klagen, dass ich nicht mehr das bin, was ich einmal war: keine Oma? Ein Mann, der bei dem Gedanken, mit einer alternden Frau zusammen zu sein, in Panik gerät, ist im Allgemeinen besorgt über die Anzeichen seines eigenen fortschreitenden Alters.

142

Ich beobachte immer wieder, dass er sich schwertut mit Frauen, die im »Oma«-Alter sind. Die dahinterliegende Einstellung ist nicht zu übersehen: Eine Großmutter und Sexualität widersprechen sich. Dieser Widerspruch besteht für den Mann, der Großvater wird, nicht. Wenn ein Mann Opa wird, erwartet weder seine soziale Umwelt noch er selbst (am allerwenigsten), dass er sich aus dem Kreis der Begehrenden und Begehrten zurückzieht. Für den Mann ist Großvaterwerden kein Symbol für das Ende seiner Produktivität, während Großmuttersein für eine Frau als Symbol von Unfruchtbarkeit, und somit als Symbol für den Verlust von sexueller Attraktivität gewertet wird. Unabhängig von ihrem tatsächlichen Alter wird die Oma zum Mitglied einer abgelegten Frauengeneration. Aber Frauen leben auch nach dem Ende ihrer Fortpflanzungsfähigkeit weiter.

Wenn ich wieder einmal auf dem Titelblatt einer Frauenzeitschrift lese oder in einer Fernsehdiskussion höre, dass Sex im Alter gesund sei, jung hält, und schön macht, dann finde ich nur eines daran gut: dass in der öffentlichen Diskussion die ältere Frau vom Mythos des sexlosen Wesens allmählich befreit wird.

Dem Mann wurde bisher stets sexueller Appetit und entsprechende Betätigung auch im Alter unhinterfragt zugestanden. Frauen, so wurde verallgemeinert, haben nach den Wechseljahren sowieso die Lust am Sex verloren, und ein alternder Frauenkörper regt auch nicht mehr zu Leidenschaft an und weckt keine Begierde. Diese Ansichten gehören noch immer zu den gängigen Vorurteilen. Jede ältere Frau macht die Erfahrung, von ihrem (männlichen) Umfeld als weibliches Wesen ignoriert zu werden, als sei sie über das Alter sexueller Begutachtung hinaus. Veronika hat zum Beispiel die (anonyme) Probe aufs Exempel gemacht. Sie hat an einer Partneraktion einer Frauenzeitschrift und eines Lifestyle-Herrenmagazins teilgenommen. Sie füllte zwei Formulare aus. Einmal gab sie ihr tatsächliches Alter an, 63 Jahre, und auf dem anderen Formular hat sie sich um zehn Jahre jünger gemacht. Jeweils drei »Traummänner«, so hieß es, werde der Computer für sie auswählen. Das Ergebnis war Folgendes: Für ihr wirkliches Alter hatte der Computer offenbar keinen einzigen Kandidaten gefunden. Ihre zehn Jahre jüngere Identität hat immerhin noch Männer zwischen 48 und 59 Jahre interessiert: einen »Gentleman«, einen »Kulturfan« und einen »Hobbykoch«, laut Selbstbeschreibung. Auch das Herrenmagazin hatte für seine Interessenten »Traumfrauen« aus dem Fundus der Frauenzeitschrift zugeordnet. Doch weder bei der 63-jährigen, noch bei der 53-jährigen Veronika hat sich je ein Mann gemeldet.

So fragmenthaft und unsystematisch diese Aktion auch sein mag, sie ist ein Indiz für die Wirklichkeit, wie sie für die Mehrheit der Frauen ab Sechzig aussieht. Jede Partnervermittlungsagentur bestätigt, dass ältere Männer immer noch leichter vermittelbar sind als ältere Frauen. Und jede ältere Frau kennt den Mann, der ihr gegenüber Interesse signalisiert, solange er ihr Alter und ihre Lebensumstände (zum Beispiel: Oma) nicht kennt.

Warum das so ist, lässt sich aus der Geschichte der Frauen erkennen: Eine über Epochen hinweg praktizierte Abwertung der Frau löst sich nicht so einfach auf.

Auch nach dem revolutionären Umdenkensprozess, eingeleitet von der Generation, zu der wir Frauen, zwischen 1937 und 1947 geboren, gehören, wird immer noch daran festgehalten, nur die junge Frau begehrenswert zu finden. Wenn sie jung sein soll, um zu gefallen, was muss eine ältere Frau dann nicht alles versuchen?

Eine Antwort darauf hat die Wirtschaft geschaffen: Wenn Frauen nicht mehr jung sind, aber jung sein wollen, damit sie weiterhin begehrt werden (können), sind sie dankbare Konsumentinnen. Auch die soziale Kontrolle hält die ältere Frau in Schach: Wenn sie sich jugendlich verhalten, aber nicht mehr jung sind, bewegen sich ältere Frauen stets an der Grenze zur Lächerlichkeit. Sie stehen dicht am gesellschaftlichen Abgrund, es droht Ausgrenzung, Einsamkeit.

Und schließlich gilt für eine Frau als Maß für sinnliches Begehrtsein noch immer ihre Fruchtbarkeit (weil sie mit Jugend verknüpft ist). Nur die gebärfähige junge Frau gilt als begehrenswert (für einen Mann – damit er seinen Beitrag zum Fortbestand der Menschheit leisten kann). Die ältere Frau hat ihre natürliche Gebärfähigkeit verloren. Und das soll auch – nach vorherrschender Meinung – ersatzlos so bleiben, wie beispielsweise die (aktuelle) Diskussion um die Frau zeigt, die im Alter von 64 Jahren ein Kind geboren hat. Wenn ein Mann im gleichen Alter sich seinen Wunsch nach einem Kind erfüllen will, nimmt er sich üblicherweise eine junge Frau, und präsentiert sich als stolzer Vater. Die Frau, die sich ihrem natürlichen Lebenszyklus widersetzt, und, um ein heiß ersehntes Kind zu bekommen, die Errungenschaften der modernen Medizin zu Hilfe nimmt, wird als Skandal bezeichnet. Ungeachtet dessen, dass auf anderen Gebieten der medizinische Fortschritt als Segen gepriesen wird.

Typisch ist, und althergebracht, dass eine Frau von einem Mann gewählt wird. Ihre einzigartige Fähigkeit, Kinder gebären zu können, wurde ihr im historischen Rückblick gesehen zum Verhängnis: Sie geriet zunehmend in die Abhängigkeit, war auf einen Versorger für ihre Kinder und für sich selbst angewiesen. Erst der Kampf um die Rechte der Frau, ihre Gleichberechtigung auch auf dem Arbeitsmarkt, und die Entwicklung der Pille brachten die entscheidende Wende und eine neue Freiheit: Erstmals in der Geschichte erlebten Frauen, wie es sich anfühlt, sexuelle Lust zu leben, ohne gleichzeitig zu riskieren, durch eine Schwangerschaft in die Falle der Abhängigkeit zu geraten.

Die emanzipatorischen Möglichkeiten, die damit geschaffen worden sind, haben die Frauen meiner Generation nicht sofort erkannt. Der Beginn der sexuellen Revolution hat zunächst den Mann befreit. Männer haben die Befreiung der Frau von ungewollter Schwangerschaft ausgekostet. Die Einstellung, die durch den (Sponti-)Spruch »Wer zweimal mit derselben pennt, gehört schon zum Establishment« verdeutlicht wird, hat uns Frauen nicht befreit, sondern uns vielmehr zur größeren Verfügbarkeit gedrängt. Wer nicht mitmachte, wurde als verklemmt oder frustriert verhöhnt und ausgegrenzt. Welchen Wert wir selbst auch hatten, die Männer legten unsere Stellung weiterhin fest. Im ersten Taumel der sexuellen Befreiung ließen wir uns weiterhin wählen, bis wir die Folgen durchschauten. Wollten wir immer nur benutzt werden, weiterhin als Objekt männlicher Begierde dienen? Jetzt, da wir selbst die Freiheit hatten, uns der folgenlosen Lust hinzugeben? Wollten wir, dass die Pille, ein umstrittenes Hormonprodukt für uns Frauen, mehr für die Befreiung der Männer tun sollte als für uns? Was war das mit unserer neuen Freiheit?

Wir mussten begreifen, dass wir auch Nein sagen können. Nicht nur, weil wir ein Recht darauf hatten, sondern auch, weil wir wählerisch geworden waren. Das Nein-Sagen haben wir uns antrainiert. Frauen halfen Frauen. Der 1976 erschienene »Hite-Report« (der amerikanischen Soziologin Shere Hite) über das sexuelle Leben der Frau trug dazu bei, das Thema Sex zu enttabuisieren. Frauen haben sich zunehmend offen über die Männer in ihrem Leben ausgetauscht, über ihre Eigenschaften, Fähigkeiten und Leistungen, natürlich auch die im Bett. Und trafen – allmählich und immer selbstbewusster – ihre ganz persönliche Wahl.

Keinen Mann zu wählen, wurde ebenfalls immer weniger tabu, lesbische Frauen versteckten sich nicht (mehr), und sich selbst zu lieben wurde zum Programm. »Die Häutungen« (Verena Stefan, Frauenoffensive München, 1975) galt als unverzichtbare Lektüre, und Gustav Klimts Zeichnung »Masturbation« hing in Postkartenformat in so manchem Frauenzimmer. Frauen organisierten Selbstuntersuchungen zur Erkundung ihres Körpers, ergründeten die Mechanismen des weiblichen Orgasmus und haben herausgefunden, wie man ihn sowohl mit als auch ohne Partner erreichen kann. Dass Sex auch ohne Männer Spaß macht, entspannt und belebt, war schließlich kein Geheimnis mehr, auch wenn Onanie selten als die ideale sexuelle Befriedigung galt, weil sie die Sehnsucht nach der Einheit mit dem anderen nicht erfüllen kann.

Als wir jung waren, haben wir nichts über den alternden oder gar alten weiblichen Körper wissen wollen. In den Gruppen und Frauenzentren gab es keine alten Frauen. Wir jungen Frauen waren unter uns, und diskutierten unsere Probleme: Männer, Familie, Wohngemeinschaft, Beruf, Sexleben, Schmerzen, Unlust, Wünsche nach einer selbstbestimmten Sexualität, und was immer auch jede Einzelne unter »befreiter Sexualität« verstanden hat, wurde ernst genommen. Auch die trivialen, aber enorm beliebten Sexfilme wie etwa die Serien des Schulmädchen-Reports, die Helga Filme oder Oswalt Kolles Aufklärungsfilme erhitzten die Gemüter. Vom befreiten Verhältnis zum Sex, vom enttabuisierten Umgang mit dem Körper, waren lediglich die älteren Menschen, vor allem unsere Eltern, ausgeschlossen. Die Vorstellung, dass sie sich ganz ungezwungen nackt in ihrer Wohnung bewegen könnten, zum Beispiel, fanden wir peinlich. Ein alter Körper (den wir jedoch kaum gesehen hatten) konnte nicht mehr reizvoll sein, sondern abstoßend und unansehnlich, glaubten wir.

Jetzt sind wir für die Jüngeren die Alten. In den Augen meiner Kinder und Enkelkinder sehe ich keinen Abscheu, wenn sie mich nackt sehen. Wir haben nie ein Geheimnis um unsere Körper gemacht, und dass mein Körper sich verändert, war innerhalb meiner Familie zuerst bekannt.

Dass ich meine Sexualität ausleben kann, wie ich will: auch das quittiert niemand mit hochgezogenen Augenbrauen.

Es gibt Filme, die sich dem Thema »alte Liebe«, insbesondere der körperlichen Liebe älterer Frauen sympathisch nähern. Wie etwa der Hollywood-Film »Was das Herz begehrt« (mit Diane Keaton und Jack Nicholson) oder der französische Film »Alte Liebe« (mit Maaike Jansen und Andrzej Seweryn). Einmal ist es der ewige Junggeselle, der grundsätzlich nur mit Frauen unter

Dreißig ausgeht, und schließlich die Liebe zu einer Frau in seinem Alter entdeckt. Dann ist es ein nach 40-jähriger Ehe geschiedener Mann, der erneute Leidenschaft für seine frühere Ehefrau entdeckt, als diese einen neuen Partner gefunden hatte. In beiden Filmen wird deutlich, dass es das Klischee vom unattraktiven gealterten Frauenkörper noch gibt: Es fällt den Frauen schwer, die Grenze ihres Schamgefühls zu überschreiten. Aber sie tun es. Die Männer, gleichfalls im fortgeschrittenen Alter, begehren zunächst (ganz im Rahmen des Üblichen) eine jüngere Frau. Die bekommen sie auch und fühlen sich erwartungsgemäß in ihrer Vitalität bestätigt. Aber dann geschieht, was wir, die Zuschauerinnen, schon längst begriffen haben: Die Beziehung mit der jungen Frau verkompliziert sich aufgrund der unterschiedlichen Einstellungen zur Lebensgestaltung, der Sex wird ein Spiel, das den Mann anstrengt und schließlich inhaltsleer für ihn wird. Die Eroberung, oder das Wiedergewinnen, der älteren Frau, die Sex-Appeal besitzt und leidenschaftlich ist, wird plötzlich zum reiz- und sinnvollen Abenteuer. Dies wird auch in »Wir verstehen uns wunderbar« (mit Charlotte Rampling und Jean Rochefort) deutlich, in dem auch der Aspekt »Für immer verbunden« eine Rolle spielt, der Hinweis also, dass es nicht nur um Leidenschaft, sondern um Liebe geht, die romantische und die immerwährende. Um eine selbstbestimmte Definition von Liebe im Alter geht es in einem deutschen Fernsehfilm von 2005: »Mathilde liebt« (mit Christiane Hörbiger). Die gleichnamige Protagonistin, eine 65-jährige Witwe, geht schließlich keine Kompromisse ein bei der Wahl, für welchen der beiden Liebhaber sie sich entscheiden soll. Sie entschließt sich für ein ehrliches Gefühl, nicht für ein Leben in Sicherheit, auch wenn dies die Konsequenz hat, (wieder) allein zu sein. Sie bleibt lieber allein, als sich mit einer zweitbesten Lösung zu arrangieren.

Aber ein Film ist ein Film, mag er auch noch so sehr versuchen, die Wirklichkeit vorzuspiegeln (und zu beeinflussen). Die Schauspielerinnen, die die Rolle der älteren Frauen spielen, sind auch schon über Sechzig. Sie erscheinen jedoch überdurchschnittlich attraktiv für ihr Alter, auch in den Szenen, wo sie unbekleidet sind (nicht zuletzt dank der beteiligten Filmschaffenden von der Maskenbildnerin über den Lichttechniker bis zum Kameramann, die sie stets vorteilhaft ins Bild setzen).

Alltagsfrauen haben im Allgemeinen unvollkommenere Körper und nur geringe Möglichkeiten, diese ausschließlich vorteilhaft zur Geltung zu bringen. Sie kennen Ängste und Schamgefühl, wenn sie sich nackt zeigen sollen. Das kann so weit gehen, dass sie nicht nur den eigenen gealterten Körper ablehnen: Ältere Frauen finden manchmal Fotos von nackten alten Frauen höchst unästhetisch und den Gedanken widerlich, sich alte Frauen beim leidenschaftlichen Sex vorzustellen.

Wer jedoch behauptet, dass eine Frau mit fortschreitendem Alter zum neutralen Wesen wird, hat unrecht. Ich werde bis an mein Lebensende ein weibliches Wesen sein, auch wenn mein Körper schrumpft, tausend Falten aufweist und viele Fähigkeiten eingebüßt hat. Und selbstverständlich bin ich mit sechzig Jahren eine Frau. Auch wenn mich die ungeschriebenen Regeln in unserer Gesellschaft betreffen: dass ich nicht mehr begehren und kein Begehren mehr auslösen soll. Sex gilt schließlich als Ausweis jugendlicher Vitalität.

Heute wird älteren Menschen Sex als Gesundheitsrezept verkauft. Was zumindest öffentlich bestätigt, dass auch ein alter Mensch Sex haben kann. Wer jedoch wenig oder keine Lust mehr hat, sich sexuell zu betätigen, soll mittels des Appells, an seine Gesundheit zu denken, nicht nur als Käufer gewonnen werden für alle möglichen Stimulanzien, sondern wird auch (wieder einmal) unter Druck gesetzt. Gesundheitsvorsorge, Gesunderhaltung und Wellness sind zum lukrativen Geschäft geworden mit stets quasiwissenschaftlichen Begründungen. Und mit der Botschaft, es läge in unserer Hand für immer gesund zu bleiben, und wer krank wird, ist selber schuld. Wer gesteht, kein Interesse (mehr) an Sex zu haben, gilt nicht mehr »nur« als anormal in einer Gesellschaft, in der sich vieles um Lust dreht, sondern nun zusätzlich als unverantwortlich seiner Gesundheit gegenüber. Wie zynisch ist dieses Konzept zudem für diejenigen, die keinen Partner haben. Und wie bitter für ältere Frauen, die alleinstehend sind. Es gibt auch jüngere alleinstehende Frauen. Ihnen wird jedoch kraft ihrer Jugend das Alleinsein als selbstbestimmte Entscheidung zuerkannt. Die ältere Frau hingegen wird mit dem Etikett des unfreiwilligen Alleinseins belegt, dessen Ursache in ihrem Alter gesehen wird, das sie nicht mehr begehrenswert macht (machen soll). Und weil die Schuld an ihrem unabwendbaren Alter liegt, ist daran nichts zu ändern.

Es ist nicht einfach, ein sexuelles Bewusstsein aufzubauen, wenn man den sechzigsten Geburtstag hinter sich hat.

Und wir älteren Frauen dachten, wir seien über derartige Diskriminierungen erhaben! Wieso müssen wir uns verteidigen? Der Druck kommt einerseits von den Jüngeren, die vergessen (haben), dass sie es uns verdanken, freie Sexualität, und Sex nach ihrem Gutdünken, leben zu können. Andererseits sind wir selber auch nicht frei vom Bild der reizlosen, alternden Frau: es setzt sich aus Klischees zusammen. Die Abscheu regt sich, und macht uns gleichzeitig betroffen: Dem sechzigjährigen männlichen Körper schlägt diese Ablehnung kaum entgegen. Soll der Körper einer Frau abstoßender sein oder gar widerwärtiger?

Alles an uns ist älter geworden, hat sich entwickelt und verändert. Einstellungen, Kenntnisse haben sich unentwegt unseren Erfahrungen entsprechend gewandelt. Unsere Fähigkeiten, vielleicht auch Geschmacksrichtungen, Vorlieben, Ansprüche ändern sich.

Und sollte ausgerechnet die Sexualität eine Ausnahme sein? Sollte sie sich nicht mit mir gewandelt haben?

Die ersten sexuellen Erfahrungen als junge Frau waren unsicher, heimlich, neugierig, mehr die Lust des Liebhabers als die eigene registrierend. Purer Sex war weniger wichtig, weil es mehr um das Einfordern und Dokumentieren von Liebesbeweisen ging. Miteinander zu schlafen wurde in erster Linie als Zeichen von Liebe verstanden, nicht als Erfüllung einer Lust. Man musste ja auch mit den Konsequenzen rechnen, einer (ungewollten) Schwangerschaft, die dann im Allgemeinen zur Heirat zwang, weil ein uneheliches Kind und der Ruf »sitzen gelassen« worden zu sein für die Mutter als Schande galt.

Das hat sich im Zuge der sexuellen Befreiung ab den späten 1960er-Jahren auch gewandelt. Die eigene Sexualität, das Empfinden, Begehren, die Lust und Leidenschaft wurden für Frauen legitim. Die Entscheidung für ein Kind ihre eigene Verantwortung.

Sollen wir uns heute an dem messen, was einst wichtig war? Wenn Frauen in unserem Alter von multiplen Orgasmen sprechen und davon, dass ihr Liebesleben besser sei denn je, ist dann Skepsis angebracht?

Frauen meiner Generation müssen nicht davon überzeugt werden, dass Sexualität eine bedeutende Rolle spielt. Die Lust auf wechselnde Partner ist hingegen vorbei. Nicht zuletzt deshalb, weil wir Erfahrungen gesammelt haben. Zum Ausleben von Sexualität ist uns heute eine funktionierende Beziehung wichtig, ein Mann, der unseren Körper versteht, der zärtlich ist und eine Atmosphäre des Wohlwollens und der Geborgenheit mitgestalten kann. Der außergewöhnlich leidenschaftliche Sex – ja, er kommt vor. Aber im Allgemeinen ist er nur eine idealisierte Erinnerung an die Vergangenheit. Eines stimmt sicher: Frauen *können* Sex haben, in jedem Alter, auch ohne die Hilfe von Viagra. Im Gegensatz zum Mann, der von der Erektionsfähigkeit seines Penis abhängig ist, die mit zunehmendem Alter ganz natürlich abnimmt.

In dieser Tatsache liegt eine Quelle für den Neid des Mannes der Frau gegenüber verborgen:

Männer vertreten immer noch die Meinung, ältere Frauen (die doch unsichtbar sein und bleiben sollten) würden alle Schranken fallen lassen, exzentrische Neigungen und geradezu eine Sucht entwickeln, sich auszuleben, man nennt sie »altersgeil«. (Wie etwa in Martin Walsers Roman »Der Lebenslauf der

Liebe«, in dem eine Witwe die Lust nicht allein in der Selbstbefriedigung findet.) Ältere Männer fürchten »gierige« Frauen, weil sie unberechenbar sind.

Es gibt inzwischen immer mehr ältere Frauen, die die Tabus um ihre Sexualität brechen: Ansätze zu einer Enttabuisierung der älteren Frau, die sich zur eigenen Sexualität bekennt. Dann zeigt sich, dass Frauen auch in älteren Jahren begehrenswert sind, und Sex genießen können, weniger als Beweis für Vitalität, sondern als Beweis für Lebenslust. Vor einiger Zeit ging die Geschichte der Kalifornierin Jane Juska durch die Presse: Sie hatte in einer amerikanischen Literaturfachzeitschrift eine kurze Anzeige aufgegeben: »Bevor ich im nächsten März 67 werde, hätte ich gern viel Sex mit einem Mann, den ich mag.« Sie bekam unzählige Angebote, heißt es.

Jane hätte sich die Kontakte zu Männern auch über das Internet verschaffen können. Das funktioniert leichter und schneller, sagen diejenigen, die es ausprobiert haben.

Manche Frauen ab Sechzig schließen sich zu informellen Netzwerken zusammen, sie finden sich in Internetchatrooms und in Freundinnencliquen ein, in Yogakursen und Saunaabenden, beim morgendlichen Joggen oder im Sprachlabor am Abend. Sie besprechen alterstypische Probleme, geben Tipps und Erfahrungen weiter, und auch die Lust ab Sechzig ist ein Thema. Sexuell aktiv und attraktiv auch jenseits der Sechzig zu bleiben, wird somit immer weniger tabu. Die Überzeugungsarbeit allerdings liegt (wieder einmal) bei den Frauen. Das Alter ist nur dann ein unüberwindbares Kriterium, wenn wir allein den Männern die Wahl überlassen.

Ich suche die Liebe nicht

Wie immer, wenn ich allein unterwegs bin, kam auch an jenem Winterabend in einem gemütlichen Wirtshaus die Frage nach der

Liebe. Ich hatte nichts anderes vor, als mir ein wenig Abwechslung zu verschaffen. Es tat mir gut, am Tresen zu sitzen, eine Geräuschkulisse um mich zu haben aus Stimmen und Musik, die sich hin und her bewegte wie das Grollen der Sandkörner, wenn sie von den zurückweichenden Wellen mit ins Meer gesaugt werden. Ich hatte nichts dagegen, mich in ein Gespräch mit dem Mann einzulassen, der neben mir stand. Irgendwann findet man heraus, dass der andere unverheiratet, geschieden oder einfach nur ohne Partner ausgegangen ist. Man kommt vielleicht ins Flirten, doch über die Scherze und zweideutigen Versprechungen, die beim Flirten gemacht werden, kann man lachend hinweggehen, wenn sie keine Saite zum Erklingen bringen.

In meinem Alter allein auszugehen wird vor allem von Männern als Suche nach Abenteuern verstanden. Zwar nicht, wenn ich allein am Fluss entlang oder durch den Wald spaziere bei Sonnenschein. Dann sind mehrere Frauen allein unterwegs, viele haben einen Hund dabei. Ich bleibe unbehelligt, wenn ich im Restaurant zu Mittag esse, oder im Café bei einem Cappuccino die Zeitung lese. Es beginnt beim Abendessen in einem Speiselokal, und ist sehr wahrscheinlich in einer Kneipe des Abends (wenn es sich nicht gerade um die Kneipe von nebenan handelt, in der man mich kennt): Skeptischer, unverhohlen neugieriger noch als dies früher schon war, und vermutlich auch heute noch für jüngere Frauen zutrifft, die allein unterwegs sind, streifen mich Blicke. Für Frauen in meinem Alter haben die Männer neben der Neugier, weshalb ich allein in eine Kneipe gehe, bald auch Belehrungen parat: Wenn man so »nett« wie ich wäre, bräuchte man doch nicht allein zu sein. So ohne Liebe! Und ich bekomme Vorschläge, wohin ich mich begeben sollte, wo ich am ehesten einen »netten« Mann finden kann.

Die meisten dieser Anregungen sind keine Avancen, stellt sich heraus. Und ich bin, ja, doch, erleichtert darüber. Denn früher galten Annäherungsversuche zunächst der (jungen) Frau als Objekt der Begierde, dann erst – wenn überhaupt – der Person. Das war diskriminierend und lästig. Einsame Männer in Kneipen sind auch heute auf der Suche nach einer jungen Frau. Aber sie können sich mit dem Schicksal einer älteren Person, die allein ist, eher solidarisieren, eine Art Mitgefühl, ein Verstehen signalisieren. Und weil ich eine Frau bin, glauben sie, die Lösung für mein Alleinsein wäre ein Mann.

Aber wer sagt denn, dass ich einen »netten Mann« suche, oder ein Leben ohne Liebe friste?

Ich suche die Liebe nicht, entgegen der Ansicht, die verschiedene Medien in unserem Land neuerdings gern über die älteren (und alten) Menschen verbreiten: Senioren auf der Suche nach der späten Liebe, oder: Späte Liebe – Endlich der Richtige! Durch solche und ähnliche Aussagen sollen wir glauben, dass ältere Menschen noch (immer) auf der Suche nach Liebe wären.

Wie wäre mein bisheriges Leben verlaufen, wenn ich noch immer auf der dringenden Suche nach Liebe wäre? Wen sollte ich jetzt suchen? Jemand, der mir gleicht, oder jemand, der ganz anders ist als ich?

Dafür haben die Medien als Sprachrohr einer recht allgemeingültigen Meinung auch eine Antwort: Allgemeine Umfragen zur Partnerwahl bei älteren Menschen haben ergeben, dass es für Frauen ab Sechzig ein Partner für die Freizeit sein soll, für Männer eher ein gemeinsamer Haushalt, sie wünschen sich eine Frau im Haus.

Neu ist das nicht. Solche Umfrageergebnisse bestätigen lediglich das allzu Bekannte. Nun gibt es dazu jedoch stets folgende Informationen: In unserer Altersgruppe herrsche ein Frauenüberschuss, denn auf drei alleinstehende Frauen ab Sechzig komme ein Singlemann, so die Statistik. Zusätzlich sollen wir älteren Frauen bedenken, dass sich Männer auch im fortgeschrittenem Alter problemlos in den Jahrgängen der jüngeren Frauen umsehen können. So die Alltagserfahrung. Das hätte dann auch noch zur Folge, dass ich als ältere Frau mit einer jüngeren konkurrieren soll. Absurd. Und die Moral von der Geschichte: Ältere Frauen sollen »realistisch« bleiben, keine »überzogenen« Erwartungen an einen Partner haben, Kompromisse schließen, so die »Empfehlungen«.

Das klingt nicht gut. Es klingt nach Vorschriften, welche Ansprüche ich an einen Liebespartner stellen darf, oder vielmehr *noch* stellen darf, weil ich ja schon alt bin und froh sein muss, einen Mann abzukriegen, denn erstens gibt es nicht so viele in meinem Alter, und zweitens wollen die sowieso lieber eine Jüngere. Dass auch eine ältere Frau nichts gegen einen jüngeren Mann einzuwenden hat, im Falle der Liebe, wird seltener thematisiert. (Die Lösung der Schieflage in der Alterssymmetrie wird von den Bevölkerungs- und Sozialwissenschaft zunehmend darin gesehen, dass sich ältere Frauen ebenfalls nach einem jüngeren Mann umsehen. Vielfach wird übersehen, dass dies sowieso schon häufig der Fall ist, Verbindungen, wo die Frau älter ist als ihr Partner, sind schon lange keine Seltenheit mehr.)

Die Richtung geht nach rückwärts und erinnert mich an die Zeit, in der es bei der Liebe oft um andere Bedingungen ging, als um persönliche Eigenschaften, Neigungen, Charakter und dem Aussehen, das uns anspricht. Meiner Erfahrung nach muss mir ein Mann gefallen. Damit Liebesgefühle überhaupt entstehen. Sein Wesen, sein Aussehen, seine Interessen sind mir wichtiger als das Versprechen von Sicherheit oder auch sein Alter.

Soll ich nun einen Mann umgarnen, obwohl er meinen Ansprüchen nicht genügt? Mit dem Ziel, endlich die Liebe zu finden? Soll ich lieb und nett sein, wie beispielsweise José Ortega y Gasset in »Über die Liebe« (1941, deutsche Ausgabe 1979) vorschlägt, denn »die elementare Aufgabe des Weibes ist das Bezaubern«. Alles, was eine Frau ausmacht, meint er, »die übrigen Formen des Frauentums«, seien erst auf dieser Grundlage möglich. So verstanden, würde der Schlüssel zum Erfolg einer Frau, einen Mann zu bekommen, in »jener magischen Gabe der Bezauberung« liegen.

Mit der Bezauberung ist das so eine Sache. Meiner Erfahrung nach verliebe ich mich eher in einen Mann, der mich so mag, wie ich bin, ohne dass ich mich erst zu einem bezaubernden Wesen verwandeln muss – ich bin eine am Leben erprobte Frau, vollbepackt mit den Erfahrungen eines schon recht langen Lebens, reich an allen vorangegangenen Lebensaltern.

Und was passiert, wenn die Frau nicht bezaubern will? Dann, so heißt es bei Ortega y Gasset, »wählt der Mann sie nicht zur Gattin, zur Mutter von Töchtern, welche die Schwestern seiner Söhne sind«. Womit wir Frauen ab Sechzig nicht gemeint sein können. Zum Glück, denn aufgrund solcher Verlockungen verzichten wir gern auf die »magische Gabe der Bezauberung«. Seit wir gelernt haben, selbst zu wählen, haben wir auch für die (inzwischen längst abgeschlossene) Familienaufbauphase nur denjenigen Mann bezaubert, der unser Männerideal verkörpert hat und der auch uns, die ideale Frau für ihn, bezauberte. So verstehen wir auch heute die Liebe.

Ich bin für die Liebe, ganz bestimmt. Ich lasse sie zu. Ich lasse mich von ihr überraschen. Genauso wie in meinen früheren Lebensjahren. Und aufgrund meines Alters habe ich viele Erfahrungen mit der Liebe, habe viel Liebe erfahren und bin heute umgeben von Liebe.

Sie beschränkt sich jedoch nicht auf einen einzigen Partner – obwohl genau das meint, wer mir einen »netten« Mann im Alter wünscht, und wer in den Medien von der Liebessuche der Senioren spricht. Ich habe das Glück, eine große Familie und viele sehr nahe Freunde zu haben. Auch das ist »richtige« Liebe. Und was ist mit den Lieben, den Männern, meines vergangenen Lebens? Selbst wenn man Liebe (wie Niklas Luhmann zum Beispiel) als etwas Begrenztes betrachtet, als ein höchst anfälliges System des Verstehens, das irgendwann an seine Grenzen gerät, sich erschöpft, bedeutet der Verlust des Partners nicht zwingend, dass mit ihm auch die Liebe verschwunden ist.

Doch was ist die Liebe denn genau? Man kann diese Frage

nie »richtig« und schon gar nicht allgemeingültig, oder für einen anderen Menschen beantworten. Es kommt nicht von ungefähr, dass es heißt, die Liebe ist ein geheimnisvolles Phänomen, ein rätselhaftes Ereignis, Liebe könne man nicht in Worte ausdrücken. Obwohl »Ich liebe dich!« jedem geläufig ist und es unzählige Möglichkeiten gibt, die Liebe sprachlich auszudrücken. Zudem enthält die Meinung, dass Liebe stillschweigend vorhanden zu sein und zu handeln habe, eine fatale Falle, in die hineinzugeraten besonders Frauen anfällig sind. In stiller Liebe werden willig Opfer gebracht bis hin zur Selbstaufgabe.

Als wir junge Frauen waren, wollten wir lernen, uns selbst zu lieben. Unser eigenes Leben, unser eigenes Glück, unsere eigene Entwicklung, unsere Freiheit zu lieben. Weil sich selbst zu lieben die Basis ist, um einen anderen Menschen lieben zu können. Wir mussten lernen, dass sich selbst zu lieben nicht Selbstsucht bedeutet. Dass Liebe nicht in erster Linie eine Bindung an eine bestimmte Person ist, sondern eine Haltung.

Ich kann sagen, was ich nicht unter Liebe verstehe: benutzt, ausgebeutet, missachtet zu werden im Namen der Liebe, zum Beispiel. Aber ich weiß auch, dass die Liebe leidenschaftlich, unberechenbar und kompromisslos ist.

Die leidenschaftliche Liebe, die höchste Steigerung einer inneren Bindung, die gibt es jedoch nicht im Schlussverkauf, wir haben sie entweder noch immer oder schon erlebt. Die Prägung der Bedeutung von Liebe reicht zurück in unsere Kindheit, unsere frühe Jugendzeit, das war noch vor den gesellschaftlichen Umwälzungen der 1960er-Jahre. Liebe wurde als inneres Gefühl verstanden, das mit Werten wie etwa Hingabe, Verantwortung, Unterstützung und Treue verbunden war. Die Formel »in guten und in schlechten Zeiten« ging auf widersprüchliche Weise später einher mit dem Versprechen, sich, falls die Liebe nicht mehr zu spüren wäre, lieber zu trennen, als eine lieblose Gemeinschaft weiterzuführen. Das war ein Schwur, den sich meine Generation im Zuge der »freien« Liebe gegeben hat. Das war auch nicht neu, denn schon die Romantiker des 19. Jahrhunderts plädierten für die freiwillige Liebe als einzig mögliches Motiv für eine (eheliche) Verbindung zwischen Frau und Mann. Dass sie sich ewig lieben werden – daran haben sie genauso wenig wie wir jungen Liebenden der 1960er-Jahre gezweifelt. Die ewige Liebe blieb das Ideal, entgegen der Erkenntnis, dass sie nur ein Glücksfall und somit unwahrscheinlich bleibt angesichts der immer wieder zerbrochenen Beziehungen.

Und doch besteht die Aussicht, ewig zu lieben, weil jemand zu lieben nicht nur ein starkes Gefühl sein soll, es ist auch eine Entscheidung, ein Urteil, ein Versprechen. Wenn ich davon ausgehe, die Liebe werde ewig dauern, dann müssen auch mein Urteilsvermögen und meine Entschlusskraft beteiligt sein. Erich Fromm hat die Liebe mit einer Kunst verglichen, die Wissen voraussetzt und den Willen, etwas zu lernen. Man liebt das, wofür man sich müht, sagt er, und müht sich für das, was man liebt.

Es geschieht oft, dass das Anfangserlebnis »sich zu verlieben« mit dem permanenten Zustand »zu lieben« verwechselt wird. Sich zu verlieben, dieses Wunder der plötzlichen innigen Vertrautheit, die bekannterweise mit der sexuellen Anziehung einhergeht oder durch sie ausgelöst wird, enthält ein ganz anderes »Paket« von Emotionen und Fähigkeiten. Im Alltag, wenn man sich besser kennenlernt, verliert sich der geheimnisvolle Charakter der Vertrautheit immer mehr. Enttäuschung, Streit, Langeweile kommen auf, und das Bündel ursprünglich netter Eigenschaften zeigt auch die weniger vorteilhaften.

Sich als Frau von Sechzig zu verlieben, ist anders als die Verliebtheit, die wir in unserer Jugend erlebten. Sich zu verlieben bedeutet heute nicht mehr nur Schmetterlinge im Bauch. Gefühl und Vernunft schließen einander nicht aus. Es bedeutet andererseits nicht, Kompromisse schließen zu müssen.

Ich erinnere mich an einen regnerischen Abend in den 1970er-Jahren, als ich mich mit Lorenz ins ProT Kellertheater in München aufmachte. Der Regenschirm war wie eine beschützende Hand, unter der wir uns als Verliebte sicher fühlten. Den Schirm tief vor unsere Gesichter gesenkt, war es möglich, uns unter Ausschluss der Öffentlichkeit zu küssen. Die strahlenden Augen, das Liebesgeflüster konnten unser Geheimnis bleiben und waren doch unübersehbar.

Wir blieben auch während der Vorstellung im Theater unter dem geöffneten Regenschirm sitzen: Ein Liebespaar. Wir genierten uns nicht, niemand beschwerte sich, keiner reagierte peinlich berührt. Weil es keine designierte Bühne in diesem Theater gab, mochten uns manche Leute für einen Teil der Inszenierung halten. Oder sie haben uns zu Verrückten erklärt. Zu dieser Zeit waren wir ver-rückt, abgerückt von der profanen Wirklichkeit. Seltsam genug fühlten wir uns von wohlgesonnenen Mitmenschen umgeben. Die kindliche Vorstellung, dass man der wahren Liebe nicht grollen könne, bestimmte unsere Wahrnehmung.

Würden wir uns heute so verhalten, wären die Mit-Theaterbesucher wohl weniger tolerant. Zwei Verliebte, die Händchen haltend oder eng umschlungen mit weltabgewandtem Blick durch die Straßen wandeln oder im Restaurant an einem Tisch sitzen, sich gegenseitig füttern und sich zwischen jedem Bissen innig küssen – wirken peinlich, wenn sie schon älter sind. Zumindest für die zuschauende »Kinder«-Generation. Die »Enkel-Generation« scheint weniger schockiert zu sein von Omas und Opas unverhohlen-verliebten Gesten, als dies die Kinder der einstmals tabubrechenden Eltern sind. Das zur Schau gestellte öffentliche Verliebtsein älterer Menschen ist heute ein größeres Tabu als es der Sex im Alter ist. Es scheint, als hätte man kein Recht, alt und zugleich sichtbar verliebt zu sein.

In meiner frühen Jugendzeit hatte man dieses Recht tatsächlich nicht. Wir, die heute 65-Jährigen, haben es für uns als Selbstverständlichkeit errungen. Heute stellen wir fest, dass wir uns gegen die Ressentiments der nachfolgenden Generation dem

Alter gegenüber wehren oder sie einfach ignorieren müssen. Das Recht auf Selbstbestimmung jedoch behalten wir, auch wenn wir älter geworden sind. Haben unsere Kinder das Bild ihrer Großeltern als Ideal im Kopf? Kommt ihre Vorstellung, wie sich die älteren Menschen zu verhalten haben, von der idyllischen Erinnerung an kuschelige Tage bei Oma und Opa? Damals, als Mutter und Vater (die man üblicherweise mit Vornamen ansprach, zum Unverständnis von Oma und Opa!) an Fort- oder Weiterbildung, Teach- oder Sit-ins teilnehmen oder zu Demonstrationen gehen mussten? Es stimmt, die Kinder haben sich in einem Familien-Leben zurechtfinden müssen, das für uns, die Eltern, von Selbstfindung, pädagogischen Experimenten und wechselnden Bezugspersonen geprägt war. Das bedeutete auch für die Kinder eine Herausforderung. Hätten sie nun gern eine geordnete Welt, in der die Alten an ihren weißen Haaren erkennbar sind und die Sechzigjährigen nicht die ihnen heute gesetzten (ungeschriebenen) Grenzen der Schicklichkeit missachten?

»Späte Liebe« – ein Synonym für Nicht-Alleinsein?

Es ist nicht zu übersehen, dass mit »später Liebe«, der Liebe, die man im Allgemeinen älteren Menschen zugesteht und empfiehlt, doch etwas anderes gemeint ist als eine Liebesbeziehung. (Die wird ja am Muster einer leidenschaftlichen erotischen Verbindung zweier vorwiegend junger Menschen gemessen.)

»Späte Liebe« wird gleichgesetzt mit »Nicht-Alleinsein«.

Das Alleinsein ist für viele Menschen schwierig. In jeder Altersgruppe.

Wer will schon gern allein sein? Zugegeben, es ist nicht schön, allein zu frühstücken, allein Pläne zu schmieden, allein durch die Natur oder auch die Kaufhäuser zu streifen – aber muss es denn unbedingt ein Mann sein? Und unbedingt als Liebe deklariert werden?

Wenn ich allein und einsam bin und meine Sehnsucht nach Gemeinsamkeit stillen möchte, kann ich nach einem Menschen suchen, Frau oder Mann, zugeschnitten auf meine jetzige Lebensphase. Es kann eine Wohngemeinschaft sein mit der Chance, sich auszutauschen, gemeinsam etwas zu unternehmen, die Küche zu teilen, in der man herumlümmeln kann und reden, so lange man will und worüber die eine oder andere gerade Lust hat. Vielleicht eine Utopie? Andererseits müsste es möglich sein, wenn wir von unseren Erfahrungen mit gemeinschaftlichem Wohnen in der Vergangenheit ausgehen.

Vereinsamt und allein zu sein gehört zweifellos zu den trostlosesten Aussichten, die das Alter für Menschen bietet. Um dem Schrecken des Alleinseins zu entkommen gibt es verschiedene Möglichkeiten. Die Suche nach einem Partner ist eine davon. Berater, seien sie Stimmen in den Medien, in den zahllosen Ratgeberbüchern oder auch im persönlichen Umfeld, legen der älteren Frau ans Herz, mehr Toleranz zu entwickeln gegenüber den Mängeln und Macken eines potentiellen Partners. Sie soll vor allem Abstand nehmen von »überzogenen Erwartungen« an einen Partner, um erfolgreich zu sein. Assoziationen zum Märchen vom Froschkönig tauchen auf. Wenn eine ältere Frau (gealterte Prinzessin) am Brunnen spielt und einen durchaus freundlichen, aber unzulänglichen Frosch trifft, sollte sie klar wissen: dieser Frosch bleibt ein Frosch, da nützen auch noch so viele heiße Küsse nichts mehr. Soll sie ihn akzeptieren als Spielgefährten? Ich würde der Prinzessin raten, lieber auf den in den Brunnen gefallenen bunten Ball zu verzichten, als sich dem Frosch zu versprechen, der niemals ein Prinz werden kann.

Diese Einstellung vertritt auch meine Freundin Marianne. Sie lebt seit zwanzig Jahren allein, seit sie Witwe geworden ist. Ihr verstorbener Ehemann war ein von vielen begehrter Mann, sie führten ein aufregendes Leben, er war ihre große Liebe und ist noch immer ihr Leitbild. Sie schließt zwar eine Beziehung zu einem Mann, eine neue Liebe, nicht aus. Er müsse allerdings schon der Traumprinz sein, sagt sie, denn zu Kompromissen ist sie nicht bereit. Wenn etwas an ihm stört, dann kommt er einfach nicht infrage. Sie führt kein einsames Leben. Beruflich trifft sie viele außergewöhnliche Menschen, natürlich auch Männer, die sich für die attraktive, selbstbewusste Frau interessieren. Eine neue Liebe hält sie jedoch für sehr unwahrscheinlich. Dennoch will sie auf diesen unwahrscheinlichen Fall vorbereitet sein. Deshalb geht sie nie »unpräsentierbar« aus dem Haus, sie ist immer gut gekleidet und perfekt gestylt. Und zu Hause trägt sie Stöckelschuhe und eine Garderobe, in der sie sich selbst gefällt.

Einen Menschen zu haben, mit dem man die Freizeit verbringt, ein Gegenüber, mit dem man reden kann, sind gerechtfertigte Motive, um Ausschau nach einem Partner zu halten. Aber dabei geht es weniger um Liebe, als um eine Art Tauschhandel. Ich möchte nicht mit einem Fremden in dieser Art von »späten Liebe« alt werden. Mit jemand, der nichts von mir weiß, der mich noch kein Stück Weges in meiner vergangenen Entwicklung begleitet hat (und aufgrund meines Alters sich auch keine bewegte Vergangenheit mehr aufbauen lässt). Mit dem mich lediglich das Band eines Tauschhandels verbindet – hier Küchenarbeit und Wäschedienst, dort Theaterbegleitung und Wandergefährte – und die Zuneigung davon abhängt, wie viel ich jeweils vom anderen bekommen kann.

Das Alter vergessen

Im Flur meines Hauses hängt ein Foto von mir, das vor etwa zwanzig Jahren in Wien aufgenommen worden war. Wer ist das? fragte mich vor einiger Zeit ein Besucher. Als ich ihm sagte, das sei ich, meinte er erstaunt: Du musst einmal sehr schön gewesen sein. Ich konnte gar nicht begreifen, dass er mich auf diesem Foto nicht hat erkennen können. Als sei diejenige eine völlig Fremde und nicht die, die er gerade leibhaftig vor sich hat. Wir sind doch ein und dieselbe Person, diese Frau auf dem Foto und ich, siehst du das nicht, hätte ich ihm gern flehend zugerufen. Stattdessen sagte ich nur lächelnd: Ja, ja.

Das ist auch ein Grund, nicht mit einem Fremden alt werden zu wollen, dachte ich. Wenn man schon lange ein Paar ist, wird mich der Partner auch in dem Bild erkennen, das zwanzig Jahre alt ist. Dann spielt es keine Rolle, gealtert zu sein.

Der Wunsch, das Alter zu verschleiern

Da geht sie dahin – mädchengleich auch heute noch, anmutig zuweilen in ihren Bewegungen. Die Haut wehrt sich gegen das Grauen vor dem Verfall, indem sie stellenweise Jugendlichkeit bewahrt. Der Überlebenskampf des einsamen Kindes, das klug sein will, um gelobt zu werden, das lieb sein will, um geliebt zu werden. Die Zeichen des Verfalls weggeschminkt. Geübt darin, Leiden zu verstecken. Gespielte Herzlichkeit, Wohlwollen, Achtung und Beachtung anderer Menschen entspringen dem Willen, angepasst zu sein, entsprechen dem Diktat der Launen. Zerbrochener alter Freundschaft gedenkt sie mit einem leisen Hauch von Bedauern, der so schnell verweht wie der unabsichtliche Zusammenstoß mit einer flaumigen Feder.

Auch ein Abschied

Ich merke immer wieder, dass ich mich auf ihn einlassen könnte. Auf ihn kann ich meine Gefühle konzentrieren. Ich tue es aber nicht. Ich zwinge mich vielmehr, nicht in diese Rolle zu verfallen. Ich überlege, wie ich es schaffen kann, ihn als Freund zu betrachten – der er ja ist und sein will – aber auch nicht mehr. Ich will ihn nicht als jemand sehen, von dem ich mich umarmen, in die Arme schließen lasse.

Ich plage mich damit, eine Lösung zu finden. Er ist ein Freund, mit dem mich die Sprache, auch die Interpretation von Sprache, verbindet, dem ich innerste Gefühle mitteilen und mir die seinen anhören kann, zu dem ich sage, aufrichtig, wie froh ich bin, ihn zu kennen, wie sehr ich mich verstanden fühle – und gleichzeitig rigoros denke, wir werden nie ein Paar sein, niemals, mit Sicherheit. Ich finde keinen ähnlichen Fall innerhalb meines Freundeskreises. Was soll ich tun?

Uns verbindet vieles. Was uns trennt, ist *mein* Alter. Sein Alter spielt keine Rolle. Denn ich hege als sechzigjährige Frau gewisse Vorstellungen, was ich für einen Mann bedeuten, was ich ihm bieten können will.

Ich sehe deutlich am Beispiel einer Kollegin, wie unangemessen es sein kann, wenn eine Frau in meinem Alter Grenzen verwischen will. Stets eine Wanderin zwischen den Lebensaltern zu sein. Eine Grenzgängerin.

Der Körper ist eine Tatsache. Egal wie man sich fühlt.

Ist es nicht besser, eine unbestechliche Rolle zu finden, die Orientierung bietet, Wissen darstellt und Erfahrung? Und nicht einen Lebensabschnitt imitiert, der sichtbar vorbei ist. Ich bin nicht mehr die vierzigjährige Frau von damals. Ich biete keine Zukunft mehr. Ich *bin* die Zukunft: Für die, die mir nachfolgen.

Wie also kann ich ihm eine Freundin sein ohne Grenzen zu überschreiten?

Es ist eine pausenlose Anstrengung, ständiger Schmerz, Verzicht aus wirklichkeitsakzeptierenden Gründen. So fühlt sich das Hineinwachsen in eine neue Lebensphase an, mit Abschiedsschmerz, Trauer und der Hoffnung, das Unmögliche zu schaffen: in Würde von der begehrenden Liebe Abschied zu nehmen.

Dennoch hatte ich mit keinem Mann je ein ähnlich inniges und gleichzeitig distanziertes Verhältnis.

VIII.

Und ob ich hundertmal im Lebensdrang
Um Weisheit flehte und nach Frieden rang,
Stets ruht mein Los gebannt an irdische Zeichen,
Und immer werd' ich meiner Mutter gleichen.
Hermann Hesse, Vor Colombo, aus: Indien

Der Mutterrolle entwachsen

Als mein Sohn seinen vierzigsten Geburtstag beging, verfolgte mich dieser Gedanke: Kann man Kinder haben, die älter als vierzig Jahre sind?

Ich erinnere mich, wie bewegt ich war, als mein Sohn mir zum Anlass meines vierzigsten Geburtstags den (Bob-Dylan-) Song »Forever Young« auf der Gitarre spielte und den Text dazu sang. Damals war er zwanzig Jahre alt. Ich fühlte mich mit vierzig Jahren jung und glaubte daran, auch weiterhin jung zu bleiben, denn ich war tatkräftig und tatendurstig, und mitten im Leben, wie es so abkürzend heißt. Damals empfand ich meinen Sohn noch als Kind, obwohl ich ihn natürlich längst als »volljährig« behandelte. Ich war die Mutter, fühlte mich unwandelbar jung, nur eben mal schnell vierzig Jahre alt geworden. Ein Alter, das ich als Mutter ja auch haben »durfte«. Einen zwanzigjährigen Sohn zu haben, machte mich stolz, und ich wurde nicht selten beneidet: Was? Sie haben schon einen zwanzigjährigen Sohn, das ist ja unglaublich!

Es stört mich nicht, dass inzwischen die Reaktion von anderen, die mich nicht kennen, viel eher in die Richtung geht: Also auch schon recht alt, nicht wahr?, wenn zur Sprache kommt, dass ich Mutter von (inzwischen) zwei Söhnen in den Vierzigern bin.

Was mich beschäftigt, ist mein Verhältnis zu meinen Kindern, die auch schon die Mitte des Lebens überschritten haben. Die sich meinem Alter angleichen. Deshalb hat sich das hierarchische Verhältnis der Mutter-Kind-Beziehung maßgeblich verändert. Es hat sich ein Verstehen unter Erwachsenen eingestellt. Nicht, dass die gegenseitigen Lebensphasen nachvollziehbarer wären, weil sie sich gleichen würden. Sie gleichen sich nicht, denn das, was ich als Vierzigjährige war: eine Frau mit bereits erwachsenen Kindern, die dabei war, sich neu zu erfinden, ist nicht das, was die Kinder heute mit Vierzig sind. Sie haben eine junge Familie, minderjährige Kinder, viele Berufsjahre hinter sich. Ich glaube zwar zu spüren, was sie heute in ihrem Alter bewegt, aber meine eigenen Erfahrungen greifen zurück auf eine andere Altersstufe, als ich Zwanzig war. Damals hatte ich eine junge Familie und noch minderjährige Kinder – und fühlte mich dennoch erwachsen und verantwortungsvoll. Die Kinder erinnern sich an die Frau im Aufbruch und Umbruch, die ich gewesen bin in einem Alter, das sie jetzt erreicht haben. Mir ist das Gefühl fremd, mit Vierzig Mutter zu werden, und die Konsequenzen, die damit zusammenhängen, sind andere, als sie für mich einst gewesen sind – ich kann sie nur begleitend und bewundernd an meinen Kindern erleben. Je näher wir uns in diesem Verstehen kommen, desto notwendiger, und auch selbstverständlicher, werden Hierarchien abgebaut. Eine neue Dimension der Familienbande wird geschaffen, eine Ebene, auf der das Beieinandersein und gegenseitige Verstehen freundschaftlicher und tiefer wird.

Die gefühlsmäßige Bindung an meinen Sohn hat längst sein Kindsein verlassen, geht weit über den Status des Kindes hinaus. Er ist Vater eines Sohnes und einer Tochter. Aufgerückt in die Elternrolle, in der man vierzig Jahre sein »darf« und kein Kind mehr ist.

Und ich bin meiner Rolle als Mutter entwachsen. Ich fühle mich meinen erwachsenen Kindern gegenüber als ein Familienmitglied, eines, das im Familienverband schon länger gelebt hat, mehr Erfahrung hat, zu einem Miteinander mehr beizutragen hat, integrierend wirken kann, und für meine Enkel bin ich eine ältere Frau, die man Großmutter nennen darf, auch Oma, weil sie von der Mutter zu unterscheiden ist.

Ich bin eine Frau, die drei Kinder geboren hat, meine Kinder. Nur ich kenne sie von der ersten Sekunde ihres Lebens an (ihr Vater hat sie erst einige Minuten später gesehen, denn in den 1960er-Jahren war es nicht üblich, sogar unerwünscht, dass Väter sich im Kreißsaal eines Krankenhauses an der Seite der Gebärenden aufhalten).

Für die Kinder, die nun erwachsen sind, gibt es keine Erinnerung an ein Leben ohne mich. Die Mutter ist immer dabei – so missverständlich dieser Satz auch verwendet werden kann, er ist natürlich richtig.

Für mich ist es anders. Denn bevor sie geboren wurden, gab es für mich ein Leben ohne sie. Daran haben sie nie teilnehmen können. Das vergesse ich manchmal, seit sie erwachsen sind. Wenn ich zum Beispiel von Erlebnissen aus meiner Frankfurter Zeit Anfang der 1960er-Jahre erzähle, gehe ich ohne Nachzudenken davon aus, dass sie wissen, wovon ich spreche. Ihre fragenden Gesichter rücken mich dann ins richtige Zeitverständnis: Erst seit ihrer Geburt gehören sie zu meinem Leben. Das, was ich früher erlebt habe, ist für sie »Geschichtsunterricht«. Ich hingegen gehöre seit Beginn ihres Lebens untrennbar zu ihrer Erlebniswelt.

Das ist es, was vierzigjährige Kinder von zwanzigjährigen unterscheidet. Jetzt sind sie Menschen, die mir vertraut und nahe sind wie niemand sonst: die einzigartige Mischung aus Kind, das sich geliebt wissen will, Freundin und Freund, die Rat suchen und Rat geben können, auf dem Fundament einer anderweitig nie existierenden Bindung. Und sie, die Menschen-*Kinder* wissen: Alles, was für sie wichtig war, geschah auch inmitten meiner Lebenszeit.

Ich weiß nicht, ob ich mich in meiner Rolle als Mutter wiederfinde, wenn die Kinder bei mir zu Besuch sind. Ich kann sie für den Augenblick ihres Aufenthalts bei mir verwöhnen. Aber das tue ich auch für liebe Freunde, die ich zu Besuch habe. Im Zuhause der Kinder, in ihren »vier Wänden«, bin ich nicht in der Rolle der Mutter und auch nicht in der Rolle der Gastgeberin.

Ich bin zum Beispiel gern bei meiner Tochter. Ich genieße es, Besuch sein zu dürfen, zu wissen, dass ich für den Ablauf des Tagesgeschehens, für den Zustand der Wohnung nicht verantwortlich zu sein brauche. Sich wohlfühlen zu dürfen, und eine Person zu sein, um die sich gekümmert wird. Das empfinde ich als umgekehrte Eltern-Kind-Situation. Ich kann mich in die Familie meiner Tochter einfügen, werde dort aufgenommen wie eine Tochter, obwohl ich die Mutter bin. Leonie, meine vierjährige Enkelin, hat diese Überlegungen neulich auf den Punkt gebracht: Am Ende ihres Besuches bei mir meinte sie bedauernd, dass ich nun, da sie nach Hause zurückkehrt, wieder allein zurückbleiben müsse.

Aber, sagte sie, ich habe eine Lösung, Oma. Du musst zu mir ziehen. Dann bist du nicht allein. Dann hast du auch wieder Eltern.

In ihrem kindlichen Denken sind Eltern dort, wo man nicht allein ist, wo man sich umsorgt und angenommen fühlen kann.

Familie können wir sein, so lange *wir* es wollen, sagte auch mein Schwager Günter, nachdem sein Bruder von mir weggegangen war.

Nur mit meinen Kindern

Das letzte Mal, als ich das Gefühl hatte, als Mutter mit meinen Kindern unterwegs zu sein, war vor zehn Jahren.

Das *Traumhaus* käme teuer, schrieb unser Freund Franz aus Honolulu, er hatte auch Fotos von verschiedenen Häusern zur Ansicht mitgeschickt. Aber, schrieb er, wenn ich Geld hätte, dann würde ich mich nur für jenes Haus in Waimanolo entscheiden. Es sollte sich herausstellen, dass seine Empfehlung richtig war. Das Geld hatte ich, oder vielmehr, es spielte eine untergeordnete Rolle, denn die Ferien auf Hawaii sollten mein Geschenk an meine Kinder sein. Zugegeben, nicht jede Mutter kann ihre Kinder nach Hawaii einladen. Dass es mir gelungen ist, das habe ich nicht zuletzt meinen Kindern zu verdanken. Ihrer Anstrengung, mich als Mutter nicht nur zu fordern, sondern auch zu fördern. Dadurch konnte ich mir, neben meiner Identität als Mutter, die ich immer geliebt und niemals bedauert habe, auch berufliche Ziele setzen und meine eigene Lebensform gestalten. Warum ein Dankeschön? Sie hätten auch gegen die Wir-sind-ein-Team-Antiautorität und gegen meine aufwendigen Schritte zur Selbstverwirklichung rebellieren können: Ich hatte ein Studium aufgenommen, als sie noch zur Schule gingen, nebenbei in einer Firma technische Handbücher übersetzt und an der Volkshochschule unterrichtet. Wir organisierten uns nach dem Prinzip einer Wohngemeinschaft, was jedem viel Verantwortung, Disziplin und eine Portion Gleichmut, im Idealfall mit Humor, abverlangte. Manchmal erinnern wir uns heute an jene nicht seltenen Tage, an denen ich keine Zeit zum Kochen gefunden hatte und es für die Kinder nach der Schule nur einen Zettel auf dem Tisch gab: Bitte macht euch Ravioli oder Spaghetti mit Tomatensauce. Und vergesst die Banane zum Nachtisch nicht.

Eine idyllische, ruhige Kindheit war es für meine Kinder nicht. Und doch fühlte ich damals auch, dass es ein Recht auf mein eigenes Leben gibt. Dass ich das, was ich anstrebte, auch erreichen konnte, war allerdings nicht selbstverständlich. Es war auch eine Leistung der Kinder, die mir keine unüberwindbaren Probleme bereitet haben – ob es um pubertäres Kräftemessen unter der Brüdern ging oder um Abnabelungskämpfe mit mir, um Schulprobleme oder die Enttäuschungen erster Verliebtheiten, wir konnten immer eine Lösung finden.

Mit diesen Erfahrungen und Erkenntnissen war ich nicht allein. Ähnlich sah das Leben für viele Frauen meiner Generation aus, wenn sie Kinder hatten, keinen Ehemann (mehr), einen neuen Partner, sich selbst verwirklichen wollten und dies alles als normal empfanden. Dass trotz der bewegten Jahre ihrer Kinder- und Jugendzeit ich meine Aufgabe als Mutter erfüllt habe, das haben meine Kinder mir durch ihren Lebensweg bewiesen. Dafür haben sie auch Anerkennung verdient.

Seit Vollendung meines Doktorats hatte ich auf eine Gelegenheit gehofft. Und wider Erwarten habe ich einen Glücksgriff ge-

171

macht, als ich mich für einen Lehrauftrag in Japan entschied. Der Yen war eine starke Währung, und Japan ließ sich ausländische Akademiker etwas kosten. Nun konnte ich »*Das Traumhaus schlechthin*« in Waimanolo, wie es unser Freund Franz beschrieb, der es vorab besichtigt hatte, für unsere mehrwöchigen Familienferien mieten. Vom unvergleichlichen Strand mit dem feinen, weichen Sand war es nur durch einen kurzen Streifen grasbewachsener Dünen entfernt. Im oberen Stockwerk der ausladenden Villa, einer Holzkonstruktion mit durchgehenden Glasfronten zum Meer hin, hatten wir jene überwältigende »Aussicht in tiefem Blau«, die keine Grenze zu haben scheint zwischen dem Meer und dem Himmel. Ebenerdig, wo auch die Zimmer der Kinder lagen, schauten wir von den Wohnräumen aus vor dem Hintergrund des tiefblauen Himmels auf Palmen und üppige Hibiskusbüsche, die mit riesigen roten und gelben Blüten übersät waren, auf scharlachrote Ingwerblüten, unzählige Orchideen und die typischen weiß-gelben Wachsblumen (die betörend duften), aus denen die »leis« geflochten sind, die Blumenkränze, die man überall auf Hawaii geschenkt bekommt. Mit einem »lei« haben wir dann auch die Kinder auf dem Flughafen begrüßt, als sie drei Tage nach uns von München über Los Angeles ankamen. Lorenz und ich waren von Japan aus nach Honolulu geflogen, um das Haus für die Ankunft der Kinder vorzubereiten. Im hinteren Gartenteil gab es eine bewohnbare lauschige Laube, in die sich mein jüngerer Sohn mit seiner Freundin einquartierte. Ein eleganter Kleinbus wurde gemietet, Surfbretter ebenfalls, und ein traumhafter Familienurlaub konnte beginnen, wir versuchten alles zu sehen, alles auszuprobieren, was die Insel Oahu zu bieten hat. Von der North Shore und ihren sagenhaften Windsurfern bis zu den Gedenkstätten in Pearl Harbor. Legendär wurden dann die ausgedehnten Frühstückssessions, in denen nicht nur exotische Früchte im Mittelpunkt des Interesses waren, sondern auch Konflikte zwischen mir und den Kindern, und unter den Geschwistern, ausgetragen wurden, zum Schrecken der die Kinder begleitenden Partner, denn die hatten uns nie als vollständige Familie im Clinch kennengelernt. Jetzt hatte jeder von uns die Chance, früher erlebte Benachteiligungen, unerfüllte Wünsche oder nie geäußerte Ängste auf dem Frühstückstisch auszubreiten.

Das Familienfrühstück spielte schon immer eine große Rolle bei uns. Als die Kinder noch zur Schule gingen, kam es oft vor, dass wir von meiner Tochter zum Frühstück geweckt worden sind. Sie liebte es, uns zu überraschen, hatte den Tisch gedeckt, an alles gedacht, und schaffte es sogar, dass ihre Brüder ebenfalls rechtzeitig erschienen. In der Küche wurde das Radio eingeschaltet und Musik rauschte durchs Haus, begleitet von musikalischen Einlagen auf Marmeladenglasdeckeln und Kaffeetassen, es wurde viel geredet und gelacht. Ab und zu war es auch weniger spaßig, erinnert sich vor allem meine Tochter (und hatte dies auch in ihrer »Fest-Schrift« vermerkt, die sie uns an jenem heißen Tag im August in Wien gab, als Lorenz und ich nach fast eineinhalb Jahrzehnten des Zusammenseins schließlich unsere fröhliche Hochzeit gefeiert hatten). Aus Spaß konnte schnell Gestichel werden, Zankereien zwischen der kleinen Schwester und ihren älteren Brüdern, bis am Ende die kleine Schwester heulte.

Auch in Waimanolo ging es manchmal nicht ohne Tränen ab bei den Gesprächen am Frühstückstisch. Da habe auch ich geweint. Für mich war es auch die Aufarbeitung eines diffusen Schuldgefühls, das ich seit Jahren empfunden hatte, weil es mir nicht gelungen war, den Kindern das Elternhaus zu schaffen, das ich glaubte, für sie als steten Anlaufpunkt bereithalten zu müssen. Als ich das Haus in Deutschland verlor – nicht ohne zwei Jahre darum gekämpft zu haben – in dem wir alle zusammen gewohnt hatten, musste sich jeder von uns eine Wohnung suchen. Meine Söhne fanden Studentenbuden, meine Tochter konnte bei ihrem Vater unterkommen, Lorenz wollte sein Glück in Spanien versuchen, und ich ging nach Wien (wo Lorenz und ich heirateten, als er aus Spanien zurückkam). Die Familie hatte ein abruptes Ende erlitten. Das hatte mich seither belastet, trotz der Erfahrung, dass die (bereits volljährigen) Kinder stark genug waren, ihre eigenen Wege zu finden und diese auch unabhängig gehen konnten. Die Gespräche in Waimanolo waren notwendig und heilsam, eine konzentrierte Vergangenheitsbewältigung. Das Haus am hawaiianischen Strand war uns für die Zeit der Ferien zur Heimat geworden. Wir waren alle zusammen und konnten (und wollten) nicht kneifen. Nach einigen intensiven »Frühstückstherapien« waren wir befreit, glücklich und als Familie neu erfunden: Die Beziehungen der Geschwister untereinander waren ein Stück weiter geklärt, meine Schuldgefühle waren durchgesprochen, und ich hatte das Gefühl, meine Rolle als Mutter – endlich – erfüllt zu haben. Waimanolo werden wir sicher nie vergessen – auch wenn das Dankeschön an die Kinder auch ein Urlaub auf dem Bauernhof hätte sein können oder an einem anderen Ort. In meinem Fall war es eben Hawaii.

Großmutter sein? Nicht wie meine Mutter!

Den Gedanken, ins Alltagsleben der Familien meiner Kinder enger einzugreifen, habe ich von Anfang an verworfen. Ich will nicht vom Gebrauchtwerden abhängig sein, ebenso wenig wie ich »benutzt« werden will. Ich möchte nicht zur alten Frau werden, die plötzlich keine andere sinnvolle Beschäftigung mehr findet, als in der Rolle der Großmutter aufzugehen. Ebenso wenig möchte ich eine verpflichtete »Muss-Oma« sein. Eine Quasi-Vollzeit-Großmutter würde meine Kinder und Schwiegerkinder ebenfalls in eine Situation bringen, in der sie nicht mehr selbstbestimmt und frei entscheiden könnten. Weil sie dann von mir abhängig sind.

Die Mütter unserer Generation haben vieles geleistet, in Kriegszeiten sich und die kleinen Kinder durchgebracht. Sie gehören zur Generation der »Trümmerfrauen«, die die Steine der zerstörten Häuser von der alten, brüchigen Kruste befreiten, sie fein säuberlich zusammengetragen und damit wieder Häuser gebaut haben. Diese Tätigkeit hat auch im übertragenen Sinn ihr Schicksal bestimmt: Um ihr Leben wiederaufzubauen, haben sie statt neuer Lebensideale die alten verwendet, zwar vom Staub befreit, aber inhaltlich unverändert. Sie haben körperlich schwere Aufbauarbeit geleistet, aber dafür wenig Anerkennung erhalten. Der – oft erzwungene – Rückzug ins Haus hat sie in eine Rolle zurückgeworfen, die für sie inhaltlich nicht mehr stimmte. (Die Veränderung der Rolle ist erst mir, ihrer Tochter, gelungen.) Das war der Keim ihrer Unzufriedenheit. Töchter und Söhne wuchsen in eine neue Freiheit hinein, sie lösten und entfernten sich von Normen und Werten, die von der Mutter mit großer Anstrengung eingehalten worden sind. Die Tochter glaubte, ein Recht auf die Unterstützung der Mutter zu haben. Das forderte sie ein und lässt das Schicksal der Mutter als Frau unbeachtet: Frauensolidarität als Einbahnstraße. Haben wir heute 60-Jährigen in der Frauenbewegung mit unseren Müttern gekämpft? Natürlich nicht, wir brauchten sie als Gegnerinnen.

Für das Scheitern der Mutter, sich selbst zu befreien, hatte die Tochter als junge Frau ein abfälliges Urteil parat: Die Mutter ist selber schuld. Und zu dieser jede Mitverantwortung negierenden Schuldzuweisung gesellt sich noch die andere: Sie hat es mir schwergemacht, mich zu einer autonomen Frau zu entwickeln.

Die Mutter wurde zur Großmutter ohne Alternative: Hat sie sich von der Tochter verpflichten lassen, wurde sie verachtet. Hat sie Grenzen gesetzt, wurde sie beschimpft. Die Missachtung ihrer Person, das Ausgegrenztwerden von emanzipatorischer Verschwesterung, die Schuldzuweisung an die Mutter als Erzieherin und Frau hat Verbitterung gebracht, wie sie unbereinigte Erfahrung von Ungerechtigkeit mit sich bringt.

So trug die Mutter als Großmutter nicht selten ihre Verbitterung verschlüsselt über das Kritisieren, Bemäkeln und Bedauern der Enkel aus, weil die Töchter sich ihrem Zugriff entzogen haben. So konnte es zu garstigen Szenen zwischen Großmutter, Mutter und Enkelkind kommen. Wenn die Großmutter ihre

Tochter kritisieren wollte, dann tat sie das nicht direkt, sondern sie sagte zu dem kleinen Sohn der Tochter, deine Mutter ist dumm. Die Tochter ihrerseits lehnte die Mutter als Vorbild ab: »Meine Mutter konnte mir kein Beispiel als Frau sein. Die Frau, die sie war, habe ich abgelehnt. So hätte ich nicht sein wollen. Auch nicht als Großmutter.«

Die Frauen der Generation meiner Mutter haben wirtschaftliche Unsicherheit in allerhöchstem Maß erlebt. Sie haben gelernt, in Notzeiten zuzupacken, aber sie haben es im Allgemeinen für den Mann und die Kinder getan, nicht für sich. Viele wussten, dass sie sich selbst betrogen haben. Aber sie waren zu erschöpft, um die Rangordnung der Werte in ihrem Leben noch zu ändern. Sie mussten sich weiter an ihre Ordnung halten, um ihr psychisches Gleichgewicht nicht zu verlieren.

Wir, die Töchter dieser Frauen, wissen, dass wir die Unsicherheit unserer Mütter, das – zugegebenermaßen ziemlich hilflose, daher von uns durchsetzungsfähigen Töchtern abgewertete – Bemühen, als Großmutter ihre Rolle zu finden, ausgenützt haben. Diese Müttergeneration hat sich zu sehr von uns verpflichten lassen und auf das eigene Leben verzichtet.

Wir wissen, dass berufstätige Mütter sich auf Hilfe verlassen können müssen. Das wissen wir aus eigener Erfahrung. Aber jetzt, als Großmutter, bevorzuge ich ein freies Arrangement, weil ich den Umgang mit den Familien der Kinder selbst in meinen Terminkalender einordnen muss, den es für zahlreiche Frauen meiner Generation auch dann gibt, wenn sie nicht mehr voll erwerbstätig sind. Die eng verflochtene Großfamilie ist für Frauen meiner Generation kaum ein Leitbild. Daher setzen wir uns für mehr Kinderkrippen, bessere Kindergärten und qualitative Betreuung von Schulkindern ein.

Ich sehe meine Aufgabe als Großmutter darin, dem Enkelkind zu vermitteln, dass Frausein eine Vielfalt an Lebensformen bedeutet. Das brauche ich nicht zu erzählen, zu sagen, was alles möglich wäre, denn ich lebe ein Frauenleben, das nicht mit dem Muttersein und nicht mit dem Großmuttersein endet. Ich bin ihr Kontakt nach außen, der anders sein kann, als es die Rahmenbedingungen einer Kleinfamilie gestatten. Eine richtige Großmutter? Ich glaube, sagt Marie-Theres, allgemein wird darunter verstanden, eine aufopfernde, selbstlose Großmutter, die immer da ist, alles tut für ihr Enkelkind. Ich glaube aber, dass so eine Frau keine gute Rolle vorlebt: denn wenn sie so ist, dann hat sie kein Eigenleben und ist kein glücklicher Mensch. Ich glaube, dass die Großmutter die bessere ist, die durchaus egoistische Züge hat und selber ein glückliches, ausgefülltes Leben führt und dadurch nachahmenswert wird. Ich kann für das Enkelkind da sein, aber nicht als Opfer. Es ist besser, dem Enkelkind vorzuleben, wie man ein glücklicher Mensch ist, und nicht vorzuleben, dass man stets verzichtet. Ich kann dem Enkelkind Orientierung geben, weil ich Lebenserfahrung besitze.

Sich zur Verfügung zu stellen mit Wissen, Erfahrung und Gefühlen bedeutet Liebe ausdrücken. Als Großmutter, sagt Gerti, kann ich Freundin sein, die über Wissen und Gefühle verfügt, die das Enkelkind segmentweise abrufen darf. Wie von einem Buffet, von dem man sich da und dort etwas nehmen kann. Es kann sich nehmen, was es mag, und ich bin nicht gekränkt, wenn es etwas stehen lässt. Die Beziehung zwischen dem Enkelkind und mir ist freiwillig. Bei der Beziehung zwischen Mutter und Kind sind die Rollen durch die festgelegte Verantwortung hingegen wenig flexibel.

Das Angebot der Großmutter bedeutet heute nicht, zur Finanzierung von Wünschen der Enkel herzuhalten. Bei dem Gefühl, ausgenützt zu werden, ergreifen Großmütter heute »Maßnahmen«, um dies zu verhindern, was nicht bedeutet, dass keine Wünsche erfüllt werden können. Wenn die Großmutter, ihre Kinder und ihre Enkelkinder offen miteinander sprechen, kann eine respektlose Anspruchshaltung der Enkel vermieden werden.

Eine Großmutter wie meine Freundin Ingrid möchte zum Beispiel auch eine Art Freundin für die heranwachsenden Enkelkinder sein, eine mütterliche Freundin, mit der man gut reden und interessant diskutieren kann, die auf Dinge aufmerksam macht, aber ohne den pädagogischen Anspruch (der den Eltern vorbehalten bleibt). Die Enkel fragen um Lebensrat. Das ist keine Einbahnstraße, denn die junge Generation bietet Zugang zu ihrer Welt. Alles wird wieder lebensnaher, weil das Enkelkind die Verbindung zur Lebenswelt einer Generation ist, von der wir uns mit fortschreitenden Lebensjahren immer weiter wegbewegt haben. Daran knüpfen wir wieder an. Wir müssen uns dauernd auf neue Dinge einstellen, wir lernen neue Sachen. Wüsste ich, worüber Kinder und Jugendliche heute reden, was sie für Gedanken haben? Was wüsste ich wirklich von dieser Generation, wenn ich nicht dauernd Kontakt zu ihnen hätte. Dieser Kontakt ist es, der mir das Gefühl gibt, in meiner Rolle als Großmutter nicht alt zu sein, auch wenn das Klischee der Oma immer noch mit alter Frau in der Bedeutung von »veraltet« verknüpft wird.

Zugreise mit Leonie

Der Hello-Kitty-Rucksack musste natürlich dabei sein. Wir hatten ihn vorher mit Proviant gefüllt: Zwei Äpfel, Reiscräcker, Kinderschokolade, ein Käsebrot, eine Tomate und eine Flasche Wasser. Ganz schön schwer für ein zartes vierjähriges Mädchen. Ihr Schmusekissen und das weiche Stofflämmchen hatte ich in meiner Tasche verstaut. Leonie und ich waren auf dem Weg nach Passau. Es war Leonies erste Reise mit dem Zug. Am nächsten Tag sollten wir dann noch mit meiner Freundin Reini, deren Gäste wir für zwei Tage sein würden, eine kleine Schiffsreise auf der Donau und dem Inn machen, wo Leonie vom Sonnendeck aus auf die bunten Häuser der Stadt blicken und staunend überzeugt sein würde, dass sie aus dem Wasser gewachsen sind wie die Seerosen im kleinen Gartenteich daheim, weil sie in ihrem kindlichen Denken die äußere Wirklichkeit und ihre innere Vorstellung noch zusammenführen kann zu einer fantastischen Welt, um die ich sie in manchen Momenten beneide.

Gleich nachdem wir den Waggon betreten und uns für einen Sitzplatz entschieden hatten – ein ganzes Abteil für uns allein, denn es war ein ganz gewöhnlicher Dienstagvormittag – bekam Leonie Hunger. Sie kniete auf der bunt gestreiften Sitzbank, die Schuhe hatte sie ausgezogen, und begann, den Rucksack auszupacken. Darf ich zuerst ein Stück Schokolade essen, fragte sie und schaute mich erwartungsvoll an. Ja, klar, sagte ich. Dann esse ich nachher einen Apfel, versicherte sie mir fröhlich. Und nach einem Schluck aus der Wasserflasche schaute sie aus dem Fenster und freute sich, dass wir »viel schneller sausen« würden als mit dem Auto, stimmt doch, Oma, oder? Als der Schaffner kam, strahlte Leonie, weil sie endlich ihre (Kinder-)Fahrkarte vorzeigen konnte, die ihr der Beamte am Schalter gegeben hatte. Es war ihr wichtig, selbst eine Fahrkarte zu haben. Und sie achtete auch darauf, dass ihre Karte genauso abgestempelt wurde wie meine. Dann zog sie ihre Schuhe wieder an, lief zu den anderen Sitzbänken und kam erst zurück, als am nächsten Bahnhof Leute zustiegen.

Eine Zugreise habe ich ihr auch dieses Jahr zum Geburtstag versprochen. Denn mit ihren Eltern ist sie nur mit dem Auto unterwegs. Dieses Jahr wünscht sie sich eine Reise nach »Lummerland«. Wir werden wohl nach Augsburg ins Theater fahren müssen. Und wenn sie später einmal nach »Ping« möchte, müssen wir zusammen fliegen. Mit einem Flugzeug, das wie ein Vogel in den Himmel fliegt und auf der anderen Seite des Himmels landet, denn den Globus muss man auch einmal drehen, um China zu sehen.

Ich höre ihr gern zu, wie sie sich so unbefangen die Welt erklärt, die so reich und kreativ ist, dass ich mich inspiriert fühle auch einmal weg von den Denkmustern, die wir lange nicht mehr hinterfragen, meiner Fantasie freien Lauf zu lassen. Was wäre unsere Welt, wenn Häuser aus dem Wasser wachsen würden, Flugzeuge große Vögel wären, Kuschelkissen Träume enthielten, Teddybären sprechen könnten? Wenn wir an magische Kräfte glaubten, die all dies möglich machten? Und nicht immer nur nach einer rationalen Erklärung suchten, um Zusammenhänge zu verstehen? Manchmal ist es – gerade als Sechzigjährige – verlockend schön, an das Unmögliche zu glauben.

An Zeynep, meine erwachsene Enkeltochter

Vor ein paar Monaten, als du mich in meinem Haus auf dem Land besucht hast, hatten wir uns über Frisuren und Haarfarben unterhalten. Ich fand die roten Strähnen in deinen Haaren schön. Du sagtest, du hättest sie selbst gefärbt. Das sei sehr einfach, sagtest du, das könnte ich auch. Ich bezweifelte, die richtige Farbe für mich in der Drogerie zu finden, bei dem überwältigenden Angebot in den Regalen.

Eine Woche später lag ein Päckchen von dir in meinem Postkasten mit jenem Färbemittel, das du mir empfohlen hattest. Ein kleiner Zettel war angehängt: Das ist die richtige Farbe für dich, Oma.

Wie aufmerksam von dir!

Deine Tante, meine Tochter, hätte zum Beispiel zu mir gesagt: Nimm doch einfach eine Farbe, die dir gefällt.

Du hast mir ein Stück Sicherheit gegeben, verstehst du? Es tut gut zu wissen, dass ich mit meinem Geschmack nicht fernab dessen liege, was heute angesagt ist.

Ich habe dich sehr bewundert, welche Tipps du mir bei der Frage, wie ich meine Website im Internet aufbereiten sollte, gegeben hast. Klar: dein Papa, mein Sohn, hätte mir auch helfen können. Aber wann hat er schon einmal Zeit? Und so geduldig wie du ist er auch nicht. Du siehst und fühlst, dass ich nicht mehr die Energie und Umsicht einer Mittvierzigerin habe – meine Kinder sehen mich aber noch immer so. Mit dir darf ich eine sechzigjährige Oma sein. Die zwar längst nicht zum alten Eisen gehört, aber auch nicht topfit in allen Bereichen zu sein braucht.

Wenn ich mit dir zusammen bin, habe ich das Gefühl, gleichzeitig jung und alt zu sein.

Ich erinnere mich an vergangene Lebensabschnitte, kann sie bedenken, du bescherst mir eine Wiederholung in einen zurückliegenden Lebensrhythmus.

Die klassische Babysitterrolle hat mir als Großmutter noch nie Spaß gemacht. In dieser Rolle finde ich mich unterfordert. Die können auch ältere Kinder übernehmen. Was mir Spaß macht, ist, mein Wissen an dich weiterzugeben, wenn du es abfragst, wenn du es willst. Wir können Englisch miteinander sprechen, zum Beispiel, ich verliere die Sprache nicht und du kannst sie üben.

Du kannst und musst lernen, und ich kann und will lernen. Du wirst fit und ich kann mit dir fit bleiben!

In meinem bisherigen Leben habe ich viele Dinge zusammengetragen, die ich um mich haben will. Von vielem glaubte ich oft, mich nie trennen zu können. Von Lieblingskleidern zum Beispiel, die mich an einen besonderen Anlass, an einen denkwürdigen Tag erinnern, oder von Schmuckstücken, die mir mein Ehemann in den ersten Jahren der Verliebtheit geschenkt hat. Oder Bücher, die ich in deinem jetzigen Alter verschlungen habe. Von Hermann Hesse zum Beispiel, oder Ernst Wiechert. Aber vieles, die emaillierten Schmetterlingsohrringe, das indianische Halsband, die kleine Samttasche oder den federleichten, durchsichtigen Hosenanzug, der dir so gut gefallen hat, kann ich dir mit Freude weitergeben, denn ich weiß, dass du, wenn du sie trägst oder betrachtest, an mich denken wirst. Ich stelle mir vor, dass du mit diesen »Erbstücken« ähnlich schöne und unvergessliche Erfahrungen machen kannst, wie dies für mich einst war.

Das ist auch ein Grund, weshalb ich mich über dich freue.

Hätte ich dich nicht, würde alles Wirken und Leben nur in der Erfüllung des eigenen Seins seinen Sinn finden. Mag sein, dass dem einen oder anderen dieser Sinn durchaus genügt. Doch ist es nicht so, dass wir tatsächlich vieles tun, was ein Morgen einplant? Am Ende, denke ich, lässt es sich mit der Tatsache, Enkel zu haben, freier leben. Weil die Aussicht entspannt, dass nichts verloren gehen wird von dem, was ich bin. Weil ich weiß, wem ich meine Spuren hinterlasse.

In schlaflosen Nächten plane ich keine Ausflüge mit meinen Enkelkindern, sondern reise in die eigene Kindheit und Jugend zurück

Am kleinen schilfgesäumten Bach, der sich durch die Wiese zog, gab es die meisten Sauerampfer, aber auch Riedgras, das haarfeine Schnitte auf den nackten Beinen und Armen der beiden Mädchen hinterließ, die im Gras saßen, auf ihre Schulranzen gelehnt. Sie kauten Sauerampferblätter, schwatzten und kicherten, und man hätte meinen können, sie hätten sich vorgenommen, den sonnigen Tag auf der Wiese zu verbringen. Doch jeder, der um diese Vormittagsstunde auf der nahen Landstraße vorbeifuhr, wusste, dass die kleinen Mädchen die Schule schwänzten.

Das war vor sechzig Jahren. Ähnliche Szenen aus meiner Kindheit fallen mir ein (und stimmen mich heiter), wenn ich wieder einmal nachts aufwache und lange nicht mehr einschlafen kann, was neuerdings viel häufiger vorkommt als noch vor einigen Jahren. Es muss wohl mit den Lebensjahren zusammenhängen, denn von zunehmenden Einschlafproblemen berichten auch andere Frauen in meinem Alter. Neu ist, dass ich nicht mehr in Panik gerate, wenn ich glaube, nicht genug Schlaf zu bekommen. Was bedeutet es schon, zwei, drei Stunden wach zu liegen, wenn ich am nächsten Morgen ohne Termindruck ausschlafen kann? Man sagt, mit fortschreitendem Alter kehrt die Erinnerung an längst Vergangenes zurück. Kein Wunder, denn jetzt kehrt vor allem Zeit zurück, die ich wieder mehr für mich selbst verwenden, mit meinen eigenen Wünschen ausfüllen kann. Es gilt nicht mehr, beruflich Fuß zu fassen, die Basis fürs notwendige Überleben zu schaffen, eine Familie aufzubauen, Kinder zu erziehen, Partnerschaftsprobleme zu bewältigen, alles gleichzeitig und gleichsam »nebenbei«. Das hatte hohen Einsatz ins Hier und Jetzt gekostet und wenig Muße zum Ausflug in die eigene Kindheit geboten. Es sei denn, die psychische Stabilität drohte nachzulassen in jenen fordernden Erwachsenenjahren, besonders dicht verplant und atemlos zwischen 30 und 50, und therapeutische Auseinandersetzung mit der Vergangenheit war angesagt. Dann wurde auch die Kindheit wiederbelebt und analytisch durchforstet. Mir wurde diese Auszeit nicht zuteil. Die Neugier auf das kleine Kind, das heranwachsende Mädchen ist geblieben. Jetzt gibt es die Chance, mich mit ihnen zu beschäftigen und zu erfühlen, wer ich war, um zu wissen, wer ich bin.

Heute liege ich wohlig und warm zugedeckt in meinem Bett und genieße die Bilder von früher, die aus meiner eigenen Erinnerung entstehen und aus den Erzählungen der Menschen, die mich als Kind kannten. Die meisten davon leben nicht mehr, meine Eltern, Tanten und Onkel, und Freunde meiner Eltern zum Beispiel. Mein Vater ist schon seit einem Vierteljahrhundert tot. Als er starb, war ich mitten in den Vorbereitungen für meinen Studienaufenthalt in den USA. Für Trauer oder einen langen Rückblick auf das Leben mit meinem Vater blieb wenig Zeit. Der Tod schien mir zum Leben dazuzugehören, ganz wie es klischeehaft von allen wiederholt wird, die mit dem Tod als Geschäft zu tun haben, oder die aus religiöser Überzeugung an das ewige Leben glauben. Heute gehe ich oft an sein Grab und führe »Gespräche« mit ihm. Bedaure zutiefst, dass er vieles von dem, was er sich stets für mich gewünscht hat, nicht mehr erleben konnte: meine berufliche Karriere, meine Auslandsaufenthalte, meine Enkelkinder.

Im Zustand zwischen Wachen und Träumen sehe ich mich manchmal an der Hand meines Vaters über Trampelpfade entlang der abgeernteten Getreidefelder zur Stadt wandern. In der Stadt gab es auch eine Bahnstation. Wir fuhren einmal mit dem Zug zu meiner Tante. Sie wohnte mit vielen anderen Familien in einem Schloss am Starnberger See. Mit meinem Cousin, der ein paar Jahre älter war als ich, konnte ich nichts rechtes anfangen. Er war ganz anders als die Kinder im Dorf. Ich fühlte mich befangen, musste immer an meine Mutter denken, die uns nur bis zum Ortsende begleitet hatte, uns hinterherwinkte und nicht mit Vater und mir verreist war. Niemand sagte mir etwas, was mich beruhigen hätte können. Am liebsten fütterte ich die Goldfische im Schlossteich mit Brot. Als mein Vater und ich endlich die Rückreise antraten, bemerkte ich, dass er viele weiße Bettlaken oder Tischdecken – so schien es mir – eingepackt bekommen hatte, um sie meiner Mutter mitzubringen. Ein seltsames Geschenk, dachte ich, lauter weiße Tücher. Meine Mutter stand nicht am Ortseingang, um uns zu begrüßen. Die Bäuerin sagte uns, sie sei im Krankenhaus. Mein Vater schien sich zu freuen. Ich war verängstigt. Im Krankenhaus war mir der scharfe, saubere Geruch unangenehm. Mein Vater öffnete eine Türe und ich sah meine Mutter in einem weißen Bett. Sie strahlte. Neben ihr ein Gitterbettchen. Aus den weißen Kissen schaute ein winziger, schwarzer Schopf heraus. Und sie sagten mir, das wäre meine Schwester. Ich wollte keine Schwester. Das war offensichtlich nur passiert, weil meine Mutter nicht mit zu meiner Tante gefahren war. Oder ich hätte zu Hause bleiben sollen, denn man sagte mir auch, der Storch sei während unserer Abwesenheit gekommen und hätte die Schwester gebracht. (Es war nicht üblich, Kinder aufzuklären.) Als sie meine Mutter in unsere Wohnung mitbrachte, trieb ich mich lieber im Dorf herum, als zuzuschauen, wie all die weißen Laken zerschnitten wurden, weil sie als Windeln gebraucht worden sind. Meine Mutter verstümmelt Vaters Geschenk, dachte ich mir. Nur wegen der Schwester.

Als meine Schwester geboren wurde, war meine Familie in einem Bauernhof einquartiert. Die Bäuerin lebt heute noch. Sie bewohnt – inzwischen allein, weil sie verwitwet ist und die Kinder längst eigene Familien haben – noch immer das Bauernhaus, in das ich als dreijähriges Mädchen mit meinen Eltern gekommen war. Die Treppe zum Schlafraum im oberen Geschoss des Hauses hatte ich als steil mit endlosen Stufen in Erinnerung, und den Weg von der Treppe zum Schlafzimmer als lang und dunkel, und angsteinflößend. Es war die Erinnerung aus der Sicht des kleinen Kindes von einst: Als ich bei meinem ersten Besuch nach Jahrzehnten nun das Bauernhaus betrete – das Efeu an der Mauer ist schon so hoch, dass das Haus eher einem Waldschlösschen als einem Bauernhaus gleicht – kann ich kaum glauben, wie »klein« und bequem die Holztreppe, und wie kurz der Flur zum Schlafzimmer tatsächlich ist.

Ja, sagt die Bauersfrau jetzt oft, wenn ich sie besuche und nach ihren Erinnerungen an das schmächtige blonde »Flüchtlingsmädchen« befrage, du warst immer so eine Brave, hast deinen Eltern gefolgt und auf dein Schwesterchen aufgepasst.

Ich aber erinnere mich an die ständige Angst vor Strafe von meinem Vater, dem leicht die Hand ausrutschte, und meiner Mutter, die mir verbot, die Dorfkinder ins Haus zu bringen. Am liebsten spielte ich mit meiner gleichaltrigen Freundin Luise, die mit ihrer Mutter, einer Kriegerwitwe, im Haus ihres Onkels und ihrer Tante gewohnt hat. Und weil ihre Mutter auf den Feldern mitarbeitete, hatten Luise und ich viel unbeaufsichtigte Zeit zusammen. Wir seien oft mit anderen kleinen Kindern im Dorf unterwegs gewesen, erzählt sie, oder auf dem Hof der kinderlosen »Schmidbäuerin«, die später meine Firmpatin werden sollte. Oder hätten uns auf Wiesen und Feldern herumgetrieben. Mit Maiskolben gespielt, deren lange Blütenfäden wir zu Zöpfen flochten, wie bei einer richtigen Puppe, die wir einmal geschenkt bekommen würden, so hofften wir.

Luise wohnt nicht mehr im Dorf. Sie lebt mit ihrem Mann in einer kleinen Stadt, nur etwa zwei Stunden Autofahrt von meinem jetzigen Wohnort, in den ich vor vier Jahren gezogen bin, entfernt. Die Beerdigung unserer ehemaligen Schulkameradin Rita im Nachbarort war der Anlass unseres Wiedersehens. Seither haben wir viele Stunden und Tage miteinander verbracht, mehr Zeit als in den vergangenen Jahrzehnten, als sich unsere Wege seit unserem sechzehnten Lebensjahr nur mehr gelegentlich berührt hatten. Heute sind wir füreinander die wichtigsten Zeitzeugen unserer Kleinmädchenjahre, die niemand anderer mehr bestätigen oder dementieren kann.

Auch wenn die Erzählungen ein eher typisches Aufwachsen auf dem Land, eine sorglose Kindheit, vermuten lassen, hatte sich meine Situation in ganz entscheidenden Dingen von den anderen Kindern im Dorf unterschieden: ich kam aus keinem Bauernhof, meine Eltern waren Vertriebene, »Flüchtlinge«, somit lediglich geduldet, und wir waren arm. Bei mir zu Hause war meine Freundin nicht immer willkommen, es gab keinen Platz zum Spielen und auch kein übriges Butterbrot oder gar Limonade.

Trotzdem hat Luise meine Eltern in guter Erinnerung: Dein Vater war stets für einen Spaß zu haben, sagt Luise, er war immer lustig. Und deine Mutter konnte so schöne Kleider nähen, deshalb habe ich dich oft beneidet. Sie hat sich auch nie gescheut, den Bauern bei der Kartoffelernte oder beim Hopfenpflücken zu helfen, sie war beliebt im Dorf.

Allzu lange will ich nicht in den Erinnerungen verweilen, ob ich sie nun allein beim stillen Nachdenken hergeholt habe oder ob ich mit meiner Freundin darüber gesprochen habe. Es geht mir darum, Aufschluss über mich zu bekommen. Das Kind, das ich war, aus meiner jetzigen Sicht zu mögen und zu verstehen. Hätte man schon früher ahnen können, dass ich mich eher zur Vagabundin eigne als zur Bäuerin?

In meinen Gedanken sitze ich auch in jenem Zug, der mich zum ersten Mal über die Grenzen Deutschlands gebracht hat. Zuerst nach Calais, und von dort mit dem Schiff ins englische Dover. Ich fahre zu einer Familie nach Winchester mit dem Ziel, deren Kinder zu hüten und mich am College weiterzubilden – das hatte ich gegen den Willen meiner Eltern durchgesetzt. Meine Mutter begleitete mich dennoch bis München. Dann bin ich allein weitergefahren. Ich lernte Mädchen in meinem Alter kennen, aus Deutschland, Frankreich und der Schweiz, die damals wie ich als »Au-pair«-Mädchen in fremde Länder gingen. Auch sie machten wie ich eine erste Erfahrung, was es heißt, sich in einer unbekannten Umgebung durchsetzen zu müssen, selbst verantwortlich zu sein, andere Lebensweisen zu akzeptieren. Es war ein großer Schritt hin zur Unabhängigkeit, lange vor den Forderungen von 1968. Anders als die französischen oder schweizerischen Mädchen wurde ich zum ersten Mal mit der Nazivergangenheit konfrontiert, man las überall das Tagebuch der Anne Frank und ich schämte mich, eine Deutsche zu sein. »Meine« englische Familie hatte vier Kinder und viel Verständnis für die Grenzen und Bedürfnisse eines sechzehnjährigen Mädchens, das aufs Leben neugierig war und sich in der Fremde sehr bald zurechtgefunden hat. Abenteuerlich waren die Fahrten mit dem Doppeldeckerbus, wenn ich mit allen Kindern unterwegs war. Josephine, die Älteste mit ihren sechs Jahren, und der vierjährige Philip mussten zum Ballettunterricht in die Innenstadt gebracht werden. Baby Nigel lag im hohen Kinderwagen, auf dessen vorderen Rand ich Caroline gesetzt hatte, die zwei Jahre alt war. Manchmal kam auch der altersschwache, schwerfällige Schäferhund Gay mit uns, weil ihn die Kinder so liebten. Was hatte die Eltern überzeugt, mir ihre Kinder anzuvertrauen? Ich hätte später als junge Mutter meine Kinder keinem Teenager überlassen. Aber die Idee, die Liebe für eine große Familie wurde damals in mir geweckt. Die Reiseberichte aus jener Zeit sind noch erhalten. Meine Freundin hat sie mir zurückgegeben, als ich schon verheiratet und Mutter war. Weil ihr meine ausführlich beschriebenen Erlebnisse und Empfindungen gefielen, hatte sie die Briefe so lange aufbewahrt. Du wirst sie sicher wieder einmal lesen wollen, meinte sie.

Aus meiner Teenagerzeit stammen auch einige Liebesbriefe, die, in Kisten verstaut, die langen Jahre meiner Abwesenheit im Ausland auf dem Dachboden eines Ferienhauses einer Freundin überdauert haben. Nun sind sie mir beim Einrichten meines neuen Hauses wieder ausgehändigt worden. Die schönsten hatte mir ein Schulfreund geschrieben. Er sah wie ein blonder Elvis aus und war der Schwarm aller Mädchen. Und ausgerechnet mich hatte er geküsst, mich, die ich mich selbst als hoffnungslos unattraktiv empfand, damals, sodass ich das Rätsel, was ihm an mir gefiel, nicht lösen konnte. Am Ende des Schuljahres schenkte er mir ein rotes Buch (»Der Erwählte« von Thomas Mann) und sagte kein Wort. Ich las den Titel, dann die Widmung, und las zwischen den Zeilen alles, was ich mir ersehnte. Und später, in seinen seitenlangen Briefen, als er mit »Für immer Dein« unterschrieb, interpretierte ich es als ein verbindliches Zeichen, ein Versprechen. Das wollte ich nicht, fand es belastend, weil es meinen Drang, die weite Welt zu sehen und mein instinktives Gespür nach Unabhängigkeit einzuschränken schien. Das schrieb ich ihm als Antwort. Und damit war es erstmal mit den Liebesbriefen vorbei. Vor meiner Reise hatte ich mein aufregendes Geheimnis mit meinen beiden engsten Freundinnen geteilt. Sie haben mich beneidet. Die eine hat sich mit mir zu freuen versucht (damit ich ihr weiterhin alle Einzelheiten berichte), die andere hat ihn mir nach wenigen Monaten weggeschnappt. Ich litt nur kurze Zeit. Das Leben war viel zu interessant, um lange Trauer zu tragen. Heute lebt er noch immer in Italien, dort in der Toskana, wo er sich vor Jahrzehnten niedergelassen hatte. Wenn er seine Tochter besucht, die in einem Dorf in meiner Nähe wohnt, dann freue ich mich immer auf ein Wiedersehen. Und in seiner verhaltenen Art zu lächeln erkenne ich den blonden Elvis wieder.

IX.

Man muss alt geworden sein, also lange gelebt haben, um zu erkennen, wie kurz das Leben ist.
Arthur Schopenhauer, Vom Nutzen der Nachdenklichkeit

Vierzig Jahre danach

Im Jahr 1968 lebte ich in Frankfurt am Main, schon seit sieben
Jahren. Ich war seit fünf Jahren verheiratet, Mutter von zwei
Kindern, einem fünfjährigen und einem zweijährigen Sohn,
schwanger mit dem dritten Kind, das Anfang 1969 geboren werden sollte, berufstätig in einem frisch auf dem deutschen Markt
in Frankfurt am Main angedockten amerikanischen Unternehmen, das den Vorteil hatte, auf die Bedürfnisse berufstätiger
Mütter Rücksicht zu nehmen, was in meinem Fall bedeutete,
schon damals eine Art »Gleitzeit« in Anspruch nehmen zu können. In einem deutschen Unternehmen wäre dies unmöglich gewesen. Junge Mütter gehörten, entsprechend der bürgerlichen
Vorstellungen, an den Herd und zu den Kindern. Die zweite Op-
tion, die einer Frau als Schicksal zuerkannt wurde, war einem
Beruf nachzugehen, wenn sie keine Kinder hatte. Frau hatte
praktisch die Wahl zwischen entweder zu Hause zu bleiben oder
berufstätig zu sein. Mein damaliger Mann und Vater meiner
Kinder beendete in jenem Jahr sein Studium und fand einen gut
bezahlten Arbeitsplatz im Süden Deutschlands. Das bedeutete
erneuten Umzug, wie schon zweimal vorher, was ich nicht sonderlich belastend fand. Überall war Idealismus zu spüren, man
glaubte, alles schaffen zu können, aus eigener Kraft, ohne Geld
im Rücken. Die Eltern waren dabei, sich selbst eine sichere Position zu schaffen. Es wurde fürs Eigenheim gespart und für das
Konto, das sie einst den Enkeln würden vererben können.

In meiner Jugend gab es zwar schon Möglichkeiten, einen
Beruf zu erlernen mit der Aussicht, diesen auszuüben, doch eine
berufliche Beschäftigung war vorwiegend als Überbrückung bis
zur Heirat gedacht. Im Allgemeinen entschieden die Eltern nach
den tradierten Werten: die Mädchen mussten zugunsten des Bruders verzichten – er durfte das Abitur machen, und sie die Mitt-
lere Reife. Für die Zukunft der Tochter wurden zwei Alternativen in Erwägung gezogen: sie würde entweder Hausfrau und
Mutter werden, oder ihr Leben als Berufstätige verbringen, was

als fehlgeleitet empfunden wurde, am Sinn eines Frauenlebens vorbei, es sei denn, die Tochter wurde Lehrerin.

Auch wenn sich junge Mädchen wünschten, ihre Zukunft frei bestimmen zu können, siegten dennoch oft die Konventionen. Man heiratete jung – auch um weg von den autoritären Eltern zu kommen – und brauchte die Einwilligung der Eltern, wenn man noch nicht volljährig, das heißt, noch nicht einunzwanzig Jahre alt war. Die Zustimmung der Eltern gab es meist ohne Schwierigkeiten, wenn die junge Tochter schwanger war. Ein Kind sollte doch ehelich geboren werden. Wenn die Eltern ihre Einwilligung verweigerten, konnte im schottischen Gretna Green geheiratet werden. Und wenn kein Geld für die Reise da war, versuchte man es mit »hitch-hiking«, sich per Autostopp mitnehmen zu lassen, eine Möglichkeit, die zumindest in Großbritannien zu dieser Zeit bereits üblich war.

Dass eine Frau Familie und Beruf unter einen Hut zu bringen versuchen würde, zeichnete sich erst allmählich mit den gesellschaftlichen Umwälzungen der späteren 1960er-Jahre ab. Die jungen (Ehe-)Frauen wollten zunächst erwerbstätig sein, um der Familie zu mehr Lebensqualität zu verhelfen: neue Möbel, ein Volkswagen, Fernsehapparat oder Waschmaschine wollten bezahlt sein (wenn auch in Raten). »Ein, zwei Jahre mitarbeiten« hieß die Devise. Und wohin mit dem Kind? Am besten war es wohl bei der Großmutter aufgehoben: Sie fühlte sich verpflichtet und kostete nichts.

Zunehmend setzte der jungen Ehefrau und Mutter zu, dass ihr Mann andere Vorstellungen hatte vom Teilen der Rechte und Pflichten in der ehelichen Partnerschaft. Die Freiheit, die sie jeweils meinten, war unterschiedlich.

Sie begann, sich selbst zu verwirklichen, Berufstätigkeit als Lebensinhalt und Ziel zu sehen und als Grundlage für die Erfahrung von Unabhängigkeit und neuem Selbstwertgefühl. Die eine versuchte mit Psychoanalyse zu retten, wenn etwas noch zu retten war in der Ehe, oft war die Therapie das Seil der Erkenntnis zur unabhängigen Frau. Die andere zog von Gruppe zu Gruppe, die dritte schlug sich als Einzelkämpferin durch. Ein Wendepunkt für viele Frauen damals.

Immer mehr selbstsichere, identitätsgestärkte Frauen trennten sich vom Mann, wurden zu erfindungsreichen und tatkräftigen Organisatorinnen von Familie – falls sie Kinder hatten – und den Zielen, die sie beruflich zu erreichen suchten. Die im Bildungssystem angebotenen Quereinstiege kamen gelegen, die gewählte Ausbildung wurde ehrgeizig durchlaufen, das Abitur nachgeholt, das Studium absolviert, alles so effizient, so schnell, so gut wie möglich. Gleichzeitig wurde die Ausbildung der Kinder im Auge behalten, Schule, Lehre, Abitur, Studium gefördert, unterstützt, begleitet, so gut es eben ging. Als sie geschieden war, gehörten Gemeinschaften, die sich über Lebenslagen und Interessen herstellen ließen, zur Bewältigungsstrategie, in denen die Verwandtschaft als Sozialkitt unwichtiger war. Die Großmütter waren als Kinderbetreuerinnen aufgrund ihrer konventionellen Erziehungsansichten zwar unbeliebt, wurden aber dennoch gebraucht und ließen sich verpflichten. Die demotivierenden Unkenrufe von einst noch im Ohr, zog manche Mutter nach anstrengenden Jahren am Ende eine erfreuliche Bilanz: die Kinder, die von der Großelterngeneration als vernachlässigt bedauert worden waren, als »arm«, weil so früh auf sich gestellt, haben fast zur gleichen Zeit wie ihre Mutter ihre (manchmal akademische) Ausbildung abgeschlossen. Es war Teamarbeit, denn ohne das Mitwirken der Kinder hätte auch die Mutter ihr Ziel nicht erreicht.

So war es Frauen meiner Generation gelungen, die Idee von freiheitlichem Zusammensein mit gegenseitiger Unterstützung zu verwirklichen. Jedoch in einer ganz anderen Weise, als sie ursprünglich erhofften: Als sie in die Ehe gingen, wollten sie zusammen mit dem Ehemann eine neue Form der Partnerschaft (er)finden, die erlauben sollte, auch ihre Talente zu entwickeln.

Wenn heute beklagt wird, dass Biografien nicht mehr so kontinuierlich verlaufen wie früher, dann wird dies häufig in den Diskussionen um Altersvorsorge, Arbeitslosigkeit und drohender Altersarmut für die uns nachfolgenden Generationen als ein erklärendes Argument benutzt. Die Frage ist, welche Zeit gemeint ist, wenn von »früher« geredet wird. Für Frauen meiner Generation war eine kontinuierliche Normalbiografie jedenfalls keine Selbstverständlichkeit. Was sich auch in der Tatsache niederschlägt, dass eine große Anzahl Frauen ab Sechzig heute Renten bezieht, die sie an den Rand der Armut verweisen. »Normal« war – wenn unter »früher« meine Generation verstanden wird – dass es eine kontinuierliche Biografie in Bezug auf Erwerbstätigkeit für einen Mann geben konnte. Für eine Frau selten.

Ich habe ein Kind versorgt, war gleichzeitig voll erwerbstätig, bis mein Mann sein Studium beendet hatte. Dann war ich Hausfrau und Mutter. Mein Mann begann seine berufliche Karriere. Eineinhalb Jahrzehnte später: Ich habe drei Kinder versorgt, war von meinem Ehemann getrennt, begann ein Studium, habe gleichzeitig halbtags gearbeitet, während Lorenz, mein (neuer) Lebenspartner, sich mit Gelegenheitsjobs durchschlug und an der Verwirklichung seiner musikalischen Ambitionen bastelte, weil er eine »bürgerliche« Karriere abgelehnt hat. Wer dies auch nach den rebellischen Jugendjahren getan hat, und konsequenterweise nie Fuß fassen konnte innerhalb des gesicherten Systems, kämpft heute auch als Mann ums Überleben. Das Risiko, am Ende des Berufslebens zu verarmen, betrifft jedoch Frauen mehr als Männer. Wie meine Freundin Vera zum Beispiel, die sich heute, mit 68 Jahren, als Fremdenführerin treppauf, trepp-ab und immer eilig, in bayerischen Schlössern an der Spitze einer Menschenschlange bewegt, zusätzlich Kummertante und Beschwerdeanlaufstelle aller Gruppenreisenden sein muss – ein abwechslungsreicher Job, den sie gern hat, wenn er nicht allmählich zu anstrengend werden würde. Die Füße schaffen es nicht mehr so gut, die Energie verebbt zu schnell, die Menschen werden immer fordernder. Aber Vera braucht das

Geld zum Leben. Es ist nicht so, dass sie jemals gegen eine »bürgerliche« Karriere gewesen wäre, ganz im Gegenteil, sie hatte die Rolle der Hausfrau und Mutter klaglos angenommen. Und schließlich die Erfahrung gemacht, wie sie für so viele Frauen meiner Generation typisch wurde, als sie in die mittleren Lebensjahre und ihr Ehemann in die Krise kam: Sie wurde geschieden, die Streitereien um Unterhaltsleistungen zogen sich hin. Dessen ungeachtet mussten die Kinder etwas zu essen bekommen und die Wohnung musste bezahlt werden: Die Beschaffung der Finanzen blieb erst einmal an Vera hängen. An eine feste Arbeitsstelle war nicht zu denken. Mit dem Ergebnis, nun eine Rente beziehen zu können, die weder zum Leben noch zum Sterben reicht, wie es so kühl heißt. Mit dem Zusatzverdienst als Fremdenführerin kann sie sich ihr Leben in erträglichem Maß leisten. In Saisonzeiten allerdings nur, und nur so lange sie ihre Füße noch tragen.

Heute gilt es geradezu als »normal«, dass Frauen sowohl als auch Männer eine ihren Wünschen (und Fähigkeiten) entsprechende Schulbildung durchlaufen können. Die ersten Probleme tauchen bei der beruflichen Ausbildung auf, und eine wachsende Anzahl von Menschen haben Phasen der festen Anstellung, der Selbstständigkeit oder Zeiten der Arbeitslosigkeit aufzuweisen. Dabei ist auch heute Chancengleichheit noch kein erledigtes Thema. Ich sehe an vielen jungen Frauen um mich herum, dass es noch immer vor allem Frauen sind, die ernsthafte Probleme haben, wenn sie versuchen wollen, Familie und Beruf unter einen Hut zu bringen. Und zwar umso mehr, je höhere Anforderungen der Beruf an ihre Mobilität und zeitliche Verfügbarkeit stellt. Frauen haben, statistisch gesehen, für beruflichen Erfolg einen viel höheren Preis zu zahlen als Männer. Je unflexibler die Arbeitsbedingungen, desto höher die Wahrscheinlichkeit, dass der noch höhere Preis des Verzichts auf Kinder, zumindest auf mehr als ein Einzelkind, gezahlt werden muss. Wer mehr als zwei Kinder hat, kann meist nicht vermeiden, dass ein Elternteil ein paar Jahre zu Hause bleibt, und dies ist immer noch häufiger die Frau als der Mann. Dass Frauen in Führungspositionen häufiger kinderlos sind als Männer in gleicher Position, ist daher kein Zufall. Wer hier etwas ändern will, lauten inzwischen die Vorschläge innerhalb der politischen Parteien und an die Politiker, muss nicht Frauen fördern, sondern die Bedingungen für die Vereinbarkeit von Familie und Beruf auch für Männer verbessern. Mehr Kinderbetreuungsplätze, familienfreundlichere Arbeitsbedingungen, zum Beispiel. Denn es geht nicht nur darum, was gut für Frauen, sondern auch darum, was gut für Kinder und für Männer ist. Das aber ist letztlich ein und dasselbe. In meiner Umgebung sehe ich heute junge Väter, die wissen, dass menschliche Beziehungen am besten funktionieren, wenn alle Beteiligten dabei auf ihre Kosten kommen. Die sich in die Kinderbetreuung einbringen, Elternzeit zu Hause nehmen, nicht unbedingt einer lückenlosen Karriere nachjagen auf Kosten der Familienzeit. Sie und ihre Familien wirken entspannt, und vielleicht hält diese Art von Partnerschaft ja auch länger als die vielen Ehen, die in meiner Generation gescheitert sind, weil berufliche Ziele zu ängstlich verfolgt wurden und die Bereitschaft, Kompromisse zu machen, zu ungleich verteilt war.

Die heute aktiven Vierzigjährigen haben sich längst in die Aussicht geschickt, länger als ihre Eltern arbeiten zu müssen. Mit Blick auf ihre höhere Lebenserwartung lehnen sie diese Möglichkeit nicht rundweg ab, wäre da nicht die Sorge um den Arbeitsmarkt: Manchmal fragen sie sich, ob sie denn fit bleiben werden, um etwa bis 67 arbeiten zu können, und viel wichtiger noch: um überhaupt eine Erwerbsarbeit im fortgeschrittenen Alter zu finden. Außerdem ist da noch die Sehnsucht nach einem Leben jenseits der Hetze. Es gibt (noch) keine Kultur des schrittweisen Abschieds von der Erwerbsarbeit. Arbeitsteilzeit ist nicht die Lösung, weil sie meistens nur frühe Rente bedeutet. Aber darüber wird noch nicht lebhaft genug öffentlich gesprochen. Bisher wird nur um das formale Renteneintrittsalter gerungen.

Der Ruhestand.
Von Irritationen und deren Überwindung

Das offizielle Ende der Berufstätigkeit stellt den größten Einschnitt im sechsten Lebensjahrzehnt dar, heißt es. Die Erfahrung zeigt jedoch, dass Frauen weniger tief ins Nichts fallen als man dies im Allgemeinen bei Männern feststellen kann.

Für viele Frauen, wie auch für mich, war der Beruf wichtig. Aber er war nie der Schwerpunkt meiner Identität. Ich hatte stets mit dem Dämon der »Doppelbelastung« zu kämpfen. Und typischerweise keine durchgängige, eher eine Patchworklaufbahn, aus verschiedenen Tätigkeiten, beruflichen, häuslichen, mütterlichen, nebenberuflichen, wechselberuflichen und Pausen zusammengesetzt. Wie unkonventionell die Jahre der Erwerbstätigkeit auch gewesen sein mögen, der endgültige Abschied von der aktiven Berufstätigkeit fällt vielen Frauen nicht leicht, weil es gleichzeitig ein Abschied einer wichtigen Stütze ihrer Identität bedeutet. Und ein Teil dessen verloren geht, was ganz wesentlich zum sinnvollen Leben beigetragen hat.

Für Andrea stand die Entscheidung zum Beispiel schon vor fünf Jahren fest. An ihrem sechzigsten Geburtstag hatte sie der Kanzleileitung mitgeteilt, dass sie mit 63 Jahren in den Ruhestand gehen werde. Als der Termin näher rückte, konnte sie sich dennoch nicht zum Aufhören überwinden und bot noch zwei weitere Jahre an. Innerlich, dachte sie, könnte sie sich leichter aus dem Korsett lösen, sich allmählich mit dem Gedanken vertraut machen, welchen Sinn sie ihrem nachberuflichen Leben geben will. Sie blieb, Kollegen und Klienten freuten sich. Im zweiten Jahr ihrer Arbeitsverlängerung unterliefen ihr immer häufiger Flüchtigkeitsfehler, sie vergaß Namen, ihre Konzentration litt. Mit Vorsicht sprach sie mit einer gleichaltrigen Freundin darüber, die gerade ähnliche Erfahrungen machte und ähnlich beunruhigt wie Andrea war. Auch die Freundin meinte, das sei die Überlastung. Es sei richtig, aufzuhören.

Seit sie offiziell aus der Kanzlei verabschiedet worden ist, hat sie oft schlecht geschlafen. Schließlich hat sie sich ein Programm gemacht: Mittagessen mit einer alten Tante, die sie einmal in der Woche aus dem Altenheim holt. Ein Tag mit den Enkelkindern. Am Montag eine alleinstehende Freundin anrufen. Einen Yogakurs am Dienstag, am Mittwoch Italienisch-Auffrischkurs. Neue Bücher lesen, die einmal im Monat beim Frauen-Literaturkreis diskutiert werden. Das Wochenende bleibt ihrem Mann, ihnen beiden als Paar, vorbehalten. Sie verreisen oft, manchmal nur einige Kilometer in die Berge, oder an einen der kleinen Seen. Sie gehen gern spazieren und ihren unterschiedlichen Interessen nach, besuchen Museen, Ausstellungen, Konzerte. Wenn ihr Mann ihr von den Vorkommnissen aus der Kanzlei erzählt, tat es ihr anfangs weh, nur zuzuhören, aber nicht mehr eingreifen zu können. Inzwischen aber hat sie nur noch selten das Gefühl, mitwirken zu wollen. Über berufliche Probleme sollen sich nun diejenigen den Kopf zerbrechen, sagt sie, deren Aufgabe es (jetzt) ist, Lösungen zu finden.

Der unvorhergesehene Vorruhestand

Es war in den ausklingenden 1990er-Jahren. Panikmache auf den Firmenfluren. Geheimnisvolle Entscheidungen hinter geschlossenen Türen. Fusion, Übernahme, Zusammenschluss wurden Schlagwörter auf der einen Seite, Abfindung, Entlassung, Altersteilzeit, Frühpensionierung auf der anderen. Mit Fünfzig chancenlos im Arbeitsleben, vor allem in den Führungsrängen, und vor allem für Frauen. Belegschaften wurden gespalten.

Angst ging um, aber auch ein Vorgefühl für neue Chancen, das ein Abwägen von Abfindungsangeboten und der Wahrscheinlichkeit in Gang setzte, dereinst ungekürzte Rente beziehen zu können (falls man Glück hätte und bis zum gesetzlichen Rentenalter einen Arbeitsplatz behalten könnte).

Die Mitteilung der Firmenleitung kam daher nicht unerwartet. Auch nicht für Margot, eine Karrierefrau, für die es nach der Übernahme der Firma durch eine noch größere Firma, die alle inhaltlichen Mängel mit finanziellen Draufgaben auszugleichen oder vielmehr zunächst zu vertuschen imstande war, keinen Platz mehr gab, da zwei gleiche Stellen weder tragbar waren noch funktionieren würden, und sie, die engagierte, erfolgreiche und aus der Firmenmannschaft eigentlich nicht wegzudenkende Frau schon Mitte Fünfzig war, also zu alt und dem Rentenalter nahe. Sie machte sich auch keine Illusionen. Sie bewarb sich zwar um eine Position in anderen Firmen, bundesweit. Aber wer sollte ihr schon eine angemessene Position bieten können, da sie bereits »alt« war und die Tendenz der Wirtschaft zum »lean management« Abbau, Reduzierung der Mitarbeiter, Einsparen aller nur möglichen Stellen bedeutete?

Bedauerlicherweise sehe man sich gezwungen, eine bestimmte Anzahl von Mitarbeitern abbauen zu müssen. Wer freiwillig geht, dem wird eine Abfindung gezahlt.

Margot nahm sich zwei Jahre Zeit, um sich zu entscheiden. Sollte es am Ende doch mehr Weisheit und Selbstachtung beweisen, wenn sie sich entschloss, die Abfindung abzulehnen? Nein, entschied sie, ich habe Zeit, mich vorzubereiten. Innerhalb dieser zwei Jahre werde ich selbst den Zeitpunkt bestimmen, wann ich gehen will.

Ihr Ziel war, loslassen zu können vom Erwerbsleben, von der Verantwortung für andere Mitarbeiter, von der Idee, in »ihrer« Firma noch gebraucht zu werden.

Sie begann, morgens die Strecke von ihrem Wohnort zur Firma ganz bewusst entlangzufahren und sich immer wieder zu fragen: Wird mir diese Fahrt fehlen, die Häuser, an denen ich vorbei fahre, die Bäume, die wie eine Allee vor dem Eingang zum Parkplatz stehen, und den Platz, den mein Auto gleichsam automatisch findet? Die Mitarbeiter, die ich im Aufzug treffe, mein helles Büro mit Blick auf die Silhouette der großen Stadt?

Sie betrachtete die Fahrten zum Arbeitsplatz als eine Art »Trainingsprogramm«. Und als sie schließlich fühlte, dass sie all das tun konnte, ohne Wehmut, ohne die Fahrt, die Umgebung, die Aufgaben, die Firma zu vermissen, kündigte sie.

Sie wurde aus dem Angestelltenleben entlassen mit der treu im Sinne der Firma ausgerichteten Rede von demjenigen, der als nächster seinen Abschied würde nehmen müssen, und jeder in der Runde der Zuhörenden wusste das. Hätte er seine Rede deshalb nicht etwas ironischer halten können? Warum funktionieren die Männer bis zum Schluss als Manager und reagieren nicht als Menschen?, dachte Margot bekümmert, während sie dieser Lobhudelei lauschte.

Ohne Sentimentalität drückte sie die ihr entgegengestreckten Hände zum Abschied. Auf die freundliche Aufforderung, künftig am jährlichen Firmen-Seniorentreffen teilzunehmen, nickte sie der betrieblichen Sozialarbeiterin zu, doch sie hatte längst beschlossen, niemals zurückzukehren. Zu lebhaft erinnerte sie sich daran, wie lästig die »Alten« bei derartigen Treffen für die Mitarbeiter gewesen sind. Die geduldeten Besucher waren mit der Entwicklung des Betriebs nicht mehr vertraut, konnten es nicht mehr sein, und sie hatte es stets als unangemessen, ja peinlich, empfunden, wenn sie darauf verwiesen, wie dieses und jenes »früher«, zu ihrer Zeit, gemacht und gehandhabt worden sei. So wollte sie nie werden, denn sie wusste, dass man den Ehemaligen keine aufrichtige Achtung mehr entgegenbringt.

Die ersten Wochen zu Hause verbrachte sie in Urlaubsstimmung. Weil sie durch ihre ehemalige Position Kontakte hatte, begann sie, ihre beruflichen Kenntnisse und Erfahrungen in Seminaren und Vorträgen anzubieten. Als die Kontakte allmählich versiegten – denn auch die anderen wurden älter und dem aktiven Berufsleben entzogen – lernte sie ganz neue Dinge. Grafisches Design zum Beispiel, weil sie dafür schon in ihrer Jugend einmal Interesse verspürt hatte, dann aber einen anderen Weg gegangen war. Auch die Kunst des Klavierspielens hatte sie früher schon begeistert, und so nahm sie jetzt Klavierunterricht. Sie hatte ja Zeit und ausreichend finanzielle Mittel, um sich jetzt ihre zugunsten eines anderen beruflichen Weges zurückgestellten Wünsche zu erfüllen.

Zu ihrem Erstaunen stellte sie fest, dass sie nicht mehr alles mit der Leichtigkeit von früher lernen konnte. Zum Beispiel ist ihr die Methode, Klavierspielen zu lernen, zu kompliziert und anstrengend geworden. Die passt nicht mehr zu meinem Gehirn, sagt sie, aber das Computerdenken ist mir vertraut und daher kein Problem. Sie wurde tatsächlich eine gute Designerin. Die neu erworbenen Kenntnisse konnte sie für den Frauenverein nutzen, den sie bald gründete. Zudem engagierte sie sich ehrenamtlich im städtischen Krankenhaus und organisierte eine örtliche Nachbarschaftshilfe.

Durch die von meinem ehemaligen Betrieb angebotene und von mir akzeptierte Abfindungsregelung habe ich ein beachtliches Stück Lebensqualität gewonnen, sagt Margot. Ich habe dadurch relativ früh mit relativ gesichertem Einkommen Chancen für einen neuen Lebensabschnitt bekommen. Ich konnte mich in einem relativ jungen Alter, mit Mitte Fünfzig, umorientieren, um weiterhin aktiv sein zu können. Und meine Berufserfahrungen, mein Wissen – etwa wie Geschäftsabläufe funktionieren oder was bei der Gründung einer Existenz vorteilhaft ist – kann ich heute noch einsetzen. Bei dieser Art von unternehmerischer Beratung durch »Ruheständler« habe ich fast nur Kollegen. Die Ursache liegt in unserer Generation, in der Frauen wenig Chancen hatten, Führungspositionen zu erreichen. Wer Familie, Kinder, Enkelkinder hat, ist heute, nach Beginn des Rentenalters, nicht sonderlich daran interessiert, sich wieder in einen festgelegten Rahmen einbinden zu lassen. Diese Frauen bevorzugen Beschäftigungen, die ehrenamtlich und zeitlich frei einzuteilen sind.

Nutzlosigkeit und Wertschätzung

Wer bis zu dem Tag arbeitet, der den gesetzlichen Ruhestand markiert (weil sie nicht gekündigt, und ihr auch keine Abfindungsregelung angeboten wird), und sich auf das Ende der Erwerbstätigkeit freut, zählt gegen den Schluss zu schon die Wochen und Tage und träumt von der ersehnten nachberuflichen Zeit, der Freiheit, der Sorglosigkeit. Um dann festzustellen, dass der Traum von freier Selbstbestimmung zunächst in gefühlter Lebenserschöpfung versiegt. Und schleichend verliert sich das Hochgefühl von intensiver Lebensfreude und der Verdacht keimt, nutzlos geworden zu sein. Das Wort Ruhestand erinnert an einen trostlosen Wartesaal, in dem man sitzt, weil man den Anschluss verpasst hat.

Nutzlosigkeit ist ein Begriff, der aus dem Arbeitsleben kommt, wo nur das Gegenteil, die Nützlichkeit, geschätzt und honoriert wird. Mit der in Geld messbaren Nützlichkeit geht auch die gesellschaftliche Wertschätzung einher. Wir werden über das Einkommen definiert. Wir sind Beamtin, Angestellte, Freiberuflerin. Und wenn das Geld, das wir beziehen, schließlich die Rente ist, dann sind wir eben Rentnerin. Wogegen an sich nichts einzuwenden ist. Wenn da nicht ein höchst unliebsamer Effekt damit verbunden wäre: Als Rentnerin werden wir zur Schablone der alten Frau zurechtgeschnitten. Noch dazu vermittelt diese Bezeichnung das Bild einer alten Frau, die nichts mehr tut. Was in gewisser Weise auch stimmt. Für das Geld, die Rente, die monatlich auf dem Konto eingeht, muss ich mich nicht mehr anstrengen. Das ist erfreulich.

Doch weckt diese Tatsache gelegentlich auch Neid:

Die haben es doch gut, sagen nicht selten die noch jüngeren Frauen zum Beispiel, sie können ihr Geld ausgeben und brauchen sich keine Sorgen zu machen, es zu verdienen. Wir wissen nicht, ob wir überhaupt noch mit einer Rente rechnen können, wenn wir soweit sind.

Die Rente auf dem Konto hat jedoch für uns Rentnerinnen Folgen. Es bedeutet zum Beispiel, dass der Person, die Rente bezieht, auch kein Einfluss auf öffentlicher Ebene mehr zuerkannt wird. Lediglich in ihrer Rolle als politische Wählerin. Ein Aspekt, der allerdings nicht unterschätzt werden soll. Unter dem Blickwinkel der Zunahme der älteren Bevölkerung und der Tatsache, dass die älteren Menschen politisch mitreden wollen, könnte passieren, dass mehr »Altenpolitik« zum Tragen kommt, also primär an den Bedürfnissen und Wünschen der Alten orientiert sein wird. Denn die Alten haben bis zu ihrem Tod das Wahlrecht, während die Jugend, zahlenmäßig in Zukunft unterrepräsentiert, erst ab 18 Jahren wählen darf und somit ihre Forderungen vielleicht nicht mehr durchsetzen kann. Zumindest auf die Zustimmung der Alten angewiesen sein könnte.

Eine Auswirkung des Status »Rentnerin« ist heute noch die Konfrontation mit dem Klischee der Rentnerin, die diskriminiert und abgewertet werden kann.

Der Begriff wird mit der Vorstellung einer alten Frau verbunden, die Eigenschaften aufweist, die im Allgemeinen kaum etwas mit altehrwürdig oder weise zu tun haben, eher mit verblüht, ergraut, abgeschlafft und nicht mehr gefragt.

Hier wird das kalendarische Alter (in Rente gehen) mit dem sozialen Alter (ist nicht mehr aktiv, gehört also zum alten Eisen), dem biologischen (verschrumpelt, tütelig) und dem psychischen Alter (wie alt fühle ich mich) vermischt. Tatsächlich aber ist auch eine Rentnerin eine ganz individuelle Frau.

Rentnerin-Sein ist eine gesellschaftliche Kategorie und trotzdem ein Einzelschicksal. Nicht nur, weil wir alle unterschiedlich altern, sondern weil Rentnerinnen unterschiedliche Rente beziehen und dies natürlich Auswirkungen auf ihren Lebensstil haben muss. Dazu kommt, dass jede Frau, die aus dem Erwerbsleben ausgeschieden ist, bei der Sinnfindung für ihren neuen Lebensabschnitt nicht nur allein gelassen, sondern die Erfahrung machen wird, dass es niemand mehr interessiert, was sie mit ihrem ausgesonderten Lebensabschnitt anstellt. Frühere Frauengenerationen hatten ein gemeinsames Schicksal: Sie haben in der Gemeinschaft der grauen alten Frauen ihre Signale und Anleitungen erhalten. Da war das kalendarische Alter zwar von Bedeutung, doch brauchte man nicht (erst) alt an Jahren sein, um als alt zu gelten. Die Rolle der Großmutter, die der älteren Witwe oder der ältlichen unverheirateten Tante galten als Eintrittskarten, und die wenigen Frauen, die einem außerhäuslichen Beruf nachgegangen sind, Krankenschwestern etwa, oder Lehrerinnen, konnten davon ausgehen, in die Gemeinschaft der alten Frauen aufgenommen zu werden, spätestens dann, wenn ihre Berufstätigkeit zu Ende war. Alte Frauen blieben unter sich, von den Aktivitäten der jungen Generation blieben sie fein säuberlich getrennt, Familienfeste ausgenommen. Sie haben sich in ihr Schicksal gefügt, das ihnen andererseits auch eine gewisse Sicherheit und ein Gefühl der Geborgenheit in der Gemeinschaft geben konnte.

Heute liegt es an der einzelnen Rentnerin selbst, ein (sinnvolles) nachberufliches Leben aufzubauen. Öffentlich wird niemand versuchen, sich in ihre Lage einzufühlen. Eine aus dem aktiven Berufsleben ausgeschiedene Person muss damit rechnen, unwichtig, bedeutungslos zu sein. Andererseits will ich als sechzigjährige Frau kein altes Mütterlein früherer Zeiten sein. Und das darf ich auch nicht. Denn ich gehöre zu der Generation von Frauen, die erstmals beruflich durchstarten konnte, nicht geradlinig, aber konsequent; die gezeigt hat, dass Beruf und Familie zu vereinbaren sind, mit Opfern auf beiden Seiten, aber dennoch befreiend; die für nachkommende Frauengenerationen vorgesorgt hat, ihre Rechte gesichert, Vorbilder geschaffen. Jetzt wird nicht nur von uns selbst, sondern auch von der uns nachfolgenden Generation erwartet, dass wir auch unser Alter selbst in die Hand nehmen, es selbst gestalten. Wir sollen anders altern, aktiver, selbstständiger altern – das ist der Anspruch, und wir wollen anders altern. Dieser Anspruch jedoch ist nicht so einfach zu erfüllen: zu sehr noch, wenn auch oft diffus, durchkreuzen die alten Klischees – die sowohl die uns nachfolgenden Generationen als auch wir selber (bisher) nicht auflösen konnten – den theoretisch realisierbaren, angestrebten und erstrebenswerten Plan.

Wenn ich zum Beispiel in einer Debatte über Belange öffentlichen Interesses mitdiskutiere, über Verbesserungen der örtlichen Infrastruktur, oder wie sinnvoll die Planung eines weiteren Sportplatzes sein mag, dann geschieht es nicht selten, dass ich unterbrochen werde. Das kann natürlich jeder Frau passieren, auch wenn sie jung ist. Aber ich registriere daraus: Aha, das ist die Altersfalle, und denke, mein Gegenüber glaubt, meiner Anschauung zuzuhören lohnt sich nicht (mehr). Es ist, als wäre man von einem Makel behaftet, und nur wir wissen, dass er unverschuldet ist. Es ist eine ständige Gratwanderung: Wie widerstandsfähig bin ich, mich nicht an den Rand drängen zu lassen? Und wenn dies geschieht, dann kommt es auf mich an, dort nicht zu verharren.

Es wird also Zeit, sich selbst zu bemühen. Täglich. Und vielleicht wie die heute 69-jährige pensionierte Fachärztin Hanni all das wieder anzufangen, was sie im Laufe der Jahre zurückstellen musste:

Es kostete sie Anstrengung, sie musste sich überwinden, um den Anfang zu schaffen. Aber dann ging sie zum Wandern, Schwimmen, Tennisspielen, machte einen Gymnastikkurs, hat wieder Russisch gelernt, einen Gartenpflegekurs belegt und ist in die Tanzschule gegangen.

Ich habe einfach alles wieder aufgegriffen, um herauszufinden, was mir noch Spaß macht, sagt Hanni. Und das habe ich dann beibehalten. Dazu muss man alles ganz systematisch wieder ausprobieren, und sich selber testen: Was ist mir noch wichtig, was war nur ein Wunschtraum (weil ich keine Gelegenheit hatte, ihn zu realisieren) und was entspricht noch meinen heutigen Bedürfnissen und Neigungen.

Hätte sie einen Lebenspartner, würde sie mit ihm überlegen, was sie zusammen machen wollen. Die gemeinsamen Aktivitäten, die Zeit zu zweit und mit Freunden dürfe allerdings nicht verhindern, dass sich ein jeder auch seinen ganz eigenen Neigungen widmet. Ganz im Gegenteil, um füreinander spannend zu bleiben, sind eigene, unabhängige Interessen und Aktivitäten von Vorteil.

Zurzeit übersetzt Hanni russische Kinderbücher, spielt regelmäßig Tennis und pflegt ihren Garten.

Und sagt: Wenn ich respektiert werden möchte, muss ich Bedingungen stellen, auch an mich selbst. Anerkannt wird, wer sich zu zeigen weiß.

Die demografische Entwicklung zwingt zwar zum Umdenken. Es gibt inzwischen Bestrebungen, die Erfahrung der »Alten« wieder einzubinden in Industrie und Wirtschaft und im sozialen Bereich. Vorerst jedoch erscheint dies eher noch als eine Art »Gnade«, eine Art Beschäftigungstherapie für die Älteren. Denn bevorzugt sollen ihre nacherwerbstätigen Leistungen ehrenamtlich erbracht werden. Dahinter steht der Gedanke, sich dankbar zu zeigen, dass wir trotz der erreichten Altersgrenze auf unseren Wunsch hin noch beschäftigt werden. Einen Anspruch auf Vergütung der Leistung gibt es nicht (mehr). Und somit auch keine objektive Wertschätzung. Trotz der bewiesenen Fähigkeiten einer Rentnerin, ihrem ungebrochenen Ehrgeiz, den Kenntnissen, der Erfahrung.

Eine Rentnerin, die Geld hat, wird von der Wirtschaft umworben. Das ist ihre Wertschätzung in der Rolle als Konsumentin. Dies allerdings ist kein alleiniges Zeichen von Respekt, von Anerkennung und Wertschätzung der älteren Personen, sondern lediglich eine raffinierte Methode, sich die verändernden demografischen Verhältnisse wirtschaftlich nutzbar zu machen. Man reagiert auf die Tatsache, dass die in Zukunft sinkende Zahl junger Konsumenten zwangsläufig die Umwerbung der älteren sinnvoller macht. Ich persönlich kaufe zurzeit wenig für mich. Nicht aus Lustfeindlichkeit, oder weil ich denke, es »lohnt« sich nicht mehr, sondern aus Unlust am Überfluss. Ich brauche mich auch nicht mehr in (oberflächliche) Ersatzbefriedigungen flüchten wie manchmal in jenen Zeiten als junge Mutter, die, so abwechslungsreich ein Tag mit kleinen Kindern auch sein mochte, sich damals in der Routine bald gelangweilt und sich auch nicht ernsthaft anerkannt gefühlt hat. Ich erinnere mich an Shoppingtage in der Großstadt mit meiner Freundin Biene, die in ganz ähnlichen Verhältnissen lebte wie ich. Wir ließen uns beim Szenefriseur verschönern, speisten beim Italiener, bummelten durch die Stadt und gaben das Geld aus, das unsere Ehemänner (damals) verdienten.

Heute stellt sich oft die Frage, inwieweit lassen wir uns vor allem von der Kosmetikwerbung erreichen, man weiß ja, Frauen in meinem Alter geben dafür leicht ein Vermögen aus (im Unterschied zu »damals« ist es heute allerdings unser eigenes Geld). Warum? Weil es eben doch noch darauf ankommt, zu gefallen. Die Falle dabei ist: Wir sollen glauben, die Verwendung eines bestimmten Produktes gibt uns die Jugend zurück, zumindest würde sie unser jugendliches Aussehen erhalten. Kosmetik ist natürlich wichtig. Aber es muss nicht die teuerste sein, um sich zu pflegen, denn die Forschungslabors auf dem Kosmetikmarkt ziehen alle am gleichen Strang. Wieso den Namen der Kosmetikfirma bezahlen?

Gleichzeitig stellt sich uns die Frage, wie weit wir den Anschluss halten wollen, wenn wir weiterhin am gesellschaftlichen Miteinander teilhaben und mitreden und nicht nur jung aussehen wollen.

Dann brauche ich vielleicht doch ein neues Handy (obwohl ich diese vielfältigen Funktionen schrecklich unnötig finde), einen handlicheren Laptop (obwohl mir mein alter Computer genügt) oder einen MP3-Player (obwohl ich meine CD-Sammlung behalten will).

Deshalb denke ich darüber nach, welchen Sinn und Wert die Produkte, die angeboten werden, für meine Lebensgestaltung haben können. Und wofür es sich lohnt, das Geld, das ich habe, auszugeben.

Unsere Zeit ist immer

Was, das machst du noch in deinem Alter?, höre ich gelegentlich. Wenn ich einfach nur durch das Haus tanze, laute Musik höre, mich nie vor Mitternacht schlafen lege, stundenlang durch die Straßen bummle, auf einen Berg klettere, viele Kontakte pflege, verreise, arbeite, wie eine ganz normale Frau. Ich habe nicht vor, den Himalaya zu besteigen, auch nicht im Dschungelcamp zu überleben, mich im Tiefseetauchen zu versuchen oder auf Tischen zu tanzen – das alles habe ich auch in jungen Jahren nicht getan, es hatte nichts mit dem zu tun, was mir gefiel – aber ich mag zum Beispiel Pop und Rockkonzerte, heute noch. Wie andere Frauen meiner Generation auch.

Wir sprechen gern von »unserer« Zeit, und meinen damit die Ära, in der wir jung gewesen sind. Pop- und Rockmusik zum Beispiel war für viele junge Menschen damals der gemeinsame Nenner. Das ist »unsere« Musik sagen die heute Sechzigjährigen. Aber in der heutigen Zeit gehört sie inzwischen fast allen. Wir haben sie mitgenommen, unsere Kinder haben sie angenommen, sie sind damit aufgewachsen, es ist also auch »ihre« Musik, und für unsere Enkel scheint sie ebenfalls zu ihrer Lebenswelt dazuzugehören. Meine Enkelin Zeynep (achtzehn Jahre) zum Beispiel hört sie. Wenn sie mich besucht und wir zusammen kochen, hören wir eine CD von *Crowded House*, der Song *»Weather with you«* muss auf jeden Fall dabei sein, das ist schon Tradition. Und auch mein fünfjähriger Enkel Tom hört (neben klassischer Musik) zum Beispiel *Led Zeppelin* oder *Po-*

lice, erkennt sie schon an den ersten Akkorden, und besonders am Sound der Drums (weil er Schlagzeuger werden will). Beide Musikstile, Klassik und Rock, hört er im Elternhaus. So wie Zeynep auch die Musik hört, die ihr Vater als Jugendlicher am liebsten hatte (zum Beispiel *Sex Pistols*).

Die Rockmusik hatte zu »unserer« Zeit eine bestimmte Funktion: sie war zwar auch Ausdruck der Abgrenzung von der Elterngeneration, doch es ging um mehr als nur den psychologischen Generationenkampf. »Unsere« Musik war auch ein Mittel, politische Inhalte zu transportieren, die Auseinandersetzung mit der Verwirklichung von Gleichheit und Selbstbestimmung zu thematisieren. Die Mehrzahl unserer Eltern fand »unsere« Musik grauenvoll. Sie bedeutete für sie Hippiemusik, die der Langhaarigen, Rebellen, Wilden, sie war »Krach«, zu laut, man verstand den Text nicht – Englisch! –, man brachte sie in Verbindung mit Drogen, Verweigerung, fehlendem Anstand und öffentlicher Unmoral (was alles ein wenig gestimmt hat).

Der Zeitgeist, dem diese Musik entsprang, hat sich gewandelt. Heute wird »unsere« Musik nicht mehr zur Abgrenzung gebraucht. Die Politik gehört auch nicht mehr dazu. Die Rockmusik ist eher ein Zeichen von Teilhaben, vom Dabei-Sein am Puls der Zeit. Sie ist Mainstream geworden und bewirkt gesellschaftspolitisch nichts mehr. Dass sie selbstverständlich »da« ist, ist nicht zuletzt der Generation der heute Sechzigjährigen anzurechnen. Denn auch die Rockstars sind älter geworden. Tina Turner, Bob Dylan, Barbra Streisand oder Mick Jagger zum Beispiel. Und sie tun immer noch das, was sie gern tun, obwohl das, was sie tun, einst streng zur Jugendkultur gehörte. Sie leben dennoch nicht in der Vergangenheit, sondern jetzt. Und tragen sich vermutlich kaum mit dem Gedanken, dass »ihre« Zeit vorbei sei.

Wenn Frauen (und Männer) meiner Generation von »unserer«

Zeit sprechen, schwingt auch Stolz mit im Hinblick darauf, was in jener Zeit an gesellschaftlichem Fortschritt bewegt worden ist. Gelegentlich mischt sich auch Wehmut ein, wie immer, wenn rückblickend vieles verklärt gesehen wird. Die Wehmut wird aber von der Erkenntnis besänftigt, dass wir unsere Einstellungen, unseren Lebensstil weiter leben und erweitern, denn es kommt immer wieder etwas Neues hinzu: Wir geben uns unaufhörlich das Recht auf Gegenwart. Wir ringen darum, dass uns dieses Recht nicht verloren geht, wenn uns, zum Beispiel, die Klischees über eine Frau von Sechzig durcheinanderbringen. Die Tatsache ist, dass wir in unsere Gegenwart ein Leben lang eingebettet sind. Daher brauchen wir »unsere« Zeit nicht zu betrauern, denn unsere Zeit ist immer.

Nora und Emmy

Die beiden 67-jährigen Frauen, denen die junge Journalistin auf ihrer Indienreise begegnet ist, sind in die Jahre gekommene Hippiefrauen, die seit zwei Jahren zusammen durch die Länder Asiens reisen, Burma, Vietnam, Tibet, Nepal, Indien. Sie sind auf eigene Faust unterwegs, organisierte Reisen verabscheuten sie schon immer. Die eine lebt von ihrer guten Rente als pensionierte Ethnologin, die andere, eine ungebundene Lebenskünstlerin mit unterschiedlichen Jobs seit sie ihr Studium beendet hatte, verdient sich zwischendurch Lebensunterhalt und Reisegeld durch privaten Englisch-, Französisch- oder Deutschunterricht. Beide haben sich dem Buddhismus angeschlossen, überwintern in Klöstern und planen, im Alter in Indien zu bleiben. Oder in einem anderen Land. So genau möchten sie sich noch nicht festlegen. Sie gehörten in ihrer Jugend zu den Frauen, die es immer wieder nach Indien zog, wie die anderen sechs Millionen jungen Menschen aus dem Westen, die sich in den 1970er-Jahren das Hippie-Ideal der (Selbst-)Verwirklichung eines zumindest für ein paar Monate ungestörten Lebens in einem toleranten Umfeld erfüllt hatten.

Jüngere Leute finden die beiden unternehmungslustigen, aktiven älteren Frauen nicht selten »toll«. Nicht, weil sie die Reisen so ungewöhnlich finden – schließlich machen sie diese Reisen ja auch selbst und haben so die beiden Frauen kennengelernt. Auch nicht, weil sie die Frauen anziehend finden, sondern weil diese Frauen »trotz« ihres höheren Alters diese Reise machen, dieses Leben führen. Es ist das Vorurteil alten Menschen, insbesondere alten Frauen, gegenüber. Einerseits traut man ihnen nichts zu, was nach allgemeiner Meinung und üblicher Vorstellung jungen Menschen vorbehalten scheint. Und andererseits gönnt man ihnen die Freiheit im Alter nicht. Die Allgemeinheit will nichts von alten Frauen hören, die »ausgestiegen« und dabei glücklich sind. Als die Journalistin einen Artikel über die beiden älteren Frauen in einer Zeitschrift unterbringen wollte, wurde er abgelehnt. Mit der Begründung, es würde sich nicht um Frauen um die 50 handeln. Von Frauen, die schon fast 70 Jahre alt sind, würde niemand solche Abenteuer lesen wollen. Nora und Emmy sind siebenundsechzig.

X.

Man gratuliere mir!
Auch dieses Jahr noch haben
die Mücken mich gebissen.
Issa, in: Haiku. Japanische Gedichte

Vertrauen ist ein Angebot an die Zukunft

Der abgestandene Geruch von Kantinenessen hing in der Luft und verbreitete lähmende Schläfrigkeit. Aus unbestimmter Ferne fragte eine Stimme: »Ist sie schon wach?«

Woher kenne ich diese Stimme?, überlegte ich und versuchte vergeblich, sie einer bestimmten Person zuzuordnen. Die Erinnerung entglitt mir kurz vor des Rätsels Lösung. Ich bemühte mich, die Augen zu öffnen. Die Lider: zentnerschwer. Dann sah ich seine Hände auf meiner weißen Bettdecke. Vermutlich eine Wunschvorstellung. Gleichzeitig ein Albtraum. Ich döse weiter, fühle mich ausgetrocknet, denke an ein Glas Wasser, eine Tasse Tee oder ein Flasche Cola, so genau weiß ich es nicht. Doch das ist normal nach einer Operation, wenn die Nebel der Narkose sich lichten.

Allmählich erwache ich in meinem Krankenhausbett.

»Hi, wie geht's dir?«, fragt Lorenz.

Natürlich, es war *seine* Stimme! Ich erschrecke. Mit verklebten Haaren, verschwitzten Händen und in dem weißen Leinenhemd bin ich mit Sicherheit ein abschreckender Anblick, in diesem Krankenhausbett: weiß lackierte Rohre, ein Gittermuster am Kopfende, am Fußende eine rund gebogene Stange, auf die sich die Ärzte und Schwestern stützen, wenn sie die Last der Ratlosigkeit oder auch der Hoffnung auf den kraftlosen Bettlägerigen übertragen. Dort steht er jetzt und lächelt mir zu. Er scheint nichts Abstoßendes an mir zu bemerken. Er kommt her, beugt sich herab, küsst mich leicht auf meine trockenen Lippen und nimmt, ganz selbstverständlich, meine Hand, reicht mir Pfefferminztee in der Krankenhaus-Henkeltasse, die auf dem schmalen weißen Kästchen neben dem Bett abgestellt war.

»Ich habe dir etwas mitgebracht!«

Lorenz spricht leise. Meine Bettnachbarin hört mit. Ich denke an Blumen und bin erstaunt über das flache, ziemlich große, rechteckige Päckchen, das er nun auf die Bettdecke legt.

Es ist mit rosa und lila Seidenpapier umwickelt und mit violetten Seidenbändern verknotet. Ich entferne das Geschenkpapier. Er hilft mir dabei. Dann halte ich eine Schallplatte in der Hand. Betreten schweige ich.

Die Nachbarin hat sich in ihre Frauenzeitschrift vertieft.

Lorenz blickt mich erwartungsvoll an: »Es ist die Musik, die du gern gehört hast!« Ich schaue genauer hin: *Edgar Broughton Band.* Das Cover zeigt einen nackten menschlichen Körper zwischen Schweinehälften in einer Schlachthalle hängend.

Als ich ihn einmal in seinem Zimmer zu Hause besucht hatte, da hatte ich gesagt, ja, die Musik gefällt mir. Die Songs auf dieser Schallplatte hatte ich wirklich gern gehört. Ich saß mit gekreuzten Beinen auf seinem Bett, das er mit einer Baumwolldecke zum Sofa umfunktioniert hatte, weiche Kissen stützten meinen Rücken. Auf dem Fenstersims standen Blumentöpfe mit grünen Pflanzen, auf dem Fußboden, neben dem Plattenspieler, hatte er Kerzen auf ein Messingtablett gestellt, es hatte bereits zu dämmern begonnen. Ich bemerkte den violetten Samtvorhang, der eine Ecke des Zimmers verhüllte, und überließ mich den anklagenden und manchmal versöhnlichen Texten des fremden Edgar Broughton. *Seine* Nähe bedeutete Körperwärme, Zärtlichkeit und das Gefühl, sich unendlich vertraut zu sein.

»Lass' sie einfach auf dem Nachtkästchen liegen«, erwidert Lorenz jetzt meinen ratlosen Blick. »Wenn du sie siehst, wirst du schneller gesund«.

Die Schallplatte war tatsächlich eine gute Idee. Sie muss nicht gepflegt werden, nur angeschaut, damit sich die Freude nach zu Hause beschleunigend auf den Heilungsprozess auswirken kann. Die typischen Mischblumensträuße fand ich schon bei früheren Aufenthalten im Krankenhaus lästig. Sie duften zu stark, und hängen bald halb verwelkt in anstaltseigenen, hässlichen Vasen, abends müssen sie aus dem Zimmer getragen und morgens wieder hereingebracht werden.

Meine Gedanken beginnen um ein immer dringender werdendes Bedürfnis zu kreisen. Es ist mir peinlich, mit Lorenz darüber zu sprechen.

»Ich brauche die Schwester«, sage ich leise.

Lorenz versteht sofort.

»Das kann ich doch auch«, sagt er. Ich setze mich im Bett auf, er zieht mir Wollsocken an, stützt mich beim Aufstehen und trägt mich schließlich ins Badezimmer.

Meine Befangenheit, geknüpft an die Befürchtung, dass ihn mein elendes Aussehen die Flucht ergreifen lassen würde, weicht, übergangslos, einem vertrauten Wohlbefinden. Ich hätte mich in den Armen meines Vaters nicht wohler fühlen können, und ich ahne die Chance, mit Lorenz alt werden zu können. Auch wenn ich nicht gewagt hätte, dieses Gefühl auszusprechen.

Als die Stationsschwester nach der Besuchszeit ins Zimmer kam, um nach mir zu sehen, brauchte sie mir weder beim Aufstehen zu helfen noch eine Blumenvase zu bringen. Es schien, als ob sie das befremden würde.

Es ist bemerkenswert, dass die Erinnerung an die Szene im Krankenhaus von Momenten beherrscht wird, die nicht so bedeutsam erscheinen. Momente, die jedoch so lebendig geblieben sind, dass ich auch noch nach Jahrzehnten spüre, wie sie als eine Art Urvertrauen in mein Innerstes eingesickert sind. Vertrauen ist ein Gefühl. Das kann man sich nicht vornehmen wie einen Ausflug, den man zusammen verbringen will. Selbst das vielgepriesene blinde Vertrauen hat sich aufgrund einer Erfahrung gebildet. Vertrauen ist ein Angebot in die Zukunft, und eine Voraussetzung für die Vergangenheit, die man braucht, um gemeinsam alt werden zu können.

Das Ende einer gemeinsamen Zukunft

Sie begleitet ihn durch den Garten. Dann bleiben sie beide unschlüssig auf dem Kiesweg vor der Garage stehen.

Er sagt leise, entscheide doch du.

Sie sagt, machst du dann auch, was ich sage?

Er sagt, ja.

Dann würdest du auch zurückkommen, wenn ich es sage?

Er sagt nichts. Blickt sie wehrlos an, lächelt eine Bitte. Ein Lächeln, das sie immer wieder versöhnt hat. Doch diesmal war es zu spät. Denn sie hatte sich während des vorangegangenen Gesprächs im Haus, als sie weinte und sich dabei die Hände vor das Gesicht hielt, damit er ihre Tränen nicht sehen sollte, bereits entschieden. Nachdem sie auf seine tröstende Umarmung vergeblich gewartet hatte, wusste sie, dass sie eine gemeinsame Vergangenheit, aber keine gemeinsame Zukunft mehr haben.

Aber sie sagt nichts.

Sie blickt ihm nach, als er im Auto wegfährt und sich noch aus dem heruntergekurbelten Fenster mit einem Kuss verabschiedet.

Anschließend setzt sie sich, bevor sie ins Haus zurückgeht, noch eine Weile auf die Terrasse, und blickt über den trotz des Sonnenscheins noch kraftlosen Rasen, der auf den Frühling warten muss. Sie fühlt Trauer, Mitleid und – eine Spur Triumph, die sie nicht erklären kann.

Ältere Frau ohne Fahrkarte, arm

Rote runde Bäckchen, dichte Augenbrauen, vorstehende Zähne, kurze braune Haare, den Seitenscheitel ungenau gezogen, dicksträhnig, sieht nach Perücke aus, goldfarben umrandete runde Brille, unruhige Augen, schwarzer Rucksack, Jeans, verwaschenes blaues T-Shirt mit breitem weißen Rand, silbrig-glänzende Weste mit Ärmeln darüber, schwarze Bergstiefel mit weißen

Schuhbändern. Ich vermute, sie ist in meinem Alter. Sie holt ein grünes Handy aus dem Rucksack. Wählt. Es meldet sich niemand. Sie erzählt mir, dass die Tochter ihrer besten Freundin Zwillinge erwartet, sie müsse schnell nach München ins Krankenhaus, die Kinder könnten jeden Augenblick geboren werden. Abgeknabberte Fingernägel. Sie hat keine Fahrkarte. Legt ihren Rucksack auf den Sitz mir gegenüber. Am Fenster sitzt eine dicke Frau mit weinroter Bluse und grauen Tuchhosen, Bubikopf mit Dauerwelle, liest einen Heftchen-Roman. Wo könnte der Schaffner jetzt sein, fragt die Frau mit der mutmaßlichen Perücke. Er wird wohl jetzt in den hinteren Waggons sein, sagt die dicke Frau, er sei vor dieser Station erst hier gewesen, in diesem Abteil. Die Frau mit der Perücke setzte sich halb auf den Sitz. Sie erzählte weiter, sie hätte auch ein Patenkind, einen Jungen, um den sie sich jahrelang gekümmert habe. Bei einem Autounfall wäre er beinahe ums Leben gekommen. Sie hustete. Sie habe ihre Medizin vergessen, sagte sie. Auf meine Frage, in welches Krankenhaus sie nun zu dem freudigen Ereignis fahren würde, wusste sie es nicht, sagte, die Freundin hole sie ab. Kurz vor der Ankunft in München sagte sie, jetzt würde sie mit dem Taxi zum Krankenhaus fahren.

Aber wohin?

Sie ist nicht so verwirrt, wie sie scheint. Nur aus der Bahn geworfen. Orientierungslos. Eine alte Frau, die ihre Identität verbirgt, weil sie vermutlich von ihrer Rente weder leben noch sterben kann.

Ein Rentnerpaar

Die Renterin und der Rentner unternahmen erholsame Ausflüge auf ihren Fahrrädern in die nähere Umgebung, entlang der Donau, ins Altmühltal, in die nahen Wälder zum Heidelbeerensammeln und Pilzesuchen.

Schlagartig ging diese Idylle der friedvollen Zweisamkeit zu

Ende. An einem Sonntagmorgen im Sommer 1983, die Koffer für die Busreise zum Gardasee standen bereits gepackt im Flur, wachte der Rentner mit unerträglichen Schmerzen im Bauch auf. Am Montagabend war er tot. Seine Frau, die nun Witwe war, weinte wie ein kleines Kind, das hilflos in der Fremde in dunkler Nacht ausgesetzt worden war. Warum ist er gestorben, warum hat er mich einfach zurückgelassen?

In der folgenden Zeit hat die Witwe das Alleinsein zum Prinzip entwickelt und doch nicht vergessen, die wichtigsten mitmenschlichen Kontakte auf ihre Weise zu pflegen. Das Fahrrad gab ihr persönliche Freiheit und Unabhängigkeit. Sie fuhr täglich zwei, drei Stunden einfach in die Natur hinaus, in die nahe liegenden Dörfer und an ihres Mannes Grab. Im Laufe der Jahre wurden Friedhöfe ihre wichtigsten Ziele, Friedhöfe, auf denen es immer mehr frische Gräber zu besuchen gab von Freundinnen und Freunden, mit denen sie lustige Kartenspielnachmittage verbracht und gemeinsame Vereinstreffen verlebt hatte. Das Leben geht (trotzdem) weiter, ist ihre Devise.

Wann ist es schwieriger, sich weiter an den Lebenden zu orientieren nach einer jahrzehntelangen Ehe: Wenn der Lebenspartner gestorben ist? Oder wenn die Entscheidung, allein zu bleiben, freiwillig getroffen werden kann?

Das Wiederfinden der Ehe

Sie war meine Trauzeugin, einst, und begleitete mich kürzlich auch an jenem Tag, an dem ich geschieden wurde. Wenige Monate später stand sie mir gegenüber als strahlende »späte« Braut an der Seite ihres ebenfalls 60-jährigen Bräutigams, der mit einem spitzbübischen Lächeln seinen Arm um ihre Schultern legte.

Beim ersten Mal hatte die junge Klara im weißen Brautkleid geheiratet, jetzt, bei ihrer zweiten Eheschließung, trug sie ein feines hellgraues Seidenkostüm und ein entzückendes Hütchen, und die Standesbeamtin, etwa fünfzig Jahre alt, sagte freundlich: Ich habe noch nie ein Paar getraut, das älter war als ich.

Alle Freundinnen waren begeistert, wie schön, wie wunderbar es doch wäre, sich zu verheiraten und wünschten dem Paar ewiges Glück und liebevolles Zusammensein bis ans Ende ihrer Tage. Unter uns, beredeten wir Freundinnen, wie mutig dieser Schritt von Klara doch sei, in ihrem Alter noch einmal eine Ehe einzugehen.

Doch was soll in diesem Alter mutiger an einem solchen Schritt sein, als diese Entscheidung mit sechsundzwanzig gewesen war? Ist Heiraten nicht immer ein Risiko? Hätte ich noch vor Kurzem gedacht, dass mir auch keine Goldhochzeit beschieden sein wird, mit einer Liebe, die gerade noch ewig war?

Einige Jahre nach ihrer ersten Heirat und ihren Bemühungen, mit der noch immer starren Rollenverteilung zurechtzukommen, glaubte auch Klara – was inzwischen offen von Feministinnen diskutiert worden war –, dass die Erwartung, als Paar einander alle wirtschaftlichen, sexuellen, intellektuellen und emotionalen Bedürfnisse erfüllen zu können, eine Überforderung der traditionellen Ehe bedeutet. Sie lasse nicht genügend Freiheit für die persönliche Entwicklung, war die Meinung von vielen Paaren damals, und wurde schließlich zur Forderung nach der »offenen Ehe«, wie sie beispielsweise das amerikanische Ehepaar Nena und George O'Neill vertrat. In ihrem 1972 erschienenen Buch »Die offene Ehe – Konzept für einen neuen Typus der Monogamie« vertraten sie die Ansicht, dass das Konzept der offenen Partnerschaft Ehepaaren zu der Erkenntnis verhelfen kann, dass in der Ehe sowohl Zusammengehörigkeit als auch Freiheit miteinander bestehen können und dass diese Freiheit – mit der Möglichkeit zur Entwicklung und dem Verantwortungsbewusstsein, die zu ihr gehören – die Basis für engste Vertrautheit und Liebe sein kann. Die meisten Ehemänner verstanden unter Freiheit jedoch nichts anderes als das, was die meisten Ehefrauen unter außerehelicher Untreue inakzeptabel fanden. Diese Art von miss-verstandener offener Ehe hatte wenig Zukunftsaussicht. Und endete oft abrupt.

Danach entwickelte sich innerhalb der jungen Protestgeneration die Idee, die Ehe sei bürgerlich und daher abzulehnen. Viele Paare lebten in einer Beziehung unverbindlich zusammen, so konnte man sich auch wieder leichter trennen.

Klara glaubt wieder an die dauerhafte Liebe. Das war auch ein Punkt für ihre Entscheidung, noch einmal eine Ehe einzugehen. Denn, so meint Klara, auch die Liebe hat sich durch mein Älterwerden und mit mir entwickelt. Jetzt ist nicht mehr nur Achtung und Respekt für das angesagt, was der andere werden will oder kann, sondern dafür, was der andere geworden ist, wie er sich entwickelt und entfaltet hat und was er aus seinem Leben gemacht hat. Das ist eine andere Liebe als diejenige, von der unser Jungsein geprägt war. Auch wenn wir noch und jeden Tag Neues lernen und erfahren (wollen), sind wir nicht mehr am Anfang unserer Lebensplanung. Wir bauen keine Familie mehr auf, auch keine berufliche Karriere, sprechen nicht mehr über Pläne, die wir in dreißig Jahren erreicht haben wollen. Und was es heißt, sich selbst zu lieben, ist uns auch kein Rätsel mehr. Sehr häufig ging es bei der Liebe um die Frage, wie ich erreichen kann, geliebt zu werden, sagt Klara. Dabei ist Liebe doch ein Geben und Nehmen, eine »Macht, die Liebe erzeugt«. Und auch mit einem Zitat von Karl Marx kann man verstehen, worum es geht: »Wenn dein Lieben als Liebe nicht die Gegenliebe produziert, wenn du durch eine Lebensäußerung als liebender Mensch dich nicht zum geliebten Menschen machst, so ist deine Liebe ohnmächtig, ein Unglück« (Karl Marx, 1971, zitiert in Erich Fromm, Die Kunst des Liebens, 1980). Die Erkenntnis »Ich liebe dich« ist demnach ebenso wichtig wie die Frage »Liebst du mich?«.

In den vergangenen Jahren haben einige ältere Frauen aus meinem Bekanntenkreis wieder geheiratet. Rosemarie zum Beispiel hat ihren sechzigsten Geburtstag als Hochzeitstag gewählt. Sie sagt, das gegenseitige Verantwortungsgefühl ist wohltuend selbstverständlich geworden, nicht Pflicht, sondern etwas völlig Freiwilliges. Es bedeutet, dass man Interesse daran hat, dass der andere um seiner selbst willen und auf seine eigene Weise wächst und sich entfaltet. Und diese Art von Verantwortungsgefühl ist nicht möglich ohne ein wirkliches Kennen des anderen. Das, so meint auch Rosemarie, haben wir in unseren Ehen der Jugendjahre nicht erfüllen können. Wir haben geheiratet, ohne uns gegenseitig wirklich zu kennen, und hatten keine Geduld, uns tiefgehend kennenzulernen. Wir waren mit der eigenen Entwicklung beschäftigt, oder überfordert, fühlten uns benachteiligt und hatten keine Ahnung von den gegenseitigen wirklichen Bedürfnissen. Oder aber waren der irrigen Meinung, aus momentanem Verhalten auf eine feste Haltung oder ein wahres Bedürfnis des anderen schließen zu können.

Diejenigen Paare, die es geschafft haben, seit ihrer ersten Verliebtheit alle Klippen zu umrunden, und heute noch zusammen sind, finden jetzt – nach den turbulenten Jahren des Familien- und Berufslebens – eine neue Partnerqualität. Sie haben Zeit füreinander, Zeit, um aufeinander zuzugehen, und, wie meine Freundin Hilde dankbar anerkennt, »endlich« Zeit, den Mann richtig kennenzulernen, mit dem sie bereits vierzig Ehejahre verbracht hat.

Auch Klara hat ihren zweiten Ehemann nicht in der ersten Verliebtheitsphase geheiratet. Ihre jahrelange Beziehung durchschritt viele Höhen und Tiefen, man zog zusammen, dann wieder in eigene Wohnungen, und schließlich lebten sie zusammen in einem Haus. Sie lernten sich im Alltag kennen, arbeiteten miteinander, schufen sich einen gemeinsamen Freundeskreis, bezogen die erwachsenen Kinder in eine Art Familiensituation ein. Ein unverheiratetes Paar, eine Wahlfamilie, eine nichteheliche Lebensgemeinschaft. Klara dachte gelegentlich ans Heiraten.

Aber so richtige Argumente dafür fand sie nicht. Der Heiratsantrag ihres Partners kam schließlich für sie überraschend. Es hatte Momente gegeben, da wäre sie eher darauf vorbereitet gewesen. Warum jetzt, war ihre zunächst zurückhaltende Reaktion.

Danach fand sie neben der Liebe auch ganz profane Gründe, die eine Rolle spielen, wenn man im Alter mit dem Partner zusammenbleiben will. Zum Beispiel können für den Fall, dass der Partner im Krankenhaus liegt, nur Eheleute sich gegenseitig bevollmächtigen, informiert zu werden über den Verlauf und das Befinden der erkrankten Person. Und nur Eheleute können auch Verfügungen treffen. Eheleute haben in einem gerichtlichen Prozess ein Zeugnisverweigerungsrecht, Lebensgefährten jedoch nicht. Im Gegensatz zu Lebensgefährten sind Eheleute auch über den Tod des Partners hinaus geschützt. Das kann für die Versorgung des verwitweten Partners wichtig sein. Das ist auch ein Zeugnis von Verantwortungsbewusstsein. Auch wenn die Ehe eine gesellschaftliche Institution ist, lebt sie doch nur von der Beziehung zweier Menschen.

Ein beruhigendes inneres Gefühl der Ordnung sei nach der Eheschließung nicht von der Hand zu weisen, meint Klara. Und ein starkes Bewusstsein von Glück habe sie erfasst, so unerwartet, als wäre ein Geschenk eingetroffen, das, vor langer Zeit einmal erträumt, in Vergessenheit geraten war und schließlich doch ganz einfach auf dem Tisch lag. Obwohl sich im Ablauf des Alltags nichts geändert hat. Es geht nicht mehr darum, aller Welt beweisen zu wollen, dass wir zusammengehören. Und doch hat Klara festgestellt, dass sie – gerade als älteres Paar – von den anderen, dem sozialen Umfeld, als Paar deutlich ernster genommen werden, seitdem sie verheiratet sind. Es geht auch nicht darum, eine neue Familie aufzubauen oder sich als Familie zu gebärden, wenn der Kontakt zwischen den Mitgliedern aus den früheren Ehen bisher eher lose gewesen war. Mit der Heirat hat Klara ihrer Meinung nach den Kindern eine Sorge genommen:

sich um sie, Klara, zu sorgen. Ich zeige ihnen, sagt Klara, dass ich glücklich bin, versorgt, abgesichert, ihr braucht euch um mich nicht den Kopf zu zerbrechen, lebt ihr euer Leben, und seid versichert: ich lebe meines. Wenn ich krank werde, ruft jemand den Arzt, wenn ich gebrechlich werde, ist jemand an meiner Seite, und wenn ich sterbe, wacht dieser Mann an meinem Sterbebett.

Dabei spielt es keine Rolle, ob dies alles eintreffen wird. Es könnte ja auch anders sein. Der Ehemann könnte krank und gebrechlich sein oder sterben, noch ehe uns dieses Schicksal ereilt. Wesentlich ist, dass Klara in ihrem Alter durch die Eheschließung gewisse Dinge für sie selbst und die Familienangehörigen geregelt hat und darüber Erleichterung empfindet. Ich bin darüber mit mir im Reinen, sagt Klara.

Dann stieg sie mit ihrem frisch angetrauten Ehemann ins Auto, um ihre Hochzeitsreise nach Italien anzutreten. Und als sie sich im Auto noch einmal umdrehte und den Zurückbleibenden zuwinkte, fühlte sie sich glücklich, erwachsen, souverän, weiblich und gar nicht gebunden, sondern frei.

Wenn sie von ihren Flitterwochen zurückkommt, wird sie ihre Geschenke auspacken. Sie hatte einen besonderen Wunsch: ein wunderschönes kostbares Meißner Porzellan. Klara hatte mit leuchtenden Augen erklärt, wir alle könnten zur Hochzeit ein Teil dazu schenken, und im Laufe der Zeit könne es vervollständigt werden. Somit weiß jede, was sie mir in Zukunft zum Geburtstag schenken soll, lachte sie. Wir Freundinnen waren erleichtert: Denn wir hatten befürchtet, sie wird auf unsere Frage hin, welches Geschenk sie denn gern hätte, mit großer Geste abwehren, bitte nichts, ich habe doch schon alles, ich brauche nichts mehr.

Ein Lob der Wiederholung

Wird die Leidenschaft in der Ehe leiden? Darüber denken Paare nach, auch wenn sie noch keine sechzig sind. Es bleibt ungehört, dass sich die Leidenschaft mit dem Grad der körperlichen Vertrautheit über die Jahre hinweg verändert, wenn man am Anfang einer Beziehung liebt. Unvorstellbar, heißt es dann, und die Liebenden gehen über derartige Statements lachend hinweg, und seien sie von noch so kompetenter Seite geäußert. Irgendwann tauchen dann die Probleme auf, bei dem einen Paar eher als bei einem anderen. Dann, wenn die Leidenschaft auch etwas anderes einschließen wird (muss) als Sex, diejenige für den Körper. Leidenschaft kann der Beruf fordern und entfachen, ebenso die Rolle, Eltern zu sein. Leidenschaften werden nach einer unbestimmten Zeit zwar weiterhin begeistern können, haben jedoch die Tendenz, sich allmählich zu einem verlässlichen Bestandteil von uns und unserem Alltag zu entwickeln. Nicht, dass sie zur schlichten Routine werden sollten – ich denke, dazu ist wahre Leidenschaft ungeeignet – sie erhält nur einen anderen Stellenwert.

Wenn es zum Beispiel um Sex in der Ehe (oder einer Lebenspartnerschaft) geht, dann muss die Antwort auf eine veränderte Leidenschaft nicht Enttäuschung oder Unglück sein. Oder gar das Ende von (ehelichem) Sex. Es geht darum, den Wert von Sex in der Ehe neu zu definieren. Wie dies etwa David Lodge vorschlägt. (»Therapie«, David Lodge in der ZEIT vom 20. Juli 2006, »Heimwerker des Trieblebens«). Sex in der Ehe ist die Wiederholung einer Handlung, sagt er, und dabei hat die Wiederholung mehr Gewicht als etwaige Variationen. Man muss die oberflächliche Vorstellung ablegen, Wiederholung sei etwas Langweiliges und Negatives, sondern sie als befreiend und positiv, nicht mehr und nicht weniger als das Geheimnis des Glücklichseins sehen.

Ist es mit dieser Einstellung nicht denkbar, dass sich eine Leidenschaft für die Wiederholung entwickeln kann?

XI.

Zur Freundschaft gehört, dass wir einander gleichen, einander in einigem übertreffen, einander in einigem nicht erreichen. *Jean Paul*

Nur noch »echte« Freunde

Ich habe keine »beste Freundin«, sondern viele. Jede einzelne meiner Freundinnen zählt zu den »besten«. Sie verkörpern eine bestimmte Epoche meines Lebens oder eine bestimmte Seite meiner Person, eine bestimmte Seelenlage, eine bestimmte Erfahrung, bestimmte Entwicklungsschritte, die mit Erlebnissen, Gedanken, Ängsten und Erfolgen verknüpft sind. Und da ich schon sechs Jahrzehnte lebe, hat sich eine stattliche Anzahl bester Freundinnen angesammelt. Denn Freundschaften haben das Zeug zu einer lebenslangen »Haltbarkeit«, sie sind ein nie abgeschlossener Prozess, der allerdings wechselseitig genährt werden muss.

Meine besten Freundinnen gehören zu meinem Leben. Die einen gehören schon lange dazu, die anderen sind erst vor Kurzem dazugekommen, und wen mir das Schicksal noch zuführen wird, wird sich zeigen.

Mein Geburtstag im Mai, als ich sechzig Jahre alt wurde, war ein denkwürdiger Tag, dessen Planung ich aus der Hand gegeben hatte, indem ich mich weigerte, ihn in großem Stil zu feiern. Für die Überraschung sorgten meine Kinder. Sie hatten viele meiner Freundinnen und Freunde in einen idyllischen bayerischen Gasthof eingeladen. Die Adressen hatte sich meine Tochter beschafft, indem sie mein dickes Filofax, unbemerkt von mir, kurzfristig entwendet hatte. Freundesadressen speichere ich nicht im Computer. Ich ahnte nichts. Und war entsprechend sprachlos, als ich die Freundesgesellschaft vorfand, dort, wo ich doch nur still mit meiner Familie ein gutes Essen hatte genießen wollen.

Zwei wesentliche Dinge habe ich an diesem fröhlichen Tag festgestellt (abgesehen von der Erkenntnis, dass meine Kinder mit jeder Geheimsache betraut werden könnten):

Zum einen erlebte ich, dass ich nicht die einzige Sechzigjährige weit und breit bin, sondern von vielen gleichaltrigen, mir nahen Menschen umgeben war, in deren Gesellschaft ich mich so wohl wie in den sprichwörtlichen »alten Zeiten« fühlte, die sich in Wirklichkeit auf die »jungen Zeiten« bezogen, auf jene, in denen wir alle jung oder jünger gewesen sind. Sichtbar gealtert war nur der Körper. In unserem »Kern«, unserer Persönlichkeit, sind wir »die Alten« geblieben, zumindest in unseren Augen: die Stillen, die Humorvollen, die Besserwisser, die Liebevollen, die Mütterlichen, die Aufmüpfigen, die Distanzierten, die Egoisten, die Klugen und weniger Klugen. Keine und keiner schien dem »Einheits-Sechziger« zu entsprechen, dem Klischee des angepassten oder ziellos treibenden alternden Menschen.

Zum anderen erlebte ich wieder einmal, dass Freundschaften unersetzlich sind. Nicht, dass dies eine neue Erkenntnis gewesen wäre. Aber das Umgebensein mit meinen alten Freunden an jenem Tag hat mir den Anstoß gegeben, darüber nachzudenken, was Freundschaften eigentlich unersetzlich macht. Eine ganz einfache Antwort ist, dass meine Freunde nicht nur wissen, wer ich bin, sondern auch verstehen, was ich nicht bin und nicht sein will. Sie verstehen, und tolerieren, dass ich geworden bin, wie ich geworden bin. In ihrer Gegenwart darf ich so sein, wie ich bin. Echt sein zu können, das gilt natürlich wechselseitig, und macht eine »echte« Freundschaft aus. Denn Freundschaft wird unerträglich, sobald darin gelogen wird. (Vgl. Ursula Nötzoldt-Linden, 1994)

Man hört oft, alte Freunde seien die wahren. Und wenn man älter wird, denkt man darüber nach. Wahr ist, dass alte Freunde wichtige Episoden und Anteile meines vergangenen inneren Erlebens verkörpern, sie verkörpern Erinnerungen an Werte, Empfindungen, Wünsche, Möglichkeiten und verpasste Gelegenheiten, die mich in jener vergangenen Zeit ausmachten und die ihre Bedeutung bis in die Gegenwart hinein nicht verloren haben.

Alte Freunde sind Teil meiner eigenen Entwicklung, die mit Erlebnissen, Gedanken, Ängsten und Erfolgen in einem vergangenen Lebensabschnitt verknüpft ist.

Ulla zum Beispiel habe ich Anfang der 1960er-Jahre kennengelernt. Sie wohnte, wie ich, als Untermieterin in einem Haus im Nordendviertel von Frankfurt am Main. Unser Vermieter, Herr Mattern, war ein rüstiger 80-jähriger Witwer, stets freundlich zu uns jungen Frauen – wir waren noch keine 20. Er mochte sich wohl wundern, wohin wir des Abends eilten, wir begegneten ihm manchmal im Treppenhaus. Er ließ uns wissen, er würde in eine Kneipe gehen, er trank ganz gern einen Schoppen Wein, und suchte Geselligkeit. Wir glaubten, dass er sich tagsüber während unserer Abwesenheit in unseren Zimmern umsah, die wir nie abschlossen, denn er tat es mit den restlichen Zimmern in seiner Wohnung auch nicht. Er legte Wert auf Ordnung und Ordentlichkeit, putzte sogar unsere Schuhe, die wir vor die Zimmertüre stellen sollten, damit der Straßenschmutz draußen bliebe. Familienbesuche mussten angemeldet werden (damit Herr Mattern nicht erschrecken würde, wenn er einer fremden Person im Haus begegnete), und Herrenbesuche waren gemäß der damals üblichen Regeln für Untermieterinnen sowieso verboten.

Ulla und ich waren nicht immer zusammen unterwegs. Jede hatte neben unserer engen Freundschaft auch andere Freunde, und andere Interessen, andere Ziele beim Verreisen. Unser gemeinsamer Enthusiasmus galt der Filmkunst. Wir interessierten uns für Filme aus osteuropäischen Ländern wie Ungarn oder der damaligen Tschechoslowakei, die, weil abseits des Mainstreams, selten in den Kinos zu sehen waren. Sie wurden zum Beispiel in den Räumen der Frankfurter Universität gezeigt, von der energischen Fee Vaillant organisiert, die zur Geschäftsführerin des (inzwischen legendären) Verbands der deutschen Filmclubs gewählt worden war. Ulla und ich arbeiteten für sie, meistens abends bis weit in die Nacht hinein, halfen Retrospektiven für die von ihr organisierten Festivals in Bad Ems oder der »Internationalen Filmwoche Mannheim« zusammenzustellen. Natürlich ohne jede Vergütung, aber mit der Berechtigung, alle vorgeführten Filme kostenlos anschauen zu dürfen. Ulla fuhr meistens mit zu den Festivals, ich schaffte es nie. Sie erzählte mir später auf unseren nächtlichen Rückwegen von den Filmvorführungen an der Uni durch den wenig beleuchteten Holzhausenpark vergnügliche Geschichten zum Beispiel über Fritz Lang, den sie in Bad Ems kennengelernt hatte, und für den sie seither schwärmte.

Nach einer ihrer Reisen durch Griechenland schwärmte Ulla vom sagenhaften Alexis, der sie unbedingt besuchen wollte. Und eines Abends berichtete sie mir, Alexis wäre bereits in Frankfurt angekommen. Natürlich hatte er kein Geld für ein Hotelzimmer. Bei Ullas Eltern konnte er nicht bleiben, dort ging schon seit einiger Zeit der ihren Eltern höchst willkommene Verlobte ein und aus (den sie nie geheiratet hat). Ulla versteckte Alexis kurzerhand in ihrem Zimmer, und machte mich zur Mitwisserin. Abends, wenn Herr Mattern zu seiner Kneipe ging, schleusten wir Alexis durchs dunkle Treppenhaus – am Fenster der Hausmeisterin vorbei, was am Abend weniger ein Problem war als am Morgen, wenn Alexis mit uns das Haus verließ, zehn Stufen hinter uns. Manchmal, wenn er nicht so früh aufstehen wollte, schärfte ihm Ulla ein, sich im Schrank zu verstecken, falls er Schritte in Richtung des Zimmers wahrnehmen würde. Wenn Herr Mattern seinen Mittagsschlaf hielt, konnte Alexis auf leisen Sohlen die Wohnung verlassen, am Fenster der Hausmeisterin vorbei, die um diese Zeit mit dem Kochen beschäftigt war. Dass ich »dichthielt«, war natürlich Ehrensache. Irgendwann war Alexis wieder verschwunden, und vergessen.

Die Spannung dieser Heimlichkeiten, das Prickeln, die Fröhlichkeit sind Ulla und mir gefühlsmäßig auch heute noch jederzeit abrufbar.

Ich habe Ulla schon damals bewundert. Mit den ihr eigenen

Eigenschaften hat sie ihr Leben weitergeführt. Sie kann sich noch immer über uneffektive Regeln hinwegsetzen, unorthodoxe Lösungsmöglichkeiten finden und sie durchführen, und sich in komplizierten Situationen Beistand holen.

Die strengen Regeln für Untermieterinnen hielten sich im Übrigen noch viele Jahre, auch wenn es zunehmend mehr Wohngemeinschaften gab, wo es kein Problem war, Besucher mitzubringen. Die Mehrzahl meiner Freunde wohnten noch bei ihren Eltern, wo wir uns trafen, Partys feierten, tagelang, nächtelang, wenn die Eltern aus dem Haus gewesen sind. Als schließlich das erste Paar aus dem Freundeskreis geheiratet hatte, gab es einen neuen, selbstverständlichen Treffpunkt. Die Partys wurden gesitteter, als das erste Baby im Haus war, die Gespräche drehten sich immer mehr um praktische Lebensgestaltung, beklagt von denen, die ein Abrutschen ins stinknormale Bürgerliche prophezeiten. Nichtsdestotrotz teilten wir den Beginn junger Elternschaft, bis die Familien in verschiedene Städte zogen, wo es Karrieremöglichkeiten für die Familienväter gab.

Mit dem Umzug kamen neue Freunde in mein Leben. Durch die Familie mit kleinen Kindern in der neuen Umgebung machte ich die ersten Erfahrungen mit Frauensolidarität. Mir bis dahin unbekannte Frauen luden mich ein, wenn wir im Kindergarten zusammentrafen, um unsere Kinder dort abzuliefern. Auf Spaziergängen, an Spielplätzen, beim Kaffeetrinken zu Hause oder beim Abendessen mit oder ohne Ehemänner lernten wir uns und unsere Lebenswelten kennen, griffen in Kindergartenkonzepte und Schulordnungen ein, planten eigene Abende zur Weiterbildung, gingen zum Sport und in die Kneipe »auf ein Bier«, während die Väter bei den Kindern blieben. Einige Frauen gingen schon ihre eigenen Wege, andere hielten den Männern noch lange den Rücken frei für die Karriere. Und wenn meine Freundin Heide heute sagt, dass sie jetzt etwas nachholen will, nicht mehr eingeschränkt werden will, dann weiß ich, warum sie das sagt.

Wenn wir uns heute treffen, anlässlich eines Geburtstags oder eines Jubiläums – es gibt tatsächlich drei, vier Ehepaare, die die Turbulenzen des Lebens bis heute nicht auseinandergetrieben haben – ist es dieses Wissen, sich zu kennen, das uns über alle Anzeichen des Alters hinwegsehen lässt. Trotz äußerer Veränderung erkenne ich den Menschen wieder, der mich eine wichtige Wegstrecke meines Lebens unmaskiert und unbefangen erlebt hat. Es gab keine Spiele, keine Täuschung, jemand anderer sein zu wollen als die authentische Person. Wir stellten uns niemals die Frage: Was habe ich davon, diesen Menschen zu kennen? Oder: Welche Vorteile erhofft er sich durch meine Freundschaft?

Mein Aufbruch in die eigene Entwicklung mit dem Ziel der Unabhängigkeit hielt wiederum eine Anzahl unterstützender Freundinnen bereit, auf die ich auch heute nie verzichten möchte. Genauso wie auf Freundschaften, die in der Berufswelt, im Ausland und nicht zuletzt beim Neuanfang mit Sechzig zurück in Deutschland entstanden und so wichtig geworden sind.

Michaela traf ich, als ich nach meiner Rückkehr aus Japan einer Einladung zu einem Sommerfest in München gefolgt war. Lorenz hatte mich natürlich begleitet. Wir kannten einige der Gäste, und es ergaben sich viele anregende Gespräche. Ich bemerkte eine Frau, die immer wieder an uns vorbeiging. Sie war offensichtlich allein auf dem Fest. Ich lud sie ein, sich zu uns zu gesellen, was sie erfreut angenommen hat. Dass daraus eine Freundschaft geworden ist, ist einerseits auf die »Sympathie auf den ersten Blick« zurückzuführen, hat aber auch damit zu tun, dass wir in den folgenden Begegnungen auf Gemeinsamkeiten gestoßen sind, die eine unerwartete Vertrautheit bewirkten. Wir fanden heraus, dass wir in die gleiche Schule gegangen sind, in unterschiedlichen Jahrgängen zwar, denn Michaela ist jünger als ich. Trotzdem ist es uns möglich, die ganz spezifische Atmosphäre zu erspüren, von der wir umgeben waren, die uns mit geprägt hat. Bestimmte Werte, die uns vermittelt worden sind, die zu bestimmen Gefühlen und Verhalten geführt haben, vielleicht sogar zu bestimmten Gedanken, die uns angespornt und befähigt haben, etwas anderes als das Typische zu suchen. Ob dies nun stimmt oder nicht, ist unbedeutend dann, wenn dieser Aspekt des gemeinsam Erfahrenen erst einmal Verbundenheit geschaffen hat. Dazu gehört auch, dass man diese Verbundenheit will, und wenn die angehende Freundin durch ihre Offenheit den Aufbau von Verbundenheit anbietet. Freundschaft ist nicht zuletzt eine freiwillige Gemeinschaft, die nicht die Pflicht zur Solidarität prägt, wie dies beispielsweise auf die Familie zutrifft. Sie ist eine wechselseitige Anerkennung der Gleichwertigkeit. Und auch wenn unsere Lebenseinstellungen nicht immer deckungsgleich sind, hegen wir Verständnis und Respekt füreinander und haben das Gefühl, für unsere Ansichten und unsere Person Wertschätzung zu erfahren. Und das, was jede beste Freundin für die andere ist, ist Michaela auch für mich: Sie kann die meinem Selbstwert zugefügten Wunden und Irritationen lindern, die durch Brüche im Leben, Trennungen, und Verluste entstanden sind.

Es ist spannend, Freunde unterschiedlicher Generationen zu haben. Manchmal ist es jedoch unerlässlich, sich im Kreise von gleichaltrigen Freunden zu bewegen. Weil wir sie auch mit Anfällen von Weltschmerz konfrontieren können, die uns als Angehörige einer bestimmten Generation mit dem Älterwerden befallen können. Die Freundinnen und Freunde, die die Erfahrungen historischen Eingebundenseins in eine Generation teilen, die als die 68er-Generation bezeichnet wird, sind auf eine andere Weise als jüngere Freundinnen und Freunde in der Lage, diesen bestimmten Weltschmerz aufzufangen. Meine Generation war immer in Bewegung, im Aufbruch, hat viele Fragen entdeckt und gestellt, wie etwa nach den Maximen einer funktionierenden Demokratie oder den Möglichkeiten, eine menschengerechte Umwelt zu erhalten, die Geschlechterfrage zu lösen, Gesundheit für Mensch und Natur gleichermaßen zu garantieren, sie hat die Wissenschaft und die Technik zur Antwortfindung bemüht, aber auf all die Unsicherheiten (noch) keine endgültigen Antworten gefunden. Das schmerzt oft im ganz alltäglichen Zusammenhang. Wenn im nahen Wald, durch den man spazieren geht, die Bäume sterben, viel heftigere Stürme als wir sie vor dreißig Jahren erlebten extreme Schäden verursachen, im Nachbarort der Konflikt zwischen Jugendlichen aus unterschiedlichen Kulturen eskaliert, ein Freund an Aids gestorben ist und die Forschung der Bekämpfung von Krebs noch keinen praktischen Schritt weitergekommen zu sein scheint, dann fühle ich mich mit gleichaltrigen Freunden in meiner Trauer, meinen Klagen gut verstanden. Und wie früher suchen wir immer noch gemeinsam nach Erklärungen und Lösungen unakzeptabler Zustände und Befindlichkeiten. Diese Fähigkeit von Freundschaft tröstet.

Alle wichtigen Stationen meines Lebens waren und sind stets mit Freundinnen und Freunden verknüpft, deren Freundschaft unverzichtbar ist, weil sie mein Leben reicher und leichter machen. Es sind nicht die alten Freunde, die nur als die echten gelten. Es sind die Freunde, die mich im Laufe meines Lebens »echt« kennenlernen wollten. Auf diese Freunde lege ich Wert, sie sind es, die ich nicht verlieren will, weil ich weiß, ich kann mich auf sie verlassen. Für »alte« Freunde hat sich dies über die Jahre hin bewiesen, für »neue« Freunde haben wir aufgrund unserer Lebenserfahrung eine Wahl getroffen. Die sich in die Zukunft hinein beweisen muss. Wichtig ist die Offenheit, auch auf bisher unbekannte Menschen zuzugehen. Der erste Eindruck entscheidet oft über Sympathie oder das Gegenteil. Die Entscheidung für einen Menschen fällt sehr schnell. Es liegt an uns, auf ihn zuzugehen.

Auf diese Weise kann eine sechzigjährige Frau zehn beste Freundinnen und Freunde haben, oder einhundert, die von den tausend guten Freundschaften, die sie im Laufe ihres Lebens kennengelernt hat, mehr als einen Neujahrsgruß im Jahr wert sind.

Drei Freundinnen auf der Rückfahrt von einem Ausflug

Es wird schnell dunkel. Der Zug schaukelt. Monis Augenschlitze werden immer schmaler, im Nu verhängen die Lider auch den letzten Streifen dunkel glänzender Augen wie mit einem Segeltuch. Greta hat ihre weißbesockten Füße auf der Sitzbank ausgestreckt und fährt mit ihrer fleischigen Hand mit den beängstigend spitzen, rotlackierten Fingernägeln nahe an Monis Gesicht vorbei und deutet aus dem Fenster auf die Leuchtreklame eines Supermarktes. Diese Farben gab es zur Olympiade in München 1972, sagt sie, ja, schau, das sind die Farben! Ihre Stimme überschlägt sich. Dann sitzt sie wieder still auf ihrem blauen Platz, rosa das Gesicht, das feine Falten bekommen hat seit unserem letzten Zusammentreffen, Falten, wie ich sie von älteren Amerikanerinnen kenne, der Beginn gegerbter Haut. Moni hat nun auch ihre Füße ausgestreckt. Sie trägt schwarze Socken mit hellblauen Strickkniestrümpfen, die statt des Fußteils nur einen Steg haben, durch den sie unter den Sohlen festgehalten werden. Ich habe die Beine übereinandergeschlagen, die Knie und das übergeschlagene Bein bilden einen schmalen Pfeil, der zwischen den Beinbrücken von Moni und Greta auf die blaue Plüschbank zeigt. Keine störte der anderen Schlaf.

Auf der Suche nach dem Bild der schönen alten Frau

Mit meinen alten Freundinnen bin ich auch heute noch in Kontakt, brieflich, telefonisch lange Jahre hindurch, aber jetzt wieder öfter persönlich. Wir sind im selben Alter und nehmen uns Zeit füreinander. Sehr nahe wohnen wir nicht, jede von uns muss den Ausflug zu der anderen planen, nur einmal schnell zu einem Gespräch, zum Plaudern vorbeizukommen, geht wegen der Entfernung unserer Wohnorte nicht. Unsere Treffen sind somit fast so wie früher: Diskussionen bis weit in die Nacht hinein, Frühstückskaffee zusammen am späten Morgen. Der Unterschied zu früher liegt in den Themen, die wir diskutieren: Wir sprechen nicht nur über unsere aktuellen Bedürfnisse, die aktuelle Politik, die geplanten beruflichen Schritte, die Liebesgeschichten, sondern ganz selbstverständlich über unsere gemeinsame Vergangenheit. Dann halten wir auch manchmal Fotos von damals in der Hand und staunen, wie schön wir doch gewesen sind! Warum konnten wir dies damals nicht sehen?

Wir betrachten die Fotos aus unserer Jugend, und schauen uns heute ins Gesicht. Und trauern um unsere unerkannte Mädchenschönheit.

Selbstverständlich wollten wir schön sein. Weil wir gefallen wollten. Und wir glaubten schon damals nicht, dass Schönheit von innen kommt. Wir glaubten auch nicht, dass alle gleich schön sein müssten. Einem einheitlichen Schönheitsbild hätten wir drei Freundinnen sowieso nicht entsprochen, wir waren zu unterschiedlich, die blonde Tatkräftige, die südländisch Kokette und die fragile Besinnliche. Aber es gab die gleichen Verbote für uns: In der Öffentlichkeit hatten junge Mädchen ganz allgemein »anständig« zu sein (es gab sogar »Anstandsunterricht« in der Schule), was unauffällig, still und zurückhaltend bedeutet hat. Von zu Hause wurde uns gesagt, Schminke käme nicht infrage, wir wären viel zu jung und schließlich keine Flittchen, dabei ging es in den meisten Fällen nur um einen auffälligen Lippenstift.

Wir waren uns einig, wie wir die Verbote umgehen konnten: Wir schminkten uns heimlich, die Lippenstifte brachte Inge mit, deren Mutter, in verantwortlicher Position in einem Kaufhaus beschäftigt, zahlreiche ausgemusterte Lippenstifte besaß. Vor unseren Streifzügen in den Straßen der Stadt, nach der Schule oder am Wochenende, zu den Plätzen, wo sich die Schulfreunde trafen, frisierten wir uns um, der Pferdeschwanz und die Zöpfe wurden befreit, Inge hatte sogar schon einen modischen Kurzhaarschnitt.

Zwischen uns und dem, was in den Filmen und (wenigen) Zeitschriften als Schönheitsideal gepriesen wurde, gab es weder eine Gemeinsamkeit, noch bestand großes Interesse unsererseits, es betraf uns eigentlich nicht. In den 1950er-Jahren war die ideale schöne Frau supersexy (was damals »das gewisse Etwas« hieß), passiv und sinnlich auf eine kindliche Art, mit geschürzten Lippen und zirpenden Stimmen, wie Marilyn Monroe etwa, oder die italienischen Busenköniginnen Gina Lollobrigida und Sophia Loren mit ihren beeindruckenden Kurven. Wie hätten wir damit konkurrieren können! Gewünscht haben wir uns natürlich schon ein paar Zentimeter mehr Brustumfang. Aber was noch nicht war, konnte ja noch werden, dachten wir und fühlten uns unbeschwert.

Ein Glück, sagt meine Freundin Coco heute, dass wir damals noch keinen Schminkkoffer mit all den Verschönerungsutensilien gebraucht haben, um »in« zu sein.

Als dann einige Jahre später die Sexgöttinnen entthront worden sind, in den fortschreitenden 1960er-Jahren, und wir keine Backfische mehr waren, kam zunächst die Zeit, in der wir der Redensart, die Schönheit liege im Auge des Betrachters, mehr Bedeutung beigemessen haben. Der Grund war meistens ein Freund, dem wir gefallen wollten. Im öffentlichen Geschmack wurden mehr oder weniger androgyne, selbstbewusste Frauen Schönheitsidole, Vanessa Redgrave oder Julie Christie zum Beispiel. Und wir Freundinnen absolvierten gerade unsere ersten Schritte in die Emanzipation. In der Frauenbewegung wurde auch über Schönheit und Attraktivität diskutiert. Schönheit ja, aber bitte natürlich. Verschönern, Schminken, Schön-Anziehen, das tun wir doch nur, weil es von uns erwartet wird, wurde gewarnt. Die Männer erwarten es von uns. Wir wollten uns aber befreien von dem, was andere von uns erwarten. Was aber, wenn wir Spaß am Verschönern empfanden, nur für uns selbst schön sein wollten? Natürlich, das war ein guter Grund, sich zu schminken, zu parfümieren, zu frisieren. Aber war es denn wirklich der wahre?

Dann griff man häufig zu der Behauptung, dass Jugend an sich schon schön sei. Was natürlich nicht stimmt. Denn wahre Schönheit ist äußerst rar. Jugend ist keine Garantie für Schönheit, um das festzustellen, genügt die Alltagserfahrung.

Dann ersann man die Möglichkeit, den Schönheitsbegriff beliebig zu definieren. Das Gefühl, nicht schön zu sein, sei nichts anderes als mangelndes Selbstbewusstsein, wurde von einigen Frauengruppen behauptet. Jede Frau sei schön, so wie sie ist. Und so wurde zum Beispiel Dicksein von den Dicken als Schönheit deklariert, Behaartsein von jenen, die es ablehnten, Beine und Achselhöhlen zu rasieren, und sie wandten sich so gegen das Attraktivitätsdiktat der Medien, der Modeindustrie, des öffentlichen Geschmacks. Aber vor allem war es ein Versuch, mit den Unzulänglichkeiten der eigenen Schönheit klarzukommen. Denn der Wunsch, schön zu sein, lässt sich so einfach nicht verdrängen. Deshalb können die Umformungen des Schönheitsbegriffs kaum von Dauer sein. Wie es auch die epochalen Ideale der Schönheit nicht sind: mit dem kleinen Busen oder dem großen, mit den kurzen Beinen oder den langen, den breiten oder schmalen Hüften, dies alles unterliegt dem Geschmack und dem Diktat der Zeit. Auch dann nützen gegenströmende Definitionen wenig, die Schönheitsnormen lassen sich nicht dauerhaft boykottieren.

Hätte eine überzeugtere Selbstbewertung im Teenageralter unserem Leben eine andere Richtung gegeben, überlegen wir Freundinnen manchmal. Es sind Gedankenspiele, die meistens in der Erkenntnis enden, dass spätestens dann, als uns junge Frauen die Emanzipationswelle erfasst und mitgerissen hat, wir sicherlich auch den Weg eingeschlagen hätten, den wir bis heute gegangen sind.

Weil uns mit fortschreitenden Jahren noch anderes wichtiger wurde als der wahren Schönheit nachzutrauern. Wir lernten unsere Wirkung auf andere einzuschätzen, denn natürlich haben wir alle unsere ganz eigenen Stärken.

Heute wissen wir, dass Alter auch nicht mit Schönheit zusammengeht. Die ganze Weltgeschichte hindurch, einschließlich in allen Märchen, Sagen und Mythen, sind die schönen Menschen immer jung. Das haben wir zwar schon als junge Frauen als »normal« empfunden, aber jetzt erst die wahre Bedeutung begriffen. Noch ist das Bild der schönen alten Frau nicht erfunden.

Wichtig ist, dass ich ein Gesicht gern anschaue, sagt meine Freundin Eva. Ich will in keine Fassade blicken. Spuren eines gelebten Lebens haben ihren eigenen Reiz, alte Gesichter haben eine Ausdrucksfülle, die jedem jungen Gesicht fehlt. Ich erwarte die Schönheit nicht in einem alten Gesicht. Es wäre nicht die Wahrheit. Vielmehr wünsche ich mir, im alten Gesicht die Bestätigung zu sehen, dass es ein schönes Leben gibt, dass es ein schönes Altern gibt. Ein freundliches, frisches, geschmücktes Gesicht zu zeigen bedeutet somit nicht nur sich selber wohlzufühlen, sondern auch dem Betrachter vermitteln zu können, hab keine Angst, es gibt das schöne Leben. Man kann mit dem Fehlen und der Vergänglichkeit von Jugend und Schönheit gut zurechtkommen. Ich bin der Beweis.

Wir sechzigjährigen Frauen haben uns heute weitgehend dem Konformitätsdruck entzogen, haben Spaß am Verschönern und Verwandeln, wollen unsere individuelle Erscheinung nicht verdecken, uns keinem Schönheitsdiktat mehr unterwerfen, und auch nicht unbedingt mehr dem »Blößenwahn« frönen. Wir wissen und erkennen an, dass körperliche Schönheit und Attraktivität von großer Bedeutung sind für sinnlich wahrnehmende Menschen. Deshalb kann eine ältere und auch alte Frau, die sich gern schön macht, die sich schmückt, eine Augenweide sein.

Auf Hawaii ist es Brauch, aus grünen Palmenblättern Kränze zu flechten, in denen rote Hibiskus- und weiße oder gelbe Gardeniablüten eingeflochten sind. Viele Frauen tragen sie im Haar.

Auch alte Frauen. Mir fiel auf, dass diese farbenfrohen Kränze etwas Wunderbares tun: Alte Frauen werden plötzlich sichtbar. Sie sehen wirklich schön aus. Keine Spur kindisch oder kitschig. Sie sehen weich und weiblich und lebensfroh aus. Wie schade, dass alte Frauen in Deutschland sich nicht damit schmücken. Wir leben natürlich nicht auf einer Südseeinsel. Doch nicht nur diese Tatsache verhindert den Griff zum Blütenkranz: Es ist die Vorstellung davon, wie sich eine alte Frau kleiden und zeigen sollte. Eine 24-jährige Bekannte sagte mir zum Beispiel: Alte Frauen sollten sich nicht jugendlich anziehen und nicht verspielt aussehen. Da könnte man ja glauben, sie wollten unbedingt jung bleiben.«

Das trifft vielleicht nicht ganz den Kern. Ist es nicht so, dass uns ein alter Mensch an das Lebensende erinnert, an das wir nicht gern denken? Je unscheinbarer daher ein alter Mensch, desto angenehmer ist er für uns. Wir können ihn und damit unser eigenes Altern ganz einfach übersehen.

Doch es kommt noch ein anderer Aspekt hinzu: Wir sind auf der Suche nach dem Bild, dem wir selbst im Alter entsprechen wollen. Wir hoffen, unser Alter akzeptieren zu können. Ein Mensch, der jung bleiben will, kann uns kein Vorbild sein. Wir suchen den alten Menschen, der uns versöhnt mit der Tatsache, dass das Leben ein Ende nimmt. Jemand, der einfach gern alt ist. Und den man gern anschaut. Eine Utopie? Mitnichten. Unter den Frauen meiner Generation gibt es Beweise genug. Ganz gleich, ob sie berühmt sind oder nur in ihrer privaten Umgebung für ein anderes Altern stehen.

Meine Vorstellung von Alter ist, das Leben leben zu können, bis der Tod eintrifft.

Ich habe nicht das Gefühl, irgendetwas nachholen zu müssen, und es gibt nichts, was ich denke, das hätte ich anders machen sollen in meinem bisherigen Leben. Eigentlich habe ich immer das gemacht, was ich wirklich wollte und auf ehrlichem Weg, das heißt, in Übereinstimmung mit mir selbst zu sein, war und ist mir wichtig. Ob das nun für andere richtig erscheint, war und ist mir nebensächlich.

Die Unbemerkten
(Vom Mythos unsichtbar zu sein)

Kürzlich habe ich einige Beiträge zu Grenzen und Reformierungsansätzen unseres Schulsystems in einer renommierten Wochenzeitung gelesen. In einem Bericht vom Dezember 2007 wurde die Reformpädagogin Enja Riegel vorgestellt. Der Titel des Berichts war:

»Der Traum einer Lehrerin. Mit fast 70 möchte die Reformpädagogin Enja Riegel noch einmal eine neue Form von Schule schaffen«.

Das Alter, 70 Jahre, ein prägnanter Aufhänger, dachte ich mir. Über eine siebzigjährige aktive Frau kann man staunen. Man kann ihr Anerkennung zollen, ihren Mut und ihre Tatkraft überwältigend finden. Es gibt jedoch auch die entgegengesetzte Reaktion. Dann heißt es, eine Siebzigjährige braucht man nicht mehr wirklich ernst zu nehmen, das sind Spielereien einer alten Dame, sie ist zu alt für reformerisches Denken.

In der beigefügten kleinen Biografie stand auch das Geburtsjahr von Enja Riegel, 1940, ich war überrascht. Sie war also zum Zeitpunkt des erschienenen Berichts nicht Siebzig, sondern erst 67 Jahre alt.

Nein, unsichtbar sind wir nicht. Entgegen aller Bemühungen der öffentlichen Medien, die Frauen in ihren Sechzigern zu übersehen, führen wir kein Nischendasein. Aber wir werden nicht als Sechzigjährige bemerkt. Und deshalb einer anderen Altersgruppe zugeordnet. Man macht uns entweder jünger oder älter.

Die Frauen 50+ werden seit Kurzem stark in den Medien beachtet, weil man sie als (noch) jugendlich, gut aussehend, aktiv und beruflich sichtbar beschreibt, als untypisch für ihr Alter, gemessen an den 50-jährigen alten Frauen früherer Zeiten. Ebenso sind in jedermanns Vorstellung die 70-jährigen Frauen mit dem Bild der grauen Alten, oder dem gütigen Mütterlein verbunden, oder neuerdings mit dem Bild der um selbständiges Leben bemühten, aber nicht mehr ganz zuverlässigen alten Frau, für die die Technikindustrie zunehmend mehr elektronische Helfer entwickelt.

Frauen zwischen Sechzig und Neunundsechzig sind in eine Lücke gerutscht. Sie werden allgemein als die »jungen Alten« bezeichnet, von denen man sich aber kein so rechtes Bild machen kann. Das liegt daran, dass sie weder jung sind noch alt. Zahlenmäßig jedoch überwältigend. In Deutschland gibt es mehr als 5 Millionen Frauen in ihren Sechzigern. (Im Jahr 2006 waren es genau 5.108.191, laut Statistischem Bundesamt) Man sieht sie auch überall, aber sie winken niemand zu, hallo, ich bin eine junge Alte. Sie sind einfach da, und sie sind in ihren Sechzigern. Sie sind jung und alt zusammen.

Wir Frauen von Sechzig belegen eine neue Altersstufe in der Abfolge der Lebensabschnitte. Sie ist entstanden, weil Menschen heute im Durchschnitt älter werden als je in der Geschichte der Menschheit zuvor, und das Phänomen des hohen Alters nicht nur auf einige wenige Ausnahmen beschränkt ist. Wenn die durchschnittliche Verweildauer auf Erden für Frauen der westlichen Welt schon bald an die neunzig Lebensjahre heranrückt, dann kann man ab Sechzig nicht schlagartig zur Greisin werden. Deshalb sind wir Sechzigjährigen zur Übergangsgeneration geworden, ähnlich, wie unsere Frauengeneration mit dem Begriff der »alterslosen« Frau in den Griff zu kriegen versucht worden war, als man mit alterslos damals die Frauengeneration um die Vierzig meinte. Heute sind Frauen in den Vierzigern nicht mehr alterslos, sondern haben ein Gesicht. Sie nehmen ihren Beruf ernst, sind junge Mütter, teilen sich Lebensaufgaben in der Partnerschaft, tragen selbstbewusst ihre Verantwortung in jedem Lebensbereich. Sie stehen ihren Mann, wie es heißt, und sind andererseits begehrenswert und attraktiv. Sie sind sichtbar Vierzig.

Das Bild der heute 50-jährigen zeigt uns eine Frau, die am ehesten mit dem Zusatz »noch« beschrieben werden kann. Sie ist »noch« auf der Leiter ihrer Karriere, »noch« aktiv und attraktiv, »noch« eine interessante Partnerin, »noch« hat sie mitzureden, wenn es um Frauenpolitik geht. Auch diese Frau ist sichtbar Fünfzig.

Ich glaube, die Frauen meiner Generation – wir – beziehen unser Gesicht aus den Irrfahrten der vergangenen Jahrzehnte, die wir trotz enormer Anstrengungen und Experimente gut gemeistert haben.

Sind wir unbescheiden, eindeutig, furchtlos? Ja, sicher, wenn auch in Maßen und noch etwas wankelmütig, weil uns auch das klischeehafte Bild der alten Frau zu schaffen macht. Kein Wunder, denn für unsere Lebensdekade, unseren neu entstandenen Platz im Lebensverlauf, haben wir keine erprobten Vorgängerinnen. Wir orientieren uns an jenen Frauen, die gleichaltrig um uns herum ihr Leben gestalten. Die Kraft kommt aus der Vergangenheit.

Ich sitze gern im Sommer mittags in einem Straßencafé und betrachte die Menschen, die vorübergehen und die an den Nebentischen sitzen.

Es sind zahlreiche nicht-junge Frauen unterwegs. Darunter solche, die mir spießig erscheinen oder die zufriedene Bürgerlichkeit ausstrahlen, die Exzentrischen, Alternativen, Typ Künstlerin oder Öko-Bewegten, die sportlich Strengen genauso wie die mit den Designerklamotten, und auch die Peinlichen mit dem blondgefärbten Pferdeschwanz. Mein besonderes Interesse gilt den Frauen in meinem Alter, und da ich ihr wahres Alter nicht kenne, bin ich auf Vermutungen angewiesen. Manchmal frage ich auch danach, wenn sich die Gelegenheit ergibt. Die Höflichkeit verbietet mir diese Frage nicht, denn ich bin selbst eine Frau von Sechzig. Aber nicht nur von Sechzigjährigen umgeben. Manchmal bin ich mit jüngeren Freundinnen in der Stadt unterwegs. Sie können das Alter von Frauen oft besser einschätzen als ich. Auffallend ist, das stellen wir gleichermaßen fest, dass insbesondere die Frauen in ihren Sechzigern eines gemeinsam haben:

Sie nehmen sich nicht verschämt zurück, sondern gehen selbstbewusst an den Blicken der Menschen vorüber, von denen sie beobachtet werden, oder sitzen entspannt an einem Tisch, auch allein. Man spürt ihr selbstsicheres Körpergefühl. Sie sind nicht mehr darauf bedacht, von jeder Seite Anerkennung einzufordern. Sie scheinen auf unnachahmliche Weise erwachsen, geformt, gefestigt.

Für junge Menschen heute ist das Dasein älterer Frauen im öffentlichen gesellschaftlichen Raum nichts Ungewöhnliches. Als ich jung war, war dies keineswegs selbstverständlich. Frauen der Generation meiner Mutter wurden, als sie älter als Sechzig waren, selten in einem Straßencafé allein angetroffen. Sie waren eher einmal auf sogenannten Kaffeefahrten unterwegs.

Die Frauen meiner Generation sind nicht verborgen, sie sind sichtbar, aber unerkannt, unbemerkt als Sechzigjährige. Es ist an der Zeit, sich umzusehen, und auf die sechzigjährigen Frauen zu achten.

Es geht nicht zuvorderst um die Frauen, die berühmt oder bekannt sind in der Öffentlichkeit. (Eine Auswahl befindet sich im Anhang des Buches.) Obgleich sie auch Vorbilder sein können.

Es geht um mehr als fünf Millionen Frauen dieser Generation, und jede Einzelne von uns kann mitbestimmen und die andere inspirieren, wie wir dieses Lebensjahrzehnt gestalten. Und weil wir aller Wahrscheinlichkeit nach noch ziemlich lange leben, können wir uns nicht zur Ruhe setzen, sondern wollen erneut aufbrechen, wenn es gilt, die weiteren Jahrzehnte zu gestalten.

XII.

Am Ende meiner
Reise ohne Ziel will ich fallen
in Ginsterblüten.
Sora, in: Haiku. Japanische Gedichte

Späte Folgen?

Ich habe meine Mutter nie nach ihren Ängsten, Hoffnungen oder der Verzweiflung gefragt, die sie wohl empfunden haben musste, als sie mit mir, ihrer damals dreijährigen Tochter, im Mai 1945 auf schonungslose Weise aus der Heimat vertrieben worden war.

Der Befehl kam am frühen Morgen ins Haus. Sie hatte nur zwei Stunden Zeit, um sich auf eine – wie es hieß – vorübergehende »Reise« ins Unbekannte vorzubereiten. Um zehn Uhr vormittags sollte sie sich am Bahnhof einfinden. Sie nahm mich selbstverständlich mit, in einem bauchigen, weißen Kinderwagen. Es durfte nur das Notwendigste eingepackt werden, ausreichend »für einen Tag«. Am Bahnhof trafen Hunderte von Menschen ein, alte Leute und Mütter mit ihren Kindern, aus den umliegenden Dörfern. Stunde um Stunde verging. Die Mittagshitze war unerträglich. Hunger und Durst stellten sich ein. Kinder weinten, die Mütter und die Alten wurden immer wieder von den fremden Soldaten eingeschüchtert, Kleider- und Jackentaschen, Kinderwagen wurden durchsucht, alles, was den Soldaten wertvoll erschien, wurde beschlagnahmt, weggenommen. Angst machte sich breit. Schließlich kam ein Zug mit Güterwaggons, in die wir gezwängt wurden. Zum Abschied höhnten die Soldaten: Heim ins Reich mit euch. Ins Reich? Heim? Unsere Heimat lag in der damaligen Tschechoslowakei, rechtlich waren wir jedoch Sudetendeutsche.

Und tatsächlich, direkt an der Grenze zu Deutschland, in Sachsen, wurden die Menschen aus den Güterwaggons gestoßen. Ein Zurück in die Heimat gab es nicht mehr, und als Mutter dies klar geworden war, entschied sie sich, noch einmal heimlich in mein Geburtshaus zurückzukehren.

Sie, die nicht schwimmen konnte, durchquerte mit einigen anderen mutigen Frauen im Schutz der Dunkelheit den kleinen Grenzfluss Neiße und lief wie eine Diebin durch die Wälder nach Hause. Müde und erschöpft versteckte sie sich tagsüber im

Haus und kehrte mit Kleidung und anderen leicht zu tragenden Wertsachen, die sie im Rucksack und in Taschen verstaut hatte, in der darauffolgenden Nacht zurück zu mir. Ich wartete in der Obhut eines alten Ehepaares auf meine Mutter, zusammen mit den Kindern der anderen Frauen, die sich auch auf dem Weg in die Heimat gemacht hatten – einige von ihnen kamen nie zurück. Wir mussten im Freien übernachten und tagsüber betteln gehen.

Als wir in der kleinen Gruppe weitermarschierten, einfach die Landstraße entlang, gab es oft den ganzen Tag nichts zu essen und zu trinken. Die Bauern, bei denen meine Mutter anklopfte, hatten schon den vielen Leuten, die vor uns da waren, genug abgegeben und wiesen uns ab. Sie bat schließlich nur noch für mich, ihr kleines Mädchen, und wenn sie am Ende des Tages ein Stück Brot oder einen Becher Milch bekommen hatte, dann zwang sie mich, das Brot ganz langsam zu essen, die Milch nur schlückchenweise zu trinken.

An einem Tag, als sie wieder einmal nichts Essbares für uns erbetteln konnte, sich am Ende ihrer Kräfte fühlte und keinen Lichtblick für die Zukunft sah, hat sie an Selbstmord gedacht. Sie sprach den Gedanken aus, wohl mehr mit sich selbst redend und doch auch an mich gerichtet. Was meinst du, sagte sie leise, sollen wir in die Neiße gehen? Sie hatte erlebt, wie dies schon mehrere verzweifelte Frauen mit ihren Kindern getan hatten. Nein, hörte sie mich antworten, geh nicht ins Wasser, ich bin doch noch so klein.

Wir überlebten.

Was ist mit jenen Ängsten der Mütter geschehen, mit der Verzweiflung, dem Überlebenskampf, die sie während des Krieges durchmachten? Haben sie sich in uns Kindern festgesetzt? Wo blieben unsere traumatischen Erfahrungen verborgen? Reagiert der Körper heute darauf, da wir ins Alter eingetreten sind? Hat er so lange durchgehalten?

Wenn es Gott gibt, klagt Eva

Das Internat in München wurde von Ordensschwestern geführt. Vor dem Frühstück im Speisesaal hatten wir Mädchen uns bereits in der Kapelle zum täglichen Gottesdienst versammeln müssen. So früh aufzustehen fiel mir schwer, ich war erst zehn Jahre alt. Irgendwann am späteren Nachmittag gab es immer eine Verpflichtung, wieder in der Kapelle zu sein, um zu beten. Wir beteten zu allen Heiligen, dass sie für uns bitten mögen, und zu Gott, dass er uns und die Heiligen erhören soll. In der Litanei der Gebete wurde jeder lebende und verstorbene Mensch genannt, der den Schwestern bekannt war, so schien es mir, auch der Papst, damit er Gottes Hilfe bei seiner Amtsausführung erhalten möge, jeder Anlass, sei es für eine gute Ernte oder gute Nerven bei bevorstehenden Prüfungen in der Schule, wurde einzeln erwähnt. Mich haben diese Aufzählungen überfordert, und weil ich fürchtete, irgendwen oder irgendwas zu vergessen, flüsterte ich bei den Gebeten immer nur »für alles und für alle«. Ich wollte ein frommes Mädchen sein.

Nach vier Jahren Internatszeit bin ich geflüchtet. Rückblickend erkannte ich die guten Seiten. Ich hatte Kameradschaft, Ordnung, Disziplin und eine grundlegende Moral gelernt, die sich zwar nicht als Glaube, aber als einfaches Prinzip eines »Was du nicht willst, das man dir tu ...« fortsetzte. Und abends betete ich weiter aus Gewohnheit ein Vaterunser »für alles und für alle«, diese Gepflogenheit weitete sich zu einer Art Aberglauben aus, denn ich glaube, dass ich – weil ich niemals explizit an jemand oder etwas dabei denke, keinen Unterschied mache zwischen Gläubigen und Ungläubigen, Toten oder Lebenden, zwischen denen, die Esoterik oder Astrologie zu ihrem Wegweiser erkoren haben, oder einfach nur sich selbst (wie es im Grunde das Prinzip »Was du nicht willst, das man dir tu ...« auch vorschlägt) – mit meiner inneren Kraft denjenigen erreichen kann, der am dringendsten Kraft braucht.

Andere Frauen in meinem Alter haben sich jetzt wieder dem religiösen Denken zugewandt. Nach jahrzehntelanger Abkehr, des Ausblendens, des flüchtigen Kontakts. Sie beten wieder, sagen sie. Wofür und für wen beten sie? Seit meine beiden Eltern tot sind, gehe ich wieder in die Kirche, sagt meine Freundin Astrid. Die Kirche ist für sie eine Art Heimat geworden, in der empfindungsvollen Atmosphäre fällt es ihr leicht, an ihre Kindheit zu denken, mit ihren Eltern Zwiesprache zu halten und ihre Sehnsucht nach einem Wiedersehen in einem Gebet auszudrücken. Es muss eine Möglichkeit geben zum nachirdischen Leben, meint Astrid. Es muss eine Kraft geben, die so etwas erschaffen kann. Und Astrid glaubt, diese Kraft ist Gott. Das hat nichts mit Bigotterie zu tun, es ist einfach eine Erklärung, die ihr das Leben erleichtert, weil sie mit zunehmendem Alter das Funktionieren des Lebens immer unbegreiflicher findet. Es ist so vieles unbegreiflich auf unserer Welt. Stück um Stück findet die Wissenschaft neue Erklärungen und Enträtselungen. Aber das Rätsel unseres Lebens ist noch nicht geknackt. Das bedeutet, dass unser Verstand nicht ausreicht, um unsere Welt, unser Sein zu verstehen. Die Allmacht des vernunftbegabten Menschen ist eine Illusion.

Gläubige Menschen vertrauen darauf, dass ihr Leben in Gottes Hand liegt, dass es ein Weiterleben nach dem Tod gibt. Denn alle Religionen sagen nicht nur, was der Mensch tun soll, sie geben auch eine Antwort auf die Fragen, woher der Mensch kommt und wohin er geht.

Gläubige fürchten sich daher nicht mehr vor dem Tod, sagen sie.

Ich habe auch keine Angst vor dem Sterben. Lebensverlängernde Maßnahmen lehne ich für mich ab, wenn es nichts anderes mehr als ein Dahinsiechen bedeutet. Der Tod ist für mich lediglich das Ende des Lebens.

Das Ungerechte besteht nicht darin, dass das Leben so ist, wie es ist, sondern darin, dass es so sein muss, wie es ist, sagte Eva, und sie zitierte diesen Satz aus einem Roman, den sie gelesen hatte. Und dagegen wehre ich mich, sagt sie, gegen diese zwingende Ungerechtigkeit brülle ich zu Gott. Wenn Kinder ermordet werden, zum Beispiel, oder meine Freundin aus Kindheitstagen qualvoll sterben muss, obwohl sie wie eine Löwin gegen ihre Krankheit kämpfte und bis zum Schluss auf Gottes Hilfe vertraute. Meine spontan an Gott gerichteten Anklagen irritieren mich, weil ich mich im Laufe meines Älterwerdens so weit von Gott entfernt habe. Es ist nichts als hilflose Empörung, die sich Bahn bricht. Dabei bin ich religiös erzogen, habe in meiner Ausbildung auch Nonnen als Lehrerinnen gehabt, und später, in der Klinik, waren Ordensschwestern auch Kolleginnen. Im täglichen Miteinander sah ich zuerst keinen Unterschied zwischen ihnen und mir. Dann wurden sie mir immer fremder. Ich erlebte, dass sie nicht die Barmherzigsten, die Geduldigsten, die Respektvollsten gewesen sind. Respekt hätte Mitgefühl geschaffen, weil er einen achtlosen Umgang mit dem anderen verhindert. Menschen, die sich als religiös bezeichnen, sind nicht immer voller Nächstenliebe. Aber was dann? Was bedeutet es, religiös, was bedeutet es christlich zu sein? An den barmherzigen, gerechten Gott zu glauben, der auch hinter all der Grausamkeit und Ungerechtigkeit steht, der wir ständig begegnen? Es macht mir Angst, täglich damit konfrontiert zu werden, wozu ein Mensch fähig ist, auch wenn er an Gott glaubt. Die Medien sind voll davon, Krieg, Verbrechen, Katastrophen. Gotteskriege, die sich durch die Geschichte der Menschheit ziehen.

Es ist nur logisch, sich die Frage zu stellen, ob es diesen Gott denn gibt, über den wir so viel Wunderbares lernen mussten?

Auch an Wunder glaube ich nicht. Es gibt für vieles so viele Lösungsmöglichkeiten, dass es schon fragwürdig wird, jemanden überzeugen zu wollen.

Ich erträume mir manchmal ein wunderbares Leben für alle, in Sanftheit, Friedlichkeit, Mitmenschlichkeit. Hier auf Erden. Denn dass das wirkliche Leben erst nach dem Tod beginnen soll, erscheint mir ungerecht. Ich glaube, es kommt nichts nach als die Stille. Man sagt, Gläubige leben anders, glücklicher, nicht weil sie ewig leben wollen, sondern weil sie glauben, mit dem Tod ist nicht alles vorbei.

Abschied nehmen

Es ist sechs Uhr früh am Flughafen in Melbourne. Lorenz und ich sitzen in weichen Polstersesseln. Schräg gegenüber ein altes Ehepaar. Der Mann ist schmal, blass, fast gebrechlich, wahrscheinlich um die Siebzig. Er beobachtet uns still, traurig. Die Frau ist etwas jünger, ländlich, eine bäuerlich alt wirkende Frau. Im Blick die Sehnsucht, die Trauer um Vergangenes. Jugend, schon lange vergessen, das quirlige, lebendige, saftige Erwachsenenalter zusehends verblasst, das Leben rollt dem Ende zu, unaufhaltsam.

Mich überfallen auch gelegentlich Erinnerungen, die ich plötzlich auf eine Weise vergangen empfinde, dass ich sie in der Gegenwart nicht mehr ertrage.

Es mag der Prozess des Abschiednehmens sein. Ich erinnere mich nicht, wann er begonnen hat.

Die andere Art der Gelassenheit

Wer sechzig Jahre alt ist, oder schon einige Jahre älter, hat unzählige Erlebnisse und Erfahrungen aufzuweisen, die sich zu einem Bild zusammenfügen, ein Mosaik, das wir gern betrachten – selbst wenn man nie etwas wirklich Spektakuläres unternommen hatte. Von der ersten Erinnerung an kann man eine Person entstehen lassen, die man sympathisch und liebenswert findet. Im Leben erprobt, kleinere oder größere Kämpfe durchgestanden, Hürden geschafft, Siege errungen. Das gibt Stolz und Selbstbewusstsein. Für diese Ernte haben wir gearbeitet, sie ist uns nicht in den Schoß gefallen.

Die wirklich heitere Gelassenheit beruht auf dem Ergebnis meiner Lebensarbeit. Auf einer Zufriedenheit mit dem, was ich verwirklichen konnte, die Träume ebenso wie die Notwendigkeiten. Aber ich bin als Sechzigjährige nicht am Ende meiner Lebensarbeit. Und deshalb nicht nur gelassen. Man verdünnt sich im Alter, sagte eine Freundin. Man ist nicht mehr so kämpferisch, und deshalb wirkt man im Vergleich zum früheren Auftreten, den Aktionen und Ansichten, auf eine gewisse Weise gelassener. Ich bin aufgrund dessen, was ich in meinem bisherigen Leben erreicht habe, unantastbarer geworden. Ich muss nicht Alice Schwarzer sein, zum Beispiel, um zu verstehen, was sie mild und gelassen gemacht hat: Es ist das Gefühl, vom Erfolg getragen zu sein, die Mission, wenn auch nicht ganz vollendet, so doch zum unaufhaltsamen Laufen gebracht zu haben, und die Anerkennung dafür zu ernten vermocht. Doch gerade weil wir etwas bewirkt haben, falten wir nicht die Hände und betrachten den weiteren Lauf der Dinge vom Schaukelstuhl aus. Die Frauengenerationen vor uns wurde durch den Eintritt in eine vorgefertigte Rolle der alten Frau in die Gelassenheit gedrängt, die ein Abseits vom pulsierenden Geschehen um sie herum bedeutet hat. Heute werden Frauen ab Sechzig nicht durch Verzicht auf Leben zur Gelassenheit gezwungen. Aber durch die Stimme des Körpers zur bewussten Form der Gelassenheit gemahnt.

Eine Fahrt ins immer noch Grüne an einem Herbsttag

Friedliche Stimmung, es riecht frisch (nicht prall und süß), die Felder sind abgeerntet und geordnet, Beweis einer ertragreichen Ernte, sie vermitteln innere Ruhe, Lust auf ein Verweilen, Spazieren gehen, Wandern, noch einmal im See schwimmen, Besuche machen, Menschen treffen. Im Haus und Garten regiert die Lust, aufzuräumen, Schränke zu ordnen, Fotos zu sichten, Beete von Überflüssigem zu befreien, von Unkraut, den verschossenen Trieben und welken Blätter, Obst und Gemüse zu ernten, Vorsorge für den Winter zu treffen. Die unerreichten Farben des Herbstes bewundern.

Der Herbst ist nicht nur die Jahreszeit, in der geerntet wird, was den Frühling und Sommer hindurch reifen konnte. Er ist auch die Jahreszeit, die sich nicht eindeutig von den anderen abgrenzen lässt.

Wenn die Sonne scheint, kann ein Herbsttag sommerliche Temperaturen aufweisen. Ein milder Herbst bewirkt, dass Bäume und Sträucher noch einmal frühlingshafte Knospen treiben, und selbst lange abgeblühte Blumen im Garten setzen erneut Blüten an, wie Gänseblümchen oder Löwenzahn, und Rosen blühen bis in den November hinein. Der Herbst kann aber auch recht kalt sein, und manchmal fallen schon die ersten Schneeflocken, um auf den Winter hinzuweisen.

Können wir die Lebensspanne eines Menschen mit dem Ablauf der Jahreszeiten vergleichen?

Demnach befänden wir uns Herbst, eingedenk der heute von der Statistik in Aussicht gestellten Lebenserwartung von 84,5 Jahren für eine heute sechzigjährige Frau. (Gemäß der Definition einer Altersstudie der Charité in Berlin zählen die Menschen heute erst ab Siebzig zu den »jungen« Alten, ab 85 sind wir dann die »alten« Alten.)

Gesetzt den Fall, wir nehmen den Vergleich an. Dann haben wir im Herbst unserer Lebenszeit nicht nur viel zu bieten, sondern können die Vielfalt, Buntheit und Fülle eines ganzes Jahres erleben. Vorausgesetzt, wir bekommen die Chance. Vorausgesetzt, wir nehmen sie uns.

Der Vergleich mit den Jahreszeiten ist ein metaphorischer Blick. Die Lebenszeit des Menschen unterliegt nicht nur natürlichen Gesetzen. Sie wird strukturiert und definiert durch die Gesellschaft, in der er lebt. Die Gesellschaft prägt unseren Lebensweg als soziale Wesen. Die Frauen ab Sechzig, um die es hier geht, sind ein Produkt jener Lebenszeit, die sie bis zu diesem Jahrzehnt durchlebten. Mit dem Rüstzeug, das sie bis dahin erworben haben, werden sie ihren Weg in dieser Gesellschaft mit den spezifischen Rahmenbedingungen, Erwartungen und Chancen finden und gehen.

Eines allerdings steht unabänderlich fest: Wie im Herbst der Jahreszeiten werden auch für uns ab Sechzig die Tage kürzer. Diese Erkenntnis ist natürlich nicht neu: Seit unserer Geburt tickt der Countdown. Aber wir nehmen ihn erst im Herbst des Lebens wirklich ernst. Erst dann scheinen wir die Wahrheit ermessen zu können, die hinter der Aussage von der Begrenztheit unserer Lebenszeit steht. Diese Wahrheit gehörte bisher eher zu unserem passiven Wissen. Zu keinem Zeitpunkt geleugnet, haben wir diese Wahrheit doch anders gefühlt. Wie der launische, fröhliche Frühling nicht an sein Ende denkt, scherzend noch bis zum Höhepunkt des Sommers, und sich an einer Chance aufflackernder Lebensgeister im Herbst noch sonnt.

Freut sich die Natur auf die Stille, die Ruhe, das Schweigen, den Schlaf, das Vergehen und den Zerfall im Winter?

Eine Liste von bekannten älteren Frauen,
die mehr sind als nur prominente Namen und der
Generation angehören, die heute in ihrem sechsten
Lebensjahrzehnt ist

Allein in Deutschland gibt es über fünf Millionen Frauen der
Generation, die – zwischen 1937 und 1947 geboren – heute zwischen 60 und 69 Jahre alt sind. Diese Liste der Frauen muss also unvollständig sein. Sie stellt eine zufällige Auswahl von Frauen dar, die auch in letzter Zeit in den Medien von sich reden machten. Jede von ihnen ist auf ihre Weise typisch für diese Generation. Sie ist sichtbar, und trotzdem unbemerkt in ihrem Alter. Vorbilder sind sie alle.

ISABEL ALLENDE, 1945, chilenische Politikerin. (Nicht identisch mit der gleichnamigen Schriftstellerin – »Das Geisterhaus« –, die eine Großcousine der Politikerin Isabel Allende ist). Sie wurde fast dreißig Jahre nachdem ihr Vater, Salvador Allende, als Präsident Chiles von putschenden Militärs gestürzt worden war zur Präsidentin des chilenischen Parlament gewählt (2003). Sie hatte sich mit ihrer Schwester vor den blutigen Pinochet-Militärs nach Mexiko retten können. Ende der 1980er-Jahre war sie nach Chile zurückgekehrt und hat sich in der Sozialistischen Partei engagiert.

ERIKA BERGER, 1939, wurde in den 1980er-Jahren mit der Sendung »Eine Chance für die Liebe« bekannt. Sie kam mit 68 Jahren zurück auf den Bildschirm. Im RTL-Mittagsmagazin »Punkt 12« gibt sie seit 7. September 2007 in der Rubrik »Liebe« Tipps in Sachen Partnerschaft.

SENTA BERGER, 1941, international erfolgreiche österreichische Schauspielerin und Produzentin. Sie beteiligte sich 1971 an der von Alice Schwarzer initiierten Medienaktion »Wir haben abgetrieben!«. Seit Februar 2003 ist sie Präsidentin der Deutschen Filmakademie.

DAGMAR BERGHOFF, 1943, die erste »Miss Tagesschau« (am 16. Juni 1976), Witwe, sagte in einem Interview, sie bezweifle, noch einmal einen Partner zu finden. Die für sie in Frage kämen, müssten Anfang oder Ende 60 sein. Diese Männer suchen sich aber lieber eine Frau zwischen 30 und 40. Sie lerne immer wieder interessante Männer kennen. »Aber irgendwann stellt man fest, dass er zwar aussieht wie 70, aber schon 84 ist«, klagte sie. »Bei allem Respekt – das ist kein Mann für eine Zukunft. Denn spätestens in sechs Jahren wäre ich Altenpflegerin. Oder wieder Witwe.«

JANE BIRKIN, 1946 in London. Ihre erste Filmrolle als nacktes Mädchen im Film »Blow Up« war 1966 ein Skandal. Ein noch größerer war das Liebeslied *»Je t'aime«*, das sie wenig später mit ihrem Partner Serge Gainsbourg eher stöhnte als sang. Fortan sang sie und spielte, nach der Trennung von Gainsbourg Anfang der Achtziger, in zunehmend ernsteren Rollen. Seit Kurzem führt sie auch Regie. Sie hat drei Töchter von drei Männern. Im Februar 2008 Konzerte in verschiedenen Städten Deutschlands.

GERALDINE CHAPLIN, 1944, Schauspielerin, Tochter des legendären Charlie Chaplin, hat, wie sie sagt, immer gegen den Vater rebelliert, spielt heute Horrorgräfinnen und Großmütter, »denn es finden sich nicht mehr viele Darstellerinnen meines Alters, die nicht geliftet sind«.

CHER, 1941, US-amerikanische Sängerin und Schauspielerin, Ikone der Hippies in den 1960ern, Oscargewinnerin, plante ihren Rückzug aus dem Showbusiness 2003, hat aber ihr Comback im Mai 2008 in Las Vegas. Ist in *Madame Tussauds Wax*

Museum verewigt (1992) als eine der fünf schönsten Frauen der Geschichte. Sagt, sie sei gerade mal wieder auf der Suche nach einem neuen Mann.

JULIE CHRISTIE, 1941, britische Filmschauspielerin, Oscar 1965 für den Film »Darling«, Oscarnominierung 2008 für »An ihrer Seite«. Seit mehr als 30 Jahren unterstützt sie die Arbeit der Organisation »Survival International«, die sich für den Schutz indigener Völker einsetzt. Seit Februar 2088 ist sie Botschafterin von Survival International.

GABY DOHM, 1943, deutsche Schauspielerin, durch TV-Serie »Schwarzwaldklinik« bekannt geworden. Spielt in vielen TV-Serien und -filmen. Sagt, die Arbeit hält sie jung. Und alles habe seine Zeit, auch das Verliebtsein.

KATJA EBSTEIN, 1945, Sängerin und Schauspielerin, verschiedene Preise, Eurovision Song Contest 1970 (»Wunder gibt es immer wieder«) begründet internationale Karriere. Ist politisch aktiv. Sie engagiert sich für die Welthungerhilfe und für verschiedene Hilfsprojekte für Kinder und Jugendliche. Seit 2004 gibt es die Katja-Ebstein-Stiftung für sozial schwache und notleidende Kinder.

HANNELORE ELSNER, 1942, Schauspielerin, lebt nach dem Motto »aufhören und anfangen«. Sie tue das ihr ganzes Leben lang (Interview im Oktober 2007). Man müsse lebendig bleiben und bereit sein, sich einzulassen – auf Menschen, Gefühle, Liebe, Schmerz, Enttäuschung. Sie sagte, sie wollte »gut werden«, ihren »Beruf erlernen«. Das sei ihr gelungen. Sie sei nie über längere Zeit einsam oder unglücklich gewesen.

MARIANNE FAITHFUL, 1946, britische Musikerin und Schauspielerin. Sie begann ihre Karriere 1964 mit »As Tears Go By« (einer Komposition von Mick Jagger und Keith Richards), spielte in verschiedenen Filmen, arbeitete in den 1990er-Jahren mit jungen Musikern und Bands. Erkrankte 2006 an Brustkrebs, 2007 hatte sie als Hauptdarstellerin in dem Film *Irina Palm* auf der Berlinale großen Erfolg und ist wieder auf Welttournee.

MIA FARROW, 1945, wurde 1967 als Schauspielerin in Roman Polanskis Film »Rosemaries Baby« berühmt. Die Exfrau von Frank Sinatra, Andre Previn und Woody Allen hat vier leibliche und zehn Adoptivkinder. Seit mehreren Jahren klärt sie die Welt über den Völkermord in Darfur, Südsudan, auf und setzt sich aktiv für die Hilfe für die Frauen von Darfur ein.

JANE FONDA, 1937, zweimalige Oscargewinnerin, politische Ikone der USA, und, in den 1980ern, internationale Fitness-Päpstin (Aerobic überall!). Sie hat sich vom blonden Frauchen »Barbarella« Ende der 1960er-Jahre zur »Hanoi-Jane« (1972 besuchte sie aus Protest gegen den Vietnam-Krieg die nordvietnamesische Hauptstadt und ließ sich auf einem Flugabwehrgeschütz des Vietcong fotografieren) und schließlich zur Feministin entwickelt.

ARETHA FRANKLIN, 1942, eine der erfolgreichsten Sängerinnen der Welt. Seit sie 1967 mit ihrem (von Otis Redding geschriebenen) Song »Respect« nicht nur für sich als Frau Respekt und Rechte für Frauen einfordert, sondern zur Stimme der schwarzen Bürgerrechtsbewegung wurde, gilt sie als die »Queen of Soul«. Ihren Thron will sie noch lange nicht räumen. Sie hat ihr eigenes Label »Aretha's Records« gegründet, bei dem zum Jahresende 2007, ihrem 65. Geburtsjahr, die neue CD »Aretha: A Woman Falling Out of Love« erschienen ist.

ULLA HAHN, 1946, Lyrikerin, hat sich nach (oder neben) der Lyrik auch der Prosa zugewandt. 2001 erschien »Das verborgene Wort«, ihr zweiter Roman (2001). Sie verarbeitet darin ihre eigene Kindheit im Rheinland der 1950er-Jahre. Arbeitet an der

Fortsetzung der Geschichte der Hilla in die Zeit des jungen Erwachsenenalters.

ELKE HEIDENREICH, 1943, vom Ruhrgebietskind zur anerkannten Person im deutschen Literaturbetrieb aufgestiegen mit ihrer Sendung »Lesen«, wo sie trotz Kritik an ihrer Trendsetting-Funktion ihren Geschmack seit fünf Jahren selbstbewusst und heiter vertritt.

SHERE HITE, 1942, die amerikanische Sexforscherin hat das Verdienst erworben, das Tabuthema Sex salonfähig gemacht zu haben. 1976 ist der »Hite Report« über das sexuelle Erleben der Frau erschienen (48 Millionen mal verkauft!). 1985 heiratete sie den mehr als 20 Jahre jüngeren deutschen Pianisten Friedrich Hörike. 1999 ließ sich das Paar scheiden.

HANNELORE HOGER, 1942, Schauspielerin aus Hamburg, Preisträgerin u. a. des Adolf-Grimme-Preises in Gold für ihre Darstellung der Kommissarin Bella Block (TV Kriminalfilmreihe). Sie tritt seit Sommer 2005 auch mit ihrer Tochter Nina Hoger mit dem Ensemble Noisten auf. Sie erklärte in einem Interview, dass sie die sogenannten Seniorenteller in Restaurants schrecklich finde.

BIANCA JAGGER, 1945, in Nicaragua geboren, US-amerikanische Menschenrechtsaktivistin. Studierte Politikwissenschaften in Paris, erlebte Demonstrationen während der Studentenbewegung 1968. Öffentlich bekannt wurde sie durch ihre Heirat 1971 mit Mick Jagger von den Rolling Stones. Seit 1980 arbeitet sie aktiv für Amnesty International.

VERENA KAST, 1943, Professorin für Psychologie an der Universität Zürich, Dozentin und Lehranalytikerin am dortigen C.G.-Jung-Institut. Vorsitzende der Internationalen Gesellschaft für Tiefenpsychologie. Hat zahlreiche Bücher publiziert. Seit

1995 ist sie die Präsidentin der Internationalen Gesellschaft für Analytische Psychologie.

CHRISTINE KAUFMANN, 1945, vom Kinderstar über Filmkarriere (Golden-Globe-Preisträgerin) und Theaterkarriere zur erfolgreichen Unternehmerin und Autorin. Sagt, das Gefühl der Jugendlichkeit sei ihr wichtiger als jugendliches Aussehen. Es ginge darum, lieber gut zu altern als schlecht jung zu bleiben.

DIANE KEATON, 1946, Schauspielerin. Von ihr heißt es, sie habe den spröden Charme ihrer frühen Jahre nicht abgelegt. Der Oscarpreisträgerin erlagen Stars wie Woody Allen, Warren Beatty oder Al Pacino, nicht nur vor der Kamera. In ihrem letzten Film »Because I said so« (Was das Herz begehrt) zeigt sie auch die Überwindung der Angst älterer Frauen vor Intimität. Leidenschaft im Alter findet sie zwar »süß«. An die ewige Liebe glaubt sie aber nicht mehr. Sie nimmt heute mit Mutterrollen vorlieb.

MARIKA KILIUS, 1943, Paarlauf-Weltmeisterin im Eiskunstlauf (1963 und 1964), Silbermedaillen-Gewinnerin bei den Olympischen Spielen 1960 und 1964. Mit ihrem Partner Hans-Jürgen Bäumler bildete sie das »Traumpaar« der sechziger Jahre. Aber 1964 liefen die beiden bei Eisrevues, bis sie 1982 endgültig Abschied von der Eisshow nahmen. Sie ist als Geschäftsfrau erfolgreich, hat sich dem Buddhismus zugewandt und ist Großmutter zweier Enkelkinder.

NEELIE KROES, 1941, niederländische Politikerin, lässt sich nicht von Industriegrößen wie Siemens, Thyssen-Krupp oder E.on einschüchtern. Genau das ist ihre Stärke als EU-Wettbewerbskommissarin und somit oberste Kartellwächterin Europas.

SIGRID LÖFFLER, 1942, Publizistin und Literaturkritikerin, war zwölf Jahre lang unverzichtbare Frau in der TV-Kultursendung »Literarisches Quartett«. Seit 2000 ist sie Herausgeberin des Magazins *Literaturen.*

MONIKA MARON, 1941, deutsche Schriftstellerin, thematisierte zum ersten Mal in einem literarischen Werk (»Flugasche«, 1981) die Umweltverschmutzung in der DDR. In ihren späteren Romanen widmet sie sich auch den Lebensentwürfen und Umbrüchen nach dem Ende der DDR.

MIREILLE MATHIEU, 1946, französische Sängerin, ist neben der Franko-Kanadierin Celine Dion die bis heute kommerziell erfolgreichste französischsprachige Sängerin der Welt. 1999 wurde sie Ritterin der Ehrenlegion in Frankreich. Startet 2008, mit 62 Jahren, ein Comeback (mit einer Deutschlandtournee durch 24 Städte). Auf die Frage, wie sie es schaffen würde, mit 60 noch so jung auszusehen, antwortete sie: Ich lasse keine Sonne an mein Gesicht und ich ernähre mich gesund. Das ist alles.

INGRID MATTHÄUS-MAIER, 1945, Politikerin und Bankmanagerin, Chefin der staatlichen Förderbank KfW, gehört zu den 50 mächtigsten Frauen der Wirtschaftswelt – als einzige Deutsche. Die 62-jährige belegt im neuen Ranking (2007) des amerikanischen Wirtschaftsmagazins *Fortune* Platz 31. In dieser Liste berücksichtigt das Heft nur Managerinnen von Unternehmen außerhalb der USA. Sie ist verheiratet und hat zwei Kinder.

USCHI NERKE, 1944, moderierte von 1965–1972 die Kultsendung »Beat Club« aus Studio 3 bei Radio Bremen, mit Manfred Sexauer die Nachfolgesendung »Musikladen« bis 1980. Seit Mai 2001 ist sie wieder mit der Neuauflage des »Beat Club« bei Radio Bremen jeden Samstag auf Sendung.

CHRISTIANE NÜSSLEIN-VOLHARD, 1942, Direktorin des Max-Planck-Instituts für Entwicklungsbiologie in Tübingen bekam 1995 den Nobelpreis für Medizin. Sie setzt sich dafür ein, die Auswahl unter erfolgreichen Wissenschaftlerinnen zu vergrößern. Mit einer Stiftung fördert sie die Karrieren von Frauen mit Kindern. Sie will sich in den kommenden Jahren vor allem mit Genveränderungen beschäftigen. Sie wurde gebeten, bis 2014 weiterzuarbeiten. »Ich habe dem zugestimmt, allerdings unter dem Vorbehalt, mich umbesinnen zu dürfen,« war ihr Kommentar.

Die Wissenschaftlerin widmet sich in ihrer Freizeit der Musik. Sie singt, nimmt Gesangsunterricht und tritt gelegentlich in privatem Rahmen auf. Ihre musikalische Leidenschaft zum Beruf zu machen, sei ihr aber nie in den Sinn gekommen. »Als Berufsmusiker hätte ich noch mehr reisen müssen, als ich es jetzt schon muss. Und dauernd vor Leuten spielen zu müssen, und der Beifall der Zuschauer ist der einzige Gewinn, das hätte ich nicht gemocht. In der Wissenschaft kommt es auf den Beifall nicht an. Das Interesse an brennenden Fragen, darum geht es. Die Belohnung ist die Erkenntnis.« (*Münchner Merkur*, 20. Oktober 2007)

ERIKA PLUHAR, 1939, österreichische Sängerin, Autorin und Schauspielerin, Multitalent. Schaut auf ein bewegtes Leben zurück und ist noch lange nicht müde. Sie sagt, wenn man aufhört, sich zu verändern, wird man wie ein Stein. Und Loslassen ist die schwerste Lebensübung, die man jeden Tag aufs Neue bewältigen muss. Sie beginnt mit jedem Loslassen ein neues Projekt, politisch, sinnlich, leidenschaftlich.

LUISE PUSCH, 1944, Sprachwissenschaftlerin mit Spezialgebiet feministische Linguistik, arbeitet als freiberufliche Publizistin im Bereich Frauenforschung. Ihre Forderung nach einer geschlechtergerechten Sprache wurde in der Praxis mit der Schreibung eines Binnen-I (ArbeiterIn) oder der Nennung beider Geschlechter (Arbeiter und Arbeiterinnen) verwirklicht.

CHARLOTTE RAMPLING, 1945, Schauspielerin (»Wir verstehen uns wunderbar«). Sie sagt, um verrucht zu sein, muss man eine Geschichte haben, das würde bei Jüngeren leicht komisch und unecht wirken.

ANITA RODDICK, 1943–2007, war die Body-Shop-Gründerin, sie wurde auch als »Green Queen« bezeichnet, und arbeitete bis zu ihrem plötzlichen Tod am 10. September 2007 (im Alter von 64 Jahren) für den Umweltschutz und den gesellschaftlichen Wandel und ist für die Menschenrechte eingetreten.

MARIANNE SÄGEBRECHT, 1945, Schauspielerin (»Zuckerbaby«, 1985, »Out of Rosenheim«, 1987). Sie überlege, sagte sie, Deutschland den Rücken zu kehren und in ein südliches Land zu ziehen, wo man in ihrem Alter noch Chancen hat. Sie könne sich gut vorstellen, in Italien alt zu werden. Dort würde es nicht heißen wie in Deutschland: mit 40 Gruftie, mit 50 Kompostie und mit 60 Verweste.

ALICE SCHWARZER, 1942, die wichtigste Frauenrechtlerin Deutschlands, bekannt geworden durch zahlreiche Publikationen und Aktionen, zuerst 1971 mit ihrer Aktion »Frauen gegen den § 218«, 1977 erschien die erste Ausgabe der von ihr gegründeten Zeitschrift *EMMA*, an der sie weiterhin mitarbeitet, auch wenn sie 2008 die Chefredaktion abgegeben hat.

BARBARA SICHTERMANN, 1943, Publizistin und Schriftstellerin, »Autorin der 68er Generation«, erhielt den Jean-Amery-Preis für Essayistik 1985. Sie arbeitet regelmäßig für die Wochenzeitung *Die ZEIT*, den Rundfunk sowie als Jurorin des Adolf-Grimme-Preises.

HEIDE SIMONIS, 1943, ehemalige Ministerpräsidentin des Landes Schleswig-Holstein, von 2005 an bis zu ihrem Rücktritt im Februar 2008 war sie Vorsitzende des Kinderhilfswerks

UNICEF in Deutschland. Sie hat viele öffentliche Ämter als erste oder als eine von wenigen Frauen erreicht. Sie war jüngste Bundestagsabgeordnete und bisher einzige Ministerpräsidentin eines deutschen Bundeslandes.

PATTI SMITH, 1946, US-amerikanische Punk- und Rockmusikerin, schwärmt noch heute vom Punk-Geist in den 1970er-Jahren in Berlin. 2007 wurde sie in die »Rock'n'Roll Hall of Fame« in Cleveland, Ohio, aufgenommen. Im gleichen Jahr erschien ihr aktuelles Album »Twelve« mit zwölf Neuaufnahmen von Klassikern der Rockgeschichte.

ELKE SOMMER, 1940, Schauspielerin. Im Jahr 1958 wurde sie während eines Italienaufenthalts mit ihrer Mutter entdeckt, 1959 drehte sie ihren ersten deutschen Film »Das Totenschiff« mit Horst Buchholz. 1962 ging sie nach Hollywood. Seit 1966 profilierte sie sich zunehmend als Malerin, präsentierte ihre Werke in Ausstellungen auf der ganzen Welt und hat die Malerei bis heute zu ihrem Hauptberuf gemacht.

ERIKA STEINBACH, 1943, Politikerin, als Mitglied des Bundestages ist sie seit 2005 Vorsitzende der Arbeitsgruppe für Menschenrechte und humanitäre Hilfe. Seit 1998 Präsidentin des Bundes der Vertriebenen. Eines ihrer politischen Ziele ist die Errichtung eines Zentrums gegen Vertreibungen. Sie ist die Vorsitzende der zu diesem Zweck 2000 gegründeten Stiftung »Zentrum gegen Vertreibungen«.

CHRISTA STEWENS, 1945, Politikerin. Die sechsfache Mutter und 19-fache Großmutter kennt die Belange von Familien. Seit 2001 ist die Oberbayerin Ministerin für Arbeit, Soziales, Familie und Frauen im Bayerischen Kabinett, zuerst unter Edmund Stoiber und seit Oktober 2007 unter Ministerpräsident Günther Beckstein. Sie ist ebenfalls stellvertretende bayerische Ministerpräsidentin.

BARBRA STREISAND, 1942, US-amerikanische Schauspielerin und Sängerin, kam im Sommer 2007 auf ihrer Tournee auch nach Deutschland (ihr Konzert in der Waldbühne in Berlin war ein Triumph). Wenn sie »*You don't bring me flowers anymore*« singt, lässt sie erkennen, dass nicht der tobende Streit, nicht der flammende, sondern der schleichende Moment Paare zerstört. Nicht das Ende großer, sondern das Zerrinnen zahlloser kleiner Illusionen raubt uns allen Mut. Am Ende dann, wenn wir keine Blumen mehr gebracht bekommen oder keine mehr bringen können, umgibt uns eine Welt, die zu Asche verbrannt ist.

MARGARETE VON TROTTA, 1942, Regisseurin und Schauspielerin. Sie wurde mit einem goldenen Löwen und diversen Filmbändern in Gold und Silber ausgezeichnet. Mit ihrem Film *Die bleierne Zeit* (1981) gab sie der Epoche, den Jahren des Terrorismus in den 1970er-Jahren ihren Namen. Sie genießt international, vor allem in Italien, Frankreich und den USA, höchstes Ansehen. Das hohe Maß an Sensibilität für die Entwicklung und Problematik weiblicher Charaktere ist ihr Markenzeichen. Ihr Film »Rosenstraße« lief im Wettbewerb der Filmfestspiele in Venedig (2003).

TINA TURNER, 1939, US-amerikanische Sängerin. Sie ist seit fast fünfzig Jahren im Musikgeschäft. Sie strahlt Glaubwürdigkeit aus, die auf Lebenserfahrung beruht. Ihr nimmt man einfach ab, wovon sie singt. Ungeachtet ihres Alters bringt sie eine Erotik auf die Bühne, von der jüngere Stars nur träumen können. Im Mai 2007 absolvierte sie in London, erstmals nach sieben Jahren, ein ganzes Konzert. Es war ein Wohltätigkeitskonzert für kranke und behinderte Kinder. Sie hat bis heute mehr als 170 Millionen Alben verkauft und von 1984 bis 2000 insgesamt etwa 230 Konzerte in 25 Ländern pro Tour gegeben. Bei der Gala der Grammy Awards 2008 rockte sie mit Beyonce Knowles und das Publikum war begeistert. Einen Tag danach, am 11. Februar 2008 trat sie bei der Feier des russischen Energiekonzern Gazprom in Russland auf. Sie sagt, sie werde vor dem Alter nicht kapitulieren, ehe sie wirklich alt wäre, und das sei sie jetzt noch lange nicht.

Sie lebt mit ihrem deutschen Lebensgefährten (mit dem sie seit 1986 zusammen ist) in der Schweiz.

VIVIENNE WESTWOOD, 1941, britische Mode-Designerin, sorgt nach wie vor für Furore in der internationalen Modewelt mit ihren exzentrischen Entwürfen und Shows. Erst im Februar 2008 erlebte die Modewoche in London ihren Höhepunkt mit der »Red Label«-Show der Designerin. Sie gilt als eine der wichtigsten Modemacherinnen unserer Zeit. Berühmt wurde sie durch ihre neu und exzentrisch zusammengesetzten Kombinationen von historischer Bekleidung, seltenem Textilgewebe und Webmustern. Auch ethnische Einflüsse verarbeitet sie gerne in ihren Entwürfen. Mode sollte nach ihrer Auffassung die Individualität herausstreichen. Seit 1992 ist sie mit einem ihrer ehemaligen Studenten aus Wien verheiratet. Sie engagiert sich auch für politische Projekte und hat sich 2007 entschlossen, keine Tierfelle mehr für ihre Kostüme und Accessoires zu verwenden.

HEIDEMARIE WIECZOREK-ZEUL, 1942, Politikerin, ehemalige Bundesvorsitzende der Jungsozialisten (Jusos) von 1974–1977, damals als »rote Heidi« bekannt, seit 1998 Bundesministerin für wirtschaftliche Zusammenarbeit und Entwicklung. Nicht nur in der Partei, auch im Kabinett ist sie Veteranin, die Dienstälteste, die seit 1998 über die gesamte Amtszeit Gerhard Schröders hinweg durchgehalten hat. Ihm war sie seit Juso-Zeiten in harten Flügel- und Machtkämpfen eine mal erbitterte, mal notgedrungen loyale, mal herzlich verbundene Gegnerin. Sie blieb immer eine Verkörperung rot-grüner Politik – selbst zu Zeiten, als das nicht opportun war, auch darin robust. Wenn auch manchmal umstritten, wird die Sozialdemokratin dennoch zugleich als »Kämpferin« gelobt, die »eben noch nicht abgestumpft« sei und vielleicht nicht beliebt ist, aber respektiert wird.

ANGELA WINKLER, 1944, Schauspielerin. Für ihre Rolle der Katharina Blum im Film »Die verlorene Ehre der Katharina Blum« (nach dem gleichnamigen Roman von Heinrich Böll) erhielt sie 1975 das Filmband in Gold. 1979 spielte sie die Mutter von Oskar in Volker Schlöndorffs oscarprämierter Film-Adaption »Die Blechtrommel« von Günter Grass und wurde damit international bekannt. Derzeit hat sie sich der Theaterarbeit gewidmet.

Literatur

Collange, Christiane: Das Zweite Leben der Frauen.
Wenn die besten Jahre kommen. Berlin, 2006
Draaisma, Douwe: Warum das Leben schneller vergeht,
wenn man älter wird. München, 2006
Fromm, Erich: Die Kunst des Liebens. München, 2001
Lehr, Ursula: Psychologie des Alterns. Heidelberg, 1984
Luhmann, Niklas: Liebe als Passion. Zur Codierung von
Intimität. Frankfurt/Main, 2003
Nötzoldt-Linden, Ursula: Freundschaft. Zur Thematisierung
einer vernachlässigten soziologischen Kategorie. Opladen, 1994
O'Neill, Nena und George: Die offene Ehe. Konzept für einen
neuen Typus der Monogamie. Reinbek bei Hamburg, 1975
Ortega y Gasset, José: Über die Liebe. Meditationen.
München, 1979
Parry, Vivienne: Der Tanz der Hormone,
München und Zürich, 2007
Richter, Ursula: Was heißt hier Oma! Das Selbstverständnis
der Großmütter von heute. München, 1998
Schachtner, Christel: Störfall Alter. Für ein Recht auf
Eigen-Sinn. München, 1988
Stefan, Verena: Die Häutungen. München, 1975
TNS Infratest Sozialforschung: Alterssicherung in Deutschland
2003. München, 2005
Walser, Martin: Der Lebenslauf der Liebe.
Frankfurt/Main, 2000